（修订版）

高强度训练宝典

HIGH-INTENSITY TRAINING

［美］丹·特林克（Dan Trink）◎著

王 旭 张晁赫◎译

人民邮电出版社

北 京

图书在版编目（CIP）数据

高强度训练宝典 / （美）丹•特林克（Dan Trink）著；王旭，张晁赫译. -- 2版（修订本）. -- 北京：人民邮电出版社，2021.7
ISBN 978-7-115-55637-0

Ⅰ. ①高… Ⅱ. ①丹… ②王… ③张… Ⅲ. ①运动训练 Ⅳ. ①G808.1

中国版本图书馆CIP数据核字(2021)第110743号

内 容 提 要

高强度训练是一种单次训练时间短、训练安排非常灵活的训练方法。本书由美国举重协会的运动表现教练丹•特林克专业打造，系统地对高强度训练的概念、身体素质评估方法、训练规则、饮食恢复和热身运动等内容进行了讲解。本书还以真人示范图解的方式，对满足增肌、减脂、强化核心功能等不同训练需求的近 300 个训练动作的执行步骤，以及其对应的 300 个完整锻炼方案进行了详细介绍。此外，本书针对不同水平的锻炼者，提供了训练的简易选项和进阶选项，并提供了锻炼前的热身运动和锻炼后的整理运动方案。不论是希望提升表现的运动爱好者，还是想要获得理想身材、挑战和突破自我的健身爱好者，都可以从本书中获益。

◆ 著　　[美] 丹•特林克（Dan Trink）
译　　王　旭　张晁赫
责任编辑　刘　蕊
责任印制　马振武

◆ 人民邮电出版社出版发行　北京市丰台区成寿寺路 11 号
邮编　100164　电子邮件　315@ptpress.com.cn
网址　https://www.ptpress.com.cn
三河市君旺印务有限公司印刷

◆ 开本：787×1092　1/16
印张：22　2021 年 7 月第 2 版
字数：642 千字　2021 年 7 月河北第 1 次印刷
著作权合同登记号　图字：01-2016-4066 号

定价：128.00 元

读者服务热线：(010) 81055296　印装质量热线：(010) 81055316
反盗版热线：(010) 81055315
广告经营许可证：京东市监广登字 20170147 号

修订序

《高强度训练宝典（修订版）》原名《高强度训练》，于2018年首次出版。本书以介绍高强度训练的相关概念和原理为基础，首先系统地讲解了身体素质评估方法与8个基础动作模式，并提供了热身和放松运动指导；其次提供了300个以减脂、增肌、强化肌肉力量、增强核心和提高运动表现等为最终目标的锻炼方案，并辅以758幅连拍图分步解析训练动作。因此，本书受到了广大读者的认可。

本书由美国国家体能协会认证体能训练专家丹·特林克编写。为了进一步突出本书的专业性、科学性与实用性，直观地呈现图书定位和特点，在本次修订中将《高强度训练》更名为《高强度训练宝典（修订版）》。

此外，由于旧版图书在内容表述上尚存在一些不足，本着严谨求实、对读者负责的态度，对原有内容进行了修订。修订后的图书，内容更加准确，也将更加方便读者阅读和使用。

最后，如本书仍有疏漏或尚需改进之处，敬请同行专家以及广大读者批评指正。

2021年2月

译者序

乔尔·杰米森曾在其著作*Ultimate MMA Conditioning*中写道："如果你想成为一名斗士，那就应该像斗士那样去训练！"

在近几年的体能训练讨论与研究中，无论是在大众健身领域还是竞技训练领域，功能性体能训练与传统力量训练都是热点话题。在译者刚刚接触体能训练时，功能性体能训练开展得如火如荼，仿佛不在自己制定的训练计划中加入几个瑞士球、弹力带等小器械组合训练动作就不能称之为体能训练。在运动员完成一个周期的训练后，译者非常沮丧地发现：虽然运动员发生损伤的风险下降了，但因缺少力量的支撑，其专项成绩并未得到持续增长。在备战2016年里约奥运会期间，通过学习一些成功的训练案例并总结自己的失败训练经历，译者发现：功能性体能训练与传统力量训练只是两种训练工具，没有好坏之分——归根结底，训练目的决定训练方法与手段。

丹·特林克是美国举重协会的一名运动表现教练，所以当翻阅本书时，您会发现本书的大多数动作都是从抓举、挺举中分解出来的：如庖丁解牛一般，从简单的肩部推举到复杂的完整挺举动作，从简单的相扑硬拉到困难的单腿罗马尼亚硬拉，动作间无不透露出作者对举重项目的推崇与对力量训练科学的尊重。相信您在阅读完本书后会对以杠铃为主的力量训练方法有更深一步的了解。本书不仅介绍了近300个练习动作，还将书中所有动作整合起来，设计了300个锻炼方案。在传统高强度训练中，我们采用心率来评价运动强度，与传统高强度训练不同的是，本书采用训练参数进行运动强度评价，即在规定时间内增加训练次数、组数和负重，以达到增加强度的效果。与此同时，我们也可以通过在练习组间监测脉搏来评价训练者的训练强度。

本书整体分为三大部分，共8章。第1章是基础准备，以高强度训练为背景，分别针对科学原理、训练原则、饮食恢复、基础动作模式、动态热身练习等方面进行了简单介绍。第2章、第3章、第4章、第6章和第7章根据不同的训练目的（减脂、增肌、单关节练习、核心区训练、动作模式的"推、拉"训练），提供了不同的训练动作与锻炼方案。第5章与第8章的内容是对其他各章所学习动作的运用，读者可在保证技术正确的前提下检验与提高身体能力。

本书的最大特点是每次训练的时间较短（30分钟），且训练安排灵活，非常适合大众健身与军事体能训练。练习者可以根据自己的身体能力情况选择进阶与简易练习，并且可以根据自己的训练需求选择不同章节的练习。当然，专业运动员也可以根据运动专项的需要选择有针对性的训练动作进行练习。本书的优点是通过分析与分解举重项目的专项动作，使训练动作更加符合力学传递特点，使训练内容更为丰富。因为现代体能训练更加突出因人而异，所以译者认为如果第1章能增加一些动作筛查与纠正练习、灵活性与稳定性评价的内容，在第三部分（第5章和第8章）增加一些有氧与无氧能力评价与训练内容，本书将会更加完善。

翻译与校对工作是非常烦琐与复杂的，但是翻译与校对工作也是系统学习、培养逻辑的优选之法：自上而下地表达，自下而上地思考。在本书的翻译、校对学习过程中，译者更加了解力量训练的研究价值，让自己在今后的训练指导工作中有了更多选择。非常感谢国家体育总局训练局体能训练中心的王雄老师一直以来对我们的无私帮助，他严谨的工作态度与闪光的人格魅力一直让我们非常敬佩。另外，非常感谢人民邮电出版社有限公司对本书出版工作的大力推动。

训练的目的是享受生活，希望通过阅读此书可以给健身教练、运动员传递更多、更丰富的专业知识。

最后，在跟随此书训练之前，译者向读者提出以下几条训练建议。

1. 确定您的身体没有任何疼痛。
2. 确定您的身体功能不存在功能障碍。
3. 根据您的训练目的，合理安排训练动作。

王旭　张晁赫

致里基·琼和亨利

致谢

我从来没有发明过任何一项锻炼或训练。我只是将从别人身上学到的东西以对我有意义的方式组合在一起。因此，我想要感谢所有优秀的老师、教练、训练员和其他一些人，他们花费大量时间和精力把他们认为重要的运动、营养和健康知识传授给我，尤其是纽约 Peak Performance 训练机构的乔•多德尔和爱德华•威廉斯，他们在过去5年担任我的导师。对我产生积极影响的教练、训练员、医生、运动员和教育者非常之多，如果将他们名字列出来的话，可能会占据本书的一半篇幅。我对他们充满感激之情。我不希望单独提几个名字而遗漏其他人，所以我只能这样说：如果我们曾经在教室里、健身房里、电话里、研讨会中一起共度时光，或者只是在参加健身产业高层峰会或者博览会时，在走廊简短交谈了几句，那么我都要感谢你抽出时间来与我分享你的知识、想法和激情。

我从训练实践中所学到的东西不逊于从书本、课堂和研讨会所学到的东西，甚至更多。提到训练，我还想感谢多年来遇到的一些优秀训练搭档，包括凯尔•菲尔茨、爱德华•威廉斯、亚当•科普兰、安东尼奥•巴尔韦德和萨姆•丹尼斯，以及我在健身房遇到的许许多多乐于指点和鼓励我或者给我细微帮助的人。你们对本书同样产生了非常重要的影响。

此外，我要感谢人体运动出版社的所有参与人员，尤其是汤姆、安妮、泰勒和尼尔，他们孜孜不倦、乐此不疲地将一大沓烦冗的手稿变成一本结构清晰、简洁易懂的书奉献给读者。

最后，我能有今天的成就离不开家人的支持。所以，我想要感谢我的父母——亚历克斯和朱迪，他们给予我永远的爱和支持。我还要感谢我的妻子里基•琼和儿子亨利，他们对我的信心让我对自己满怀信心，并让我懂得力量的真正意义。

丹•特林克

前言

在健身领域，高强度训练（HIT）是争议较大的训练方法。高强度训练爱好者对形式多样、内容有趣的高强度训练赞不绝口。由于绝大部分高强度训练的持续时间都不超过 30 分钟，可以轻松安排在繁忙的一天中，这使之大受欢迎。最重要的是，高强度训练的效果非常令人惊讶。爱好者不论在身体塑形（尤其是减脂）还是运动表现上都会经历巨大变化，这是他们在传统的力量训练或有氧运动中看不到的。

当然，也有人抨击高强度训练，他们声称这些训练计划给新手过快、过猛地施加压力，从而引发严重的伤害。或者认为由于不遵循久经考验的、可靠的训练进程，这些爱好者将会成为健身房里“泛而不精的人”。这些抨击者可能会说，高强度训练者在力量训练的任何方面都不会取得优秀成绩，无论是移动巨大重量的能力，还是发展可应用到田径赛道或球场中的体育运动专项技能。

但是，如果有这样一个训练计划，它既具有传统训练的优势，又能提供高强度训练的好处，那该有多好！它包含的训练既快速、令人兴奋、变化多样，又安全、高效、科学，确保你逐步获得严密的训练计划所能提供的各种最重要的益处。

你手中正在翻阅的这本书，就为你提供了这样一个训练计划。

本书共包含 300 个独特的锻炼方案，旨在让你更健美、更健壮，并帮助你提升运动能力。每个锻炼方案都设计为在 30 分钟或更短时间内完成，完美融合了传统训练和高强度训练的优点。

尽管你从一开始就需要艰苦训练，但是本书会让你的训练尽可能安全。为此，在每项训练之前都设置了动态热身步骤，确保你的肌肉已经做好准备。

本书还加入了“基础准备”一章，教你掌握基本的动作模式，这是本书中每项训练的基础。本书将在营养方面提供一般性指导，让你为每项训练采用正确的饮食策略。此外，本书还描述了过度训练的警告性征兆。如果你是经验丰富的训练者，可以跳过这一章，直接进入要求更高的训练。但即便是经常光顾健身房的人，在经历基础训练之后，体形会有改善，技术会有长进。

在做好基础准备之后，你会注意到本书的每一章都着重于实现一个特定的目标。在“终极减脂”这一章（第 2 章），你将使用更多的重复次数、更轻的重量（或者甚至仅利用自重）和更快的节奏，以适应许多在本书中重复出现的运动模式。在“变得健壮”这一章（第 3 章），你需要增加杠铃片的重量，以提升力量水平。在“局部肌肉增强训练”这一章（第 4 章），每项训练专注于发展一个或两个肌肉群。这种方法可让你锻炼出更多肌肉，以及专注于你想要改善的身体的任何特定部位。

要想发展负荷能力和整体健壮水平，“最艰难的训练”这一章（第 5 章）将挑战你在有效地执行协调动作的同时试图克服疲劳的能力。“核心训练”这一章（第 6 章）提供了一些额外的训练来训练腹部肌肉，让它变得更健美、更健壮、更有力。“推拉训练”这一章（第 7 章）建立在可靠的、经实践反复证明的方法之上，旨在锻炼非比赛肌群，让你可以非常有效地完成大量工作。

最后一章“挑战极限的 40 项训练”（第 8 章）所提供的一系列挑战性训练，要求你运用在前面各章学到的所有技术，其重点是获得最佳的运动表现。与其他的常见训练方法相比，这个训练计划的关键优点之一在于在一个设定的时间段内发展不同的力量水平。保持训练的强度和多样性来使之充满乐趣，或在特定的训练模块中专注于某一体能素质（不管是变得更强壮、更壮硕还是更苗条），都将让你获得更大的益处。这允许你以两种方式之一进行训练。你可以立即跳转到某一章（例如，“终极减脂”），将焦点放在一个特定的目标上，或者按照顺序进行训练。按照本书进行训练后，将会实现不同的健身目标。选择何种训练方式达到何种目的是由你决定的。

如果你刚接触训练不久，可能会怀疑自己是否已准备好参加高强度训练。幸运的是，本书中的所有训练适合目前正在实施健身计划的任何人。你会发现每项训练都有一个简易选项，让新手降低训练难度，使之更适合于当前的体能水平，而且对每项训练都有详细描述，让你总是能够清晰知道如何执行每个动作。此外，你也会发现一个进阶选项，挑战高级训练的训练者可将强度提升至更高级别。所以，不论你是参加训练不久的新手，还是在健身房花了无数时间、流了无数汗水的老手，这些训练都是专门为你贴心设计的。

所有最优秀的训练计划都有一个共同点：让训练者取得进步、见到成果，本书中的内容也不例外。在这个训练计划的开始，你将完成几项体能测试。它们可能会测试你在特定的举重中可以举起多大的重量，或者在特定的时间内可以执行多少次重复动作。然后，随着训练的进行，每两个月重新进行一次测试。你一定能够看到、感受到和体验到自己的进步。没什么比在特定的举重或规定时间的训练中超越自己的最好成绩更令人振奋的了，通过本书你一定会有这种感受。

最后，希望你花时间训练，而不是光看书本。除了第1章“基础准备”之外，你会发现其余的训练描述简短，但是强度很高。在每项训练中，本书将特别强调一项练习，就正确的动作方法提供提示，并告诉你如何获得最佳的效果。但是，除此之外，一旦开始训练，你就会完全沉浸在其中。

好了，我们开始吧。本书将给你提供大量宝贵的信息和 300 个不同的锻炼方案，给你带来挑战，让你激动不已，并将你的能力推向极限。征服这些训练，每次做到最好，突破自己设定的极限——你能做到！

让我们开始训练。

目录

第1章

基础准备

如前言所提到的一样，本书并不是针对高强度训练益处的研究述评，而是希望你从现在开始加入到训练中，并获得你期望的结果。然而，理解所参与的任何训练计划背后的思想和机制总是有好处的。首先，深入研究训练计划背后的思维过程是衡量该计划是否能够实现训练目标的最佳办法。其次，当你在训练中经历艰难，几乎喘不上气，汗水顺着额头流下，而且偶尔出现“我为什么让自己遭这番罪”的自我怀疑时，你内心深处知道自己为什么要做现在所做的事情，而且知道它为什么如此有效。这应该作为你继续坚持下去的动力。现在，让我们探讨构成高强度训练背后依据的三大概念。

什么是强度

大多数人认为在健身房环境下的强度是指投入训练的工作量，一边在跑步机上慢走一边读晨报是低强度训练，而汗流浃背、心脏急剧跳动的循环训练是高强度训练。这是用力强度，是你在阅读“挑战极限的40项训练”“最艰难的训练”和“终极减脂”这几章应该关注的强度类型。但用力强度只是本书中所使用的关于强度的定义之一。

就正式的训练术语而言，强度表示一次最大重复（以正确的动作只能举起一次的最大重量）的特定百分比，或者表示所举起的重量与竭尽全力能够举起的最大重量的百分比。

在“变得健壮”这一章中，当你尝试通过训练发展力量时，关于强度的这个定义将变得至关重要。最后，还有一个肌肉强度，也就是在训练过程中给局部肌肉造成的疲劳程度。在第4章“局部肌肉增强训练”中有几项让肱二头肌不堪重负的背靠背训练，它们就属于该类别。

下面，让我们复习一下强度的概念。用力强度即自己感觉到的用力程度，负荷强度即所举起的重量占可举起的最大重量的百分比（例如，1RM的85%），而肌肉强度是指反复训练特定肌肉直至它们达到一定的疲劳程度。因此无论致力于任何训练，掌握训练强度的各种类型是非常重要的。

高强度训练背后的科学

随着高强度训练给人们带来运动能力的提升和健美的体形，运动专家也开始对有益的适应性进行科学研究。尽管科学知识可能会变得复杂宽泛，但是应该了解与高强度训练为何如此有效相关的一些关键概念和机制。对于为什么高强度训练是高效、有成果的训练方法，请看以下3个关键概念。

概念1：EPOC

对于高强度训练的好处，你最先应该想到的就是运动后过度氧耗（Excess Post-Exercise Oxygen

Consumption，EPOC）。在阻力训练或心肺训练（或者两者的组合）结束之后，身体需要继续以高于训练前的速率消耗氧气。这是为了让身体重新回到稳态，或恢复平常的静息代谢率。由于训练需求额外的能量消耗，氧气出现“透支”。简而言之，这意味着在训练结束之后，你的身体将继续消耗能量（以燃烧热量的形式）。因为在高强度训练中会造成更多的氧气需求，所以进行这种类型的训练后会加剧过度氧耗。

底线是什么？训练的强度越高，EPOC就越大，从而导致训练前和训练后的能量消耗（热量）越大。训练后能量燃烧可以持续长达36小时，因此不要低估了它的威力。目前而言，并不是每项训练都追求获得EPOC效应。许多训练侧重于增强力量或者增加肌肉量——这与我们的下一个概念完全吻合。

概念2：增加和保持肌肉量

在此后的所有训练中，都加入了一个阻力部分——不管是杠铃、壶铃、哑铃、传统健身器械还是自身的体重。以前的主流思想是：如果想减肥，那么大部分训练就必须以传统的长时间慢速心肺功能活动为主，例如慢跑或骑自行车。虽然这些活动在减脂方面仍有一定的作用，但是与阻力训练相比，就显得微不足道了。为什么这么说？因为阻力训练增加瘦体组织。当然，该组织可以帮助你获得力量，但是肌肉的新陈代谢很活跃，需要大量的能量来维持肌肉的质量及其正常工作。所以，从根本上说，你的肌肉越多，就能够燃烧更多的热量，而且不需要增加更多的脂肪。

概念3：训练密度

训练密度就是在给定的时间内完成的训练量——在本书中，每个锻炼方案的时间长度小于等于30分钟。通过在更短的时间内完成更多的工作，身体的工作能力将得到提升，这对心肺健康和运动能力至关重要（注意，在比赛最后四分之一或者最后一轮发挥最成功的运动员通常也是体能消耗最大的）。这些训练的运动效率真的达到极致水平，这些训练在最短的时间内完成大部分工作，同时让你获得最佳的身体组成和运动能力。

评估身体素质

如果不知道自己现在处于什么水平，就很难知道接下来该怎么做。但是，仍然有很多人在没有做任何类型的自我评估的情况下就开始训练计划，因此缺乏判断未来进步的参考起点（从头到尾循序渐进除外）。你不要犯那样的错误。以下是两项基本的基准训练：其中一项训练测量你可以执行一些动作的总重复次数；另一项测试你完成一个训练循环所需的时间。一定要记录你的测试结果，以便在将来可以重新评估这些测试结果。

基准训练1

每个动作做到力竭。每个动作之间休息3 ~ 5分钟。每项训练后面的数字表示图文结合展示该训练的锻炼方案的编号（全文余同）。

1. 杠铃深蹲（#63），利用体重的50%。
2. 跪姿下拉（初级）（#120），利用体重的50%/下巴过杠引体向上（中级或高级）（#73）。
3. 上斜俯卧撑（初级）（#115）/俯卧撑（中级或高级）（#12）。
4. 平板撑（见第10页），保持最长时间。

表1.1应作为评估适合你的训练的难度级别的指导。如果你的杠铃深蹲的完成次数少于10次，下巴过杠引体向上或跪姿下拉的完成次数少于5次，俯卧撑的完成次数少于15次，且平板撑的保持时间少于45秒，你就

应该选择每个锻炼的简易选项。从简易选项开始没有什么不好意思的，因为经过一些循序渐进的训练，你很快就能够完成很多标准选项。

表1.1　基于所完成的重复量的难度级别

训练项目	简易选项	标准选项	进阶选项
杠铃深蹲	<10次	10 ~ 20次	>20次
下巴过杠引体向上/跪姿下拉	<5次	5 ~ 10次	>10次
俯卧撑	<15次	15 ~ 25次	>25次
平板撑	<45秒	46 ~ 120秒	>120秒

如果你能够完成10 ~ 20次杠铃深蹲，下巴过杠引体向上/跪姿下拉5 ~ 10次重复，俯卧撑15 ~ 25次重复，而且平板撑保持时间在46 ~ 120秒，就可以尝试标准选项。

如果你完成的重复量超过了上述范围（深蹲20次以上，下巴过杠引体向上/跪姿下拉10次以上，俯卧撑25次以上，平板撑保持时间多于120秒），就可以尝试更加高级的进阶选项，让训练更有挑战性和强度。

如果你可以在一个水平级别做某些训练，还可以在其他水平级别做另一些训练，会发生什么？本书的目标是提供符合你的健壮水平和目的的训练，同时给你一些挑战。所以，对于任何训练，要选择你能够胜任的最高强度。只需要注意你能够达到哪个级别，当训练计划中出现类似的训练时，就选择适当的强度。然而，如果你对选择哪个级别的强度犹豫不决，就从较容易的级别开始。与使用较重的重量且伴随着错误的训练动作相比，使用较轻的重量和比较规范的训练动作会获得更大的益处。记住，训练需要终身地努力，没有必要急于加入更多超出自己的能力范围的重量。

基准训练2

在尽可能短的时间内完成以下三项训练。

1. 30次囚犯深蹲（#188）。
2. 20次上斜俯卧撑（初级）（#115）/20次俯卧撑（中级或高级）（#12）。
3. 20次跪姿下拉（初级）（#120），利用身体重量的50%/10个引体向上（中级或高级）（#231）。

以表1.2为指导来确定适合你的难度级别。如果你完成所有三项训练的总时间在2.5分钟以内，可用考虑选择进阶选项。如果你用时为2.5 ~ 5分钟，标准选项应该适合你。如果你的训练总时间超过5分钟，或者不能完成训练，建议坚持使用目前的简易选项。

表1.2　基于时间长度的难度级别

简易选项用时	标准选项用时	进阶选项用时
>5分钟	2.5 ~ 5分钟	<2.5分钟
>5分钟	2.5 ~ 5分钟	<2.5分钟
>5分钟	2.5 ~ 5分钟	<2.5分钟

每两个月重新测试这两种基准训练，并记录你的结果。如果你的测试结果从一个级别进入另一个级别（例如，你在两个月前进行的第二个基准训练所用的时间为5分25秒，而在重新测试所用的时间为4分45秒），那么在训练计划的余下部分可以放心尝试更具挑战性的训练。

最后，对于几项训练的负荷，建议使用特定动作的1RM的百分比。因此，在开始进行这些训练之前，测试或者明确了解你在做常规硬拉、杠铃卧推、杠铃前蹲、杠铃深蹲和负重下巴过杠引体向上的1RM是多少是有益的。表1.3可用于跟踪这些训练的1RM。

表1.3　记录1RM的表格

训练项目	个人1RM
常规硬拉	
杠铃卧推	
杠铃前蹲	
杠铃深蹲	
下巴过杠引体向上	

日常锻炼基础准备

高强度训练的一个显著特点是强度高，许多训练者很容易发生损伤，因为他们在开始非常有挑战性的训练计划时势头过猛，但是他们的身体还没有为这种具有挑战性的训练计划做好准备。以下是一些在做高强度训练时应该记住的基本原则和规范（或坦率地说，执行任何锻炼计划时都应该记住）。

本书还将讨论基础动作模式——它们是什么，如何正确地执行它们，以及在同一项目不同进阶训练背后的思维过程。

训练原则

在我作为力量训练专家的岁月里，有5条贯穿始终的原则让我的客户可以持续进步，其中最重要的是，避免受伤。虽然我希望你进行高强度训练，但是我首先要确保你的安全。从长远来看，那些保持健康并坚持训练的人，通过更多的训练都取得了很大的进步，长期训练而获得的成功依赖于健康的身体，所以，请你认真对待这些原则。

始终要把安全放在第一位

我完全理解你努力训练的心情，以及努力挑战自己的极限并获得最好的结果的目标。事实上，如果你想要从训练中获得最佳的进步，就需要这种态度。然而，强度和努力永远不应该替代常识、技术和安全。在动作训练中，不仅要一直保持谨慎，而且要努力地在每一个动作的练习过程中使用正确的技术，以便确保自己在可控的力量范围内锻炼，避免损伤。我意识到在训练热情的刺激下，你的肾上腺素可能飙升，让你想要举起超出你能力范围的重量。但是，请确保你增加的重量是合理的（以上一次执行该动作举起的最大重量为参考，每次增加的重量要小于等于5%），不要基于你的自我意识或者渴望向人炫耀的动机来选择重量。如果你一再因伤无法训练，那么一定不会有好的结果。

尝试举起最大或接近最大的重量时，一定要让有经验的旁观者在一旁指导，他能够确保你的安全和让你在失败的举重过程中避免受伤。最后你会发现在一些需要有一定专业能力才能安全或正确完成困难动作的地点，一般旁边都会有标志牌进行提示。在进行更高一级强度的训练之前，确保能够熟练地运用这些训练所需的技巧，然后才可以尝试这些训练或者以更高的强度执行它们。

不要跳过动态热身练习

动态热身练习（本章稍后会详细描述）会激活整个身体及特定的肌群，通过提升核心肌肉的温度和为训练期间要采取的动作模式打好基础，让你为即将开始的训练做好准备。这在实际操作中很容易被忽视，尤其是当时间紧迫时，人们经常跳过训练计划的这个部分，直接进入训练正题。我强烈建议你不要这样做！如果你恰当地进行动态热身练习，那么在训练真正开始之后，你的整体动作和表现都将得到加强，它还能降低你受损伤的风险，所以不要跳过这个步骤。

正确地选择重量

正如你可能想到的那样，类似这样的健身图书很难就训练负荷提供统一的建议，因为每个人的身材都是不同的，而且每个人的力量与训练经历也各不相同。有一些人能够很好地了解自己在所有主要举重中的1RM（记住，1RM代表最大负荷重量，或者在某项训练中刚好能够完成一次重复所运用的最大负荷重量）。选择适当重量的基本原则是所选择的重量让你能够以正确的动作完成预定的重复次数。对新手而言，选择能够让自己完成比预定的重复次数多一两次的重量（例如，如果训练计划要求哑铃过顶推举要重复12次，那么选择你可以完成14次重复的重量）。这需要在开始的时候做一些尝试和犯一些错误，但是你将很快学会如何合理地评估自己的能力与局限。

付出最大努力

当然，安全是至关重要的，但是你每次训练都要付出最大的努力。请记住，这些都是高强度的训练。如果你在每组训练之间还可以看最新的八卦杂志，那么你就没有竭尽全力。所有这些锻炼方案的好处之一就是它们所花费的时间都相对较短。因此，你应该完全专注于当下的训练，并投入最大的努力。

注意恢复

你在健身房外面所做的事情和你在健身房里面所做的事情对你的训练效果来说，同样重要。要想获得最佳的训练效果，你必须采取特定的恢复措施。每晚睡眠7 ~ 9小时是最理想的。虽然在你完成这些练习后身体可以恢复过来，甚至觉得练习的频率不够，但是每周休息一天或两天对于避免疲劳、发挥力量和提升表现是非常关键的。因此，本书只有300个锻炼方案而不是365个，一定要休息几天！你需要通过各种放松技巧来排解额外的压力，改善你的生活方式，并且要确保营养摄入合理（稍后详细介绍）。起早贪黑地刻苦训练和生活不会产生最好的结果。请记住，每个锻炼方案的时长都小于等于30分钟，但是健康是每一天每一刻最重要的事情。

训练术语和细节

有一些术语和概念贯穿于本书。如果曾经见过或按照某些训练计划锻炼过，你可能熟悉它们；如果你是一个初学者，则可能从来没有见过它们。“超级组”是指连续进行的两项或多项训练，每两项中间没有休息或有特定休息时间。“超级组”由每项训练名称前面的字母及其后面逐渐变化的数字表示。下面是一个示例。

A1.杠铃硬拉

- 3组 ×8次重复，休息60秒

A2. 俯卧弯腿

- 3组 ×10次重复，休息45秒

A3. 坐姿提踵

- 3组 ×12次重复，休息45秒

由这个顺序的训练内容组成的超级组让你先完成8次杠铃硬拉训练，紧接着休息60秒，然后执行10次俯卧弯腿训练并休息45秒，最后是重复坐姿提踵12次。

在额外休息45秒之后，你又回到杠铃硬拉训练，并重复整个序列，直到完成所有3组训练。

“复合组”是一种特定类型的“超级组”，通过一种训练设备（例如哑铃、壶铃或杠铃）将多项训练串联起来，动作之间没有休息。“复合组”的目标是无缝地从一个动作过渡到下一个动作，直到完成所有重复，然后休息一定的时间，再重复所有的组数。例如，杠铃复合组的训练可能如下所示。

悬垂高翻

- 4组 ×6次重复

推举

- 4组 ×6次重复

屈髋划船

- 4组 ×6次重复
- 休息60秒

在这个例子中，你抓起杠铃做6次悬垂高翻，然后直接过渡到6次推举，最后以6次屈髋划船完成这个“复合组”。然后休息60秒，接着重复该流程，完成所有4组训练。

其他概念，例如定时循环、总重量组、阶梯和无限组都出现在整本书中，而且开始这些训练之前本书都会做详细介绍。

基础动作模式

尽管有数百个（也许有几千个）练习方法，但是它们中的大部分由8个基础动作模式的变化构成：站姿屈髋、深蹲、过顶推举、胸部推举、下巴过杠引体向上、划船、仰卧起坐和平板撑。通过遵循正确执行这些模式的指导原则和技巧，不管使用什么变化动作和训练设备（哑铃、杠铃和自身体重），你都将取得成功。

站姿屈髋

出现在常规硬拉（#5）和双臂壶铃甩摆（#13）等动作中

正确地完成站姿屈髋动作对大多数训练者来说可能是非常困难的，这就是为什么我选择把它放在第一位。站姿屈髋动作依赖于良好的脊椎姿势和激活后侧动力链的能力（例如，腘绳肌、臀肌、竖脊肌和上背部肌肉等身体后侧的全部肌肉）。因为人们在镜子里看不到这些肌群，所以很难想象它们是如何工作的。

一个练习站姿屈髋的好办法是在后颈放一根PVC管或一把扫帚，就像做后蹲一样［前一页（a）］。在整个动作过程中，保持胸部抬高和背部平直［前一页（b）］。取消膝关节动作限制，但是不要让它们过度屈曲。以髋关节为轴，髋部后倾（站在距离墙壁十几厘米远的地方，直到臀部接触墙壁，这是个很好的反馈机制）。如果你能够正确执行这个动作，就会感觉到腘绳肌会有牵拉感。如果做得不正确，牵拉感会转移到下背部。完成这个动作的关键是髋部向后移动，而不是胸部向地面靠近。

常见错误：弓起下背部，利用膝盖屈曲来获得更大的活动范围，起始动作时，向前移动胸部与肩部，而不是后倾髋关节。

深蹲

出现在杠铃深蹲（#63）和杠铃前蹲（#44）等动作中。

它可能是要求最严格和两极化最严重的动作。虽然每个人都认同它是一个重要的动作模式，但是人们对如何去教授这个动作和最终姿势应该是什么样的存在大量争议。我建议以下面两种方式练习深蹲姿势。

第一种是捧杯式深蹲，将轻量级哑铃或壶铃直接握在胸前（a）。第二种是将没有负重的杠铃杆放在后颈上以加强深蹲技术。每种不同的重量负荷都会要求你摆出不同的姿势。在捧杯式深蹲的整个过程中，姿势要更加笔直，类似于前蹲姿势，而在深蹲中躯干将更加前倾。

在开始动作之前，首先要保证髋关节与膝关节的自由屈曲，利用髋关节、膝关节屈曲降低臀部。在整个动作过程中保持背部伸直、挺胸抬头的姿势。一旦下蹲至活动范围所允许的极限（b），就以相反的动作返回到起始位置。在上升过程中要记住两件事情：在处于后蹲姿势时，要向前伸肘部，帮助你在恢复最高姿势时保持躯干笔直。在这两个动作中，脚跟要用力抵住地面，确保整个脚贴紧地面。

分腿深蹲与弓箭步的姿势类似，一条腿在前，另一条腿在后，保持两腿之间的前后距离，胸部挺直。当后腿膝关节离地面大概2英寸（5厘米）时，就达到了该动作的最大活动范围。

常见错误：膝关节前倾，躯干前倾，动作起立阶段膝关节内扣。

过顶推举

出现在推举（#16）和挺举（#81）等动作中。

执行过顶推举动作要求训练者没有任何肩部疼痛或动作障碍，而且手臂举过头顶有足够的活动范围。对许多人来说，执行过顶推举的时候保持比较窄的双手握距（刚好与肩膀外侧同宽），肘部向胸腔两侧移动（a），会更加安全高效。这个标准适用于使用各个器械（如哑铃和壶铃等）进行的训练。从技术的角度看，在杠铃杆举过头顶时，保持杠铃杆不要超越脚趾至关重要（b）。向后收缩头部（形成双下巴），保持杠铃杆在双脚中心的正上方。最后，虽然过顶推举在一些项目中是非常有效的练习，但是对肩膀和躯干柔韧性不足的人来说，他们很难正确地将杠铃从肩后部过顶推举。如果你属于这类人群，可以选择从肩部前方推举。

常见错误：双手握距太宽，在推举阶段向后倾斜以获得杠杆力量，结束动作完成不充分，没有将杠铃放在肩上，而只是支撑于下巴处。

胸部推举

出现在杠铃卧推（#54）和上斜哑铃卧推（#210）等动作中。

类似于过顶推举，对大多数人来说，采用比较窄的双手握距能够最安全、有效地执行胸部推举（即便对力量举运动员也是如此）。在下降进入该动作的最低位置的过程中，保持肘部向身体两侧收缩（而不是向外伸）。对于胸部推举动作，例如卧推，开始时眼睛直接位于杠铃杆下方（这能够防止向上推杠铃时将它推入杠铃挂钩中）（a）。

当杠铃杆接触锁骨和胸骨底部之间的胸部时，就达到了全范围动作（b）。进行卧推练习时，要确保头部以及肩胛骨和下背部接触长凳，而且双脚平放在地面上。与大多数动作一样，在尝试挑战训练负荷时要有指导者进行辅助。

常见错误：杠铃下降阶段肘部外展，动作完成不充分，上举阶段头部、下背部、臀部未贴紧凳子。

下巴过杠引体向上

出现在引体向上（#231）、下巴过杠引体向上（#73）和跪姿下拉（#120）等动作中。

无论使用何种抓握方法，要从最低位置双臂完全伸直开始做引体向上（a）。首先向后收缩肩胛骨并将胸部向单杠方向拉起，保持膝盖靠后，将身体向上拉。每次将下巴越过单杠完成一次重复（b）。然后回到起始位置（手臂完全伸直）。

常见错误：在最低位置双臂没有完全伸直，膝盖向前移动以获得杠杆力量，上拉时肩胛骨没有收缩，只是利用了背部肌肉，通过摆动躯干获得动力。

划船

出现在髋关节屈曲坐姿绳索划船（#174）和坐姿反握绳索划船（#69）等动作中。

划船有几种变化动作，所有动作都可以分为不同的姿态与姿势。对于屈髋划船，保持脊柱的自然姿势和平直的背部至关重要。应该向后收缩肩胛骨，而且躯干应几乎平行于地面。对于使用杠铃和哑铃的划船动作，根据手的位置与不同器械有几种不同方法，后文将在具体的训练中详细描述它们。对于单臂哑铃，采用相同的背部姿势，但是要将一侧的膝关节与手臂放在条形凳上进行支撑。对于坐姿绳索划船变化动作，要确保上体直立，挺胸抬头（a）。保持躯干稳定，向身体方向拉绳索时，要主动避免躯干适应拉力时的前后倾斜（b）。

常见错误：在屈髋划船变化动作中上半身过度屈曲，在弯腰划船变化动作中没有让躯干与地面保持平行，在单臂划船变化动作中转动躯干，在无支撑坐立划船变化动作中躯干倾斜。

仰卧起坐

出现在仰卧起坐（#250）和悬垂举腿（#217）等动作中。

仰卧起坐（根据我们的目的）被定义为任何腹部弯曲、将胸腔向髋部骨骼靠近的运动。对于在地面进行的仰卧起坐，成功的关键在于确保背部扁平，向天花板方向抬高胸部。向天花板方向抬起胸部，抬至最大限度，双臂可以放在头后或交叉在胸前，或者双手可以在头顶上方握住重物（a）或者抓住一个固定点（在反向仰卧起坐等动作中）。在向天花板抬起胸部的过程中一定要保持自然的脊椎弯曲（b），而且当手放在脑后时一定不要向前移动上半身。

常见错误：弓起上背部，向前而不是向上移动躯干，先前移动头部，超过活动范围伸展屈髋肌群。

平板撑

出现在俯卧撑（#12）和侧桥（#175）等动作中。

平板撑涉及等长收缩，这意味着肌肉有张力但没有改变长度。在许多动作中，包括硬拉、深蹲和肩部推举，能够以这种方式绷紧和激活核心肌肉是一个关键组成部分。保持脊柱自然弯曲、背部平直、臀部收紧并激活腹部是实现良好姿势的关键。贯彻“从头到脚、坚硬如铁”的理念有助于加强该姿势所需的刚度。

常见错误：臀部下降，头部和下巴向前探，背部拱起，双手合在一起而不是分开与肩同宽的距离。

简易选项和进阶选项比较

我下决心要让本书成为一本对所有（不论有无训练经验）的人都受益的训练指导图书。我所面临的挑战是每个人的力量水平、动作熟练程度和总体训练经验都不一样。考虑到这一点，每个锻炼方案除了标准版本之外，我还设计了一个简易版本和一个进阶版本。简易版本通过建议执行更简单动作或者减少标准版本中使用的重复次数、组数或者训练负荷来降低训练难度。进阶版本刚好相反，通过增加重复次数、组数或者训练负荷中的一项或多项来增加训练强度。由于大部分的标准锻炼方案都在30分钟内完成，这相当有挑战性，所以在尝试锻炼方案的进阶版本之前，一定要对自己的能力有信心。

知道自己已超负荷

鉴于这些训练计划都是经过合理设计的，它们遵循一定的训练阶段规律，可以根据自己的能力增加或降低难度，而且持续时间很短，因此出现过劳损伤和过度训练的风险得到了最大程度的降低。然而，即使是最好的运动员和最著名的教练在一起执行最合理的训练计划，也可能存在超负荷训练。如果你在举起重量的过程中受伤，一定要接受专业健康护理人员的检查，并给出一定的时间对损伤部位进行处理与康复训练。如果你的训练欲望降低，心率不断提升，睡眠质量下降或者一直情绪低落或沮丧，你可能存在过度训练的情况。尝试休息几天，看看症状是否消失。如果消失，那就好。如果没有，考虑停止训练，休息更长的时间，让你的新陈代谢、神经系统和精力恢复正常。不要因为这本书中有几百项训练，你就必须每天坚持训练。学会倾听你的身体，知道它何时需要休息。如果没有适当的恢复和良好的心理状态，你将永远不会意识到这个训练计划给你带来的好处。

通过饮食恢复肌肉

正如恢复对积极适应训练计划非常重要，适当的营养也同样重要。虽然我不喜欢用特定的百分比表示健身计划的各个部分的重要性（例如，营养的重要性是80%），但是要确保在训练之前和之后通过正确饮食提供能量，这对长期的进步非常重要。制定特定的饮食计划以通过饮食来优化身体成分并不是本书的目的（到处都可以找到各种饮食计划），但是这里提供一些一般性的建议，让你从训练中获得最大的益处。

吃富含蛋白质的早餐

事实证明，以富含蛋白质的早餐开始新的一天有助于优化激素的产生和提供饱腹感，达到改善身体成分的目的，便于更好地控制一整天的饮食。

争取每天每千克体重摄入1.4 ~ 1.8克的蛋白质

蛋白质是组成和维持肌肉组织的关键成分，对执行阻力训练计划的人而言尤为如此。

训练前的饮食中要包含蛋白质和慢消化碳水化合物

训练前摄入蛋白质和慢消化碳水化合物将为训练提供能量，让肌肉系统做好合成蛋白质的准备。在训练开始前多长时间摄入这些能量取决于个人的忍耐能力。有些人可以在训练前15分钟吃，有些人在饭后2个小时都很难参加训练。一个比较普遍的建议是在训练前90分钟到2小时内吃饭。良好的慢消化碳水化合物包括糙米饭、甜薯和藜麦。

在完成训练之后马上摄入碳水化合物和蛋白质饮料

糖原，简单地说，是肌肉中最有效的能量来源。在训练期间肌肉内的糖原被做功的肌肉耗尽。在力量训练结束之后需要尽快恢复糖原，让肌肉的重建和修复过程得以开始。为此，最快的办法是摄入可快速消化的液体碳水化合物。糖原也可以作为促进物质，让构建细胞的蛋白质进入肌肉。一种常见的疗法是在训练之后摄入碳水化合物与蛋白质比例为2 ∶ 1的补剂。

限制每天摄入的加工食品

限制高度加工食品的摄入量有助于整个消化系统以及身体的其他系统的健康。健康的消化系统对最大限度地利用所摄入的营养非常关键。所以，加工的食品吃得越少，意味着消化系统越健康，也进一步意味着更多的营养进入肌肉。

一定要保持多吃蔬菜

蔬菜中含有大量微量元素，它们是维生素、矿物质和植物化学物质，负责确保细胞正常工作。所以，要吃更多蔬菜。你的妈妈希望你多吃蔬菜，你的肌肉也不例外。既然说到这里，我们顺便提一下水果。每天吃一份或两份水果还有助于为艰苦的训练提供维生素和额外的能量。

动态热身练习

动态热身练习可以增加核心温度，降低肌肉黏滞性，刺激中枢神经系统为接下来的训练做好准备。

在开始阻力训练之前，热身练习应该使每个姿势保持一两秒，而且实践证明这比静态伸展运动更有效。每个锻炼方案都列出几个（通常是三个或四个）在训练开始之前要完成的动作，它们是根据当天重点训练的动作和肌群选择的。动态热身练习流程应该包含在30分钟的训练中。热身练习的重要性再如何强调都不过分，因此训练计划不能忽略它。良好的运动能力、远离损伤和获得最大训练益处都依赖于完成这些根据主体训练内容所分配的动态热身动作体系。

最伟大拉伸

这个热身动作能够得到这个不谦虚的名字，是因为它能够在一个动作中有效地激活几个关键肌群。

1. 首先，左腿向前踏长步形成弓箭步。保持后腿尽可能地伸直，以便让屈髋肌群得到拉伸。

2. 向下俯身，将双手分别放在前面那只脚的两侧（a）。现在，抬起左肘，通过旋转胸椎（背部中段）让左肘靠近运动鞋的鞋面（b）。

3. 转动该侧手臂（左臂）直到它伸直并指向天花板（c）。

4. 现在，返回到长弓箭步姿势，让双手位于脚的两侧（右手不动，因为刚才已经放在这个位置上）（d）。向上恢复臀部的位置，前腿尽可能地伸直，让右腿的腘绳肌得到拉伸。弯曲后面的膝盖，直到它接触地面，并抬起胸部（e）。

5. 站起来，左脚向右脚方向移动。

6. 右脚向前呈长方步姿势，并重复之前动作。每侧完成一次则完成一次重复。

四点撑胸椎旋转

1. 首先保持四点撑姿势，双手位于肩关节下方，膝盖位于臀部下方（即爬行起始姿势）。
2. 将左手放于头后。
3. 通过扭转胸椎（背部中段）让左肘靠近右腕（a）。保持臀部垂直于地面，确保不使用下背部发力。
4. 向左旋转，让肘部指向天花板（b）。在左侧完成所有重复次数之后再切换到右侧。

猫驼姿势

1. 首先保持四点撑姿势，双手位于肩关节下方，膝盖位于臀部下方（即爬行起始姿势）。
2. 将双手紧按在地上，向天花板方向抬高背部中段，下巴贴向胸部（a）。
3. 保持2秒，然后做反向运动，向地面方向降低胸腔，并缩回肩胛骨（b）。
4. 保持这个低姿势2秒。重复预定的次数。

肩部扫动

1. 背部着地，面朝上，双腿伸直。将左膝向上抬，屈曲呈90度角，将它放在右腿上方。在左膝盖下放一个支撑物体（例如泡沫轴、瑜伽砖、小药球或叠好的毛巾）。将右手放在左膝盖上，确保左膝在整个动作中与支撑物保持接触。将左手放在头顶正上方，手掌向上（a）。

2. 在整个动作中保持左臂尽可能多地接触地面，将手臂朝腿的方向向下扫动（b）。

3. 当左臂开始经过肩膀时，将手掌反过来朝向地面。在继续向下转动的时候，弯曲手臂努力让拇指触碰到腰背部（c）。

4. 做反向动作（伸直手臂和将手掌反过来手心向上）。一旦手臂到达起始位置，让肘部弯曲，使拇指向左耳靠拢。记住，目标是任何时候都保持胳膊和手尽可能多地接触地面。在一侧完成所有重复次数之后再切换到另一侧。

四肢走

1. 以站立姿势开始，从腰部弯曲身体，保持膝盖锁定，将双手伸向地面（a）。
2. 尽可能地向前慢慢地交替挪动双手（b），直到整个身体与地面平行（c）。
3. 一旦达到极限，开始向双手的方向挪动双脚，保持双腿伸直，向天花板方向抬高臀部（d）。
4. 一旦双脚已经非常接近双手，就开始再次向前挪动双手。重复整个流程，完成所建议的次数。

屈髋肌群拉伸

1. 首先从弓箭步的最低位置开始，右腿在前，左腿在后，双膝呈90度角（为了舒适，你可能要在后面的膝盖下面放一个垫子或一块毛巾）。将左脚向臀部方向拉。左手抓住左脚踝，将这只脚尽可能向左臀部方向拉（a）。

2. 臀部向前移动，使左腿屈髋肌群和股四头肌上形成足够的拉力（b）。同时通过向前面外侧移动右腿膝盖（脚趾方向），给右脚踝创造灵活性。保持2秒，然后向后移动回到起始位置。在整个动作过程中你可能要扶住板凳以保持稳定。在一侧完成所有建议的重复次数之后再切换到另一侧。

跪姿内收肌拉伸

1. 以高跪地姿势开始（即双膝跪在地面上且弯曲90度，双脚位于身体后方）。
2. 将腿抬起放到正侧向，让膝盖和脚垂直于躯干。
3. 轻轻地向右倾斜，伸展左腿的内收肌（腹股沟上的肌肉）。保持2秒，然后再回到起始位置。完成所建议的重复次数，然后再切换到左侧。

燕式平衡

1. 从站立姿势将双臂向身体两侧伸直，手掌朝上。

2. 保持胸部挺直和背部平直，将左脚放到身后，并将左脚脚跟从身后向天花板方向抬高（a）。一定要保持双腿伸直。降低胸部直到它平行于地面（b）。

注意：专注于将后脚跟向天花板方向抬高，而不是向地面方向降低胸部，以便从该动作获得最大的拉伸效果。在一侧完成所有重复次数之后再切换到另一侧。

a

b

相扑蹲举

1. 双脚距离大于臀部宽度，向前弯曲身体，用双手抓住双脚的脚趾。

2. 臀部向下移动，同时抬高胸部，直到进入深蹲姿势的最低位置（a）。

3. 松开右手，将它越过头顶尽可能向后伸（b），然后再放回到右脚趾处。
4. 在左侧重复该动作（c）。
5. 放开双手，将它们举过头顶，然后起立呈上举姿势（d）。

a

b

c

d

臀桥

1. 背部躺在地面上，膝盖屈曲约呈90度角，双脚平放在地面上（a）。
2. 将髋部抬高直到膝盖到肩膀形成一条曲线（只有头部、上背部、双臂和双脚能够接触地面）（b）。
3. 在抬起的最高处收紧臀肌2秒，再将髋部放回到地面。重复所建议的次数。

a

b

基础静态拉伸整理运动

关于如何有效地执行静态拉伸以改善柔韧性（和它是不是真的有效）存在有很多争论。然而，我推荐训练后静态拉伸只是因为它是可靠的整理运动方式，能够在一阵激烈的训练之后让中枢神经系统得到放松。和动态热身运动一样，每项锻炼将重点执行一些针对锻炼期间所使用到的肌肉的静态拉伸练习。

站立股四头肌拉伸

1. 站在深蹲架旁。
2. 用右手扶住旁边的一根支架，左手向后伸抓住左脚踝，将脚跟抬高到臀部位置。
3. 保持膝盖并拢，用力使臀部略向前倾，挤压左侧臀部。
4. 保持该姿势20秒，然后在身体的另一侧重复该动作。

双侧背阔肌拉伸

1. 用双手抓住一根杆或深蹲架的支架，十指交叉紧扣。

2. 臀部先向后侧移动，使躯干向前弯曲（在最终位置时，眼睛应该向着地面，手臂应该刚好位于头部上方）。

3. 让重心转移到脚跟，以便在背阔肌处形成拉力。

4. 保持20秒。

胸部拉伸

1. 用右手抓住深蹲架的支架。

2. 慢慢转动身体远离支架，在肩膀和胸部的前部形成拉力。

3. 保持该姿势20秒，然后在身体的另一侧重复该动作。

腘绳肌拉伸

1. 身体站立，双脚与臀部同宽。
2. 先向后移动臀部（避免弓起上背部），让指尖向脚趾方向靠近。
3. 如果臀部无法继续后移，那么表示活动范围已经达到极限。保持该姿势20秒。

小腿拉伸

1. 使用小腿拉伸板、矮台阶或者深蹲架的一部分，将右脚的脚掌放在台阶的边沿上，同时让脚跟着地（a）。
2. 挺直身体，右腿向前，右脚脚掌下压。
3. 你应该能感到右小腿肌肉有强烈的拉伸感（b）。
4. 保持该姿势20秒，然后在身体的另一侧重复。

ⓐ

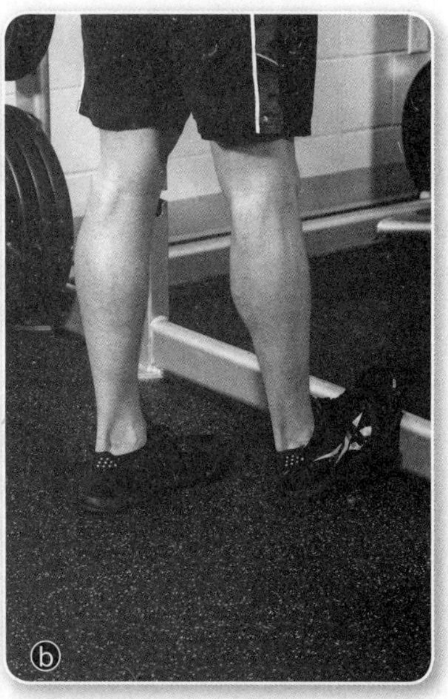
ⓑ

臀部90度角拉伸

1. 将右腿放在板凳或伸展台上，让脚的外侧、小腿和大腿靠在台面上。目标是保持小腿与大腿呈90度角。

2. 保持整个右腿接触台面或者长凳。

3. 左腿应该刚好位于臀部下方，而且膝关节可以伸直（如果使用高台），也可以弯曲（如果使用矮凳）。你应该感觉到右侧臀部有拉伸感。

4. 保持该姿势20秒，然后在身体的另一侧重复。

三角肌拉伸

1. 身体挺直站立，将右臂从身体前侧绕过去，让它接近与地面平行。

2. 用左拳按住右上臂，将右臂拉得更靠近身体。小心，不要从肘关节处推。

3. 保持该姿势20秒，然后在身体的另一侧重复。

如何更好地使用本书

当然，你可以将本书看作一系列随机的单独训练，但事实上，它是按照一系列的训练阶段（力量、增大肌肉、力量耐力、新陈代谢和混合训练）安排的。如果按照安排的顺序进行，这个训练计划可以让你变得更强壮、更苗条和更健康，超越曾经的任何时候。然而，每个人都有不同的目标和训练优先选择。如果你想要增大体形，毫无疑问可以直接跳到“局部肌肉增强训练”这一章，并从那里开始学习训练。如果需要减少脂肪参加专业照片拍摄或婚礼，那么“终极减脂”这章应该是个好起点。你还可以将本书看作锻炼思想的来源和随机挑选训练的素材库，可以用来填补自己的训练阶段的空白。你可以将一些减脂训练作为新陈代谢促进训练，或者只学习本书中的训练的新变化动作。在阅读完本书后，我希望本书的训练内容和你的健身计划能够满足你的需求。

最后，你可能对这样高频率的训练有些犹豫。但是大量的研究表明，经常训练，甚至是高强度训练，对身体形态、运动能力和健康非常有益。最重要的是，这些训练都被设计在30分钟内完成，这使得过度训练的风险非常小。和之前说的一样，你很可能不会每天训练一次，因此倾听身体的需求始终是一个好主意。如果它告诉你要休息一天，你绝对应该这样做，而下次则可以从之前暂停的地方继续进行。训练不仅要求持之以恒，还要求每次走进健身房都要尽力而为。

第2章

终极减脂

除了帮助减去多余脂肪之外，本章的目的是介绍许多训练方法，让你知道要付出多大努力才能完成本书的训练。大部分这些训练都使用“超级组”（连续进行，动作之间很少或没有休息）。明智地选择重量非常重要，因为使用正确的技术和遵循休息时间对避免受伤和减去任何多余的体重非常关键。做好让心率增加、让裤子尺寸变小的准备吧。

短循环训练

循环训练是在燃烧脂肪的同时保持训练计划使用的负荷的很好方式（这意味着降低在减少体重的同时丢失肌肉的风险）。循环训练的关键是动起来，因此将休息时间缩减至30秒或更少。你的肌肉将出现烧灼感，感觉喘不过气来，而且像穿过撒哈拉大沙漠那样大汗淋漓，但是这些牺牲都是值得的。在健身房里没有比这更好的燃烧脂肪的方法了。

热身运动

四肢走重复5次，四点撑胸椎旋转每侧身体重复6次，猫驼姿势重复10次。

特色训练

窄握距下巴过杠引体向上

1. 双手反握抓住单杠（手掌朝向自己）。

2. 从双臂伸直悬吊在单杠上开始（a）。从背部开始发力向上拉，下收肩胛骨，将胸部向单杠方向拉。向后下方收两侧肘部，将躯干向上提。

3. 达到最高活动范围（b）后，在控制下降低身体，直到双臂完全伸直。重复进行。

完整的锻炼

完成下面的循环训练5轮。

窄握距下巴过杠引体向上
- 6次重复
- 休息10秒

捧杯式深蹲（#2）
- 8次重复
- 休息10秒

俯卧撑（#12）
- 10次重复
- 休息10秒

立卧撑跳（#7）
- 12次重复
- 休息60秒

ⓐ

ⓑ

选项

简易选项 执行3轮循环训练。使用一根助力带或者滑轮下拉训练机器代替窄握距下巴过杠引体向上。

进阶选项 给循环中的每项锻炼增加2次重复。

整理运动 双侧背阔肌拉伸，三角肌拉伸，腘绳肌拉伸。

手持杯子

捧杯式深蹲是非常适合初学者的深蹲变化动作，甚至适合高级举重运动员，因为它以出色的技术和合适的深度让躯干进入一个理想的直立姿势。它还让上背部和核心区的肌肉组织得到有效锻炼，这使它成为一个真正的全身运动。如果在前蹲或后蹲中保持姿势有问题，那就先掌握捧杯式深蹲动作。

热身运动

相扑蹲举重复6次，四点撑胸椎旋转每侧重复6次，臀桥重复8次，猫驼姿势重复10次。

特色训练

捧杯式深蹲

1. 双手呈V字形握住壶铃，从提手两侧护住壶铃（a）。
2. 保持双脚与肩同宽且稍微外翻，挺直胸膛，让壶铃刚好位于锁骨的前方，屈髋屈膝，并向地面降低身体。
3. 在保持控制的情况下尽可能向下蹲，同时保持躯干挺直（b）。一旦完成深蹲幅度，以反向动作回到起始位置。重复进行该动作。

完整的锻炼

完成下面的循环训练4轮。

捧杯式深蹲

- 10次重复
- 休息30秒

交替哑铃划船（#246）

- 10次重复/侧
- 休息30秒

100米冲刺*（#41）

- 休息2分钟

*可以在跑道、场地或者跑步机上进行。

选项

简易选项 执行3轮循环训练。

进阶选项 执行5轮循环训练。

整理运动 腘绳肌拉伸，小腿拉伸，胸部拉伸。

3

弹力带壮汉

利用弹力带可以额外增加训练的特定方面的负荷，这是力量举运动员在训练期间常用的技术。例如，如果在硬拉期间拉弹力带，阻力会随着弹力带的拉伸而增加，在最高位置的固定变得比一般情况更困难。在这项锻炼中，你将在背部上绕一根弹力带，让做俯卧撑更具挑战性。这将使动作的后半部分更加困难，让肱三头肌超负荷工作。

热身运动

最伟大拉伸每侧重复4次，屈髋肌群拉伸和燕式平衡每侧重复6次，肩部扫动每侧重复8次。

特色训练

弹力带俯卧撑

1. 将弹力带的两端分别握在两只手中，让弹力带的其余部分搭在背上。

2. 采取俯卧撑姿势，双手刚好与外肩同宽，手臂伸直，身体从肩膀到脚跟在一条直线上（a）。

3. 身体降低到地面，保持肘部伸向身体两侧（b）。在做该动作的时候不要让臀部松弛或者抬高。

4. 一旦到达最低位置，用力将身体向上推，直到手臂伸直锁定。重复进行该动作。

a

b

完整的锻炼

在12分钟内尽可能完成更多轮该循环训练，只在必要的时候休息。

单臂农夫走（#29）

- 40米

弹力带俯卧撑

- 12次重复

双臂壶铃甩摆（#13）

- 20次重复

选项

简易选项 在7分钟内尽可能完成更多轮该循环训练。

进阶选项 在15分钟内尽可能完成更多轮该循环训练。

整理运动 站立股四头肌拉伸，臀部90度角拉伸，双侧背阔肌拉伸。

红色警戒

在训练过程中心率监视器可能显示红色警告读数。蹲跳和引体向上都有巨大的新陈代谢需求，这使得该训练成为极为高效的燃烧脂肪锻炼。这个简单但残酷的循环训练，不是为意志薄弱的人而准备的。

热身运动

相扑蹲举重复6次，四点撑胸椎旋转每侧重复6次，臀桥重复8次，猫驼姿势重复10次。

特色训练

囚徒下蹲跳

1. 十指交叉放在脑后面。不要向下放在脖子上（a）。
2. 同时屈髋屈膝，直到完全下蹲（b）。
3. 做反向动作并从地面跳起（c）。着地时膝盖稍微弯曲，然后直接进入下一次重复。重复进行。

a

b

c

完整的锻炼

执行下面的循环训练10轮，在每项训练和每轮之间尽可能少休息。

囚徒下蹲跳

- 10次重复

直握引体向上（#237）

- 10次重复

选项

简易选项 引体向上仅重复5次。

进阶选项 囚徒下蹲跳重复15次。

整理运动 腘绳肌拉伸，小腿拉伸，胸部拉伸。

5

僵尸跳跃

如果说有哪种正确锻炼的技术对降低受伤风险至关重要，那可能就是硬拉。硬拉最常见的错误是什么？下背部弓起。应向后和向下挤压肩胛骨（在大脑中想象让肩胛骨伸入裤子的后口袋中），而且在最低位置胸部向前伸，从而避免这个代价巨大的错误。这样做有助于在整个动作过程中确保背部平直和自然的脊椎姿势。

热身运动

最伟大拉伸重复4次，四肢走和燕式平衡重复5次，臀桥重复10次。

特色训练

常规硬拉

1. 采用双脚与髋部同宽的站姿，以髋关节为轴心（见第1章内容，了解关于髋关节转轴的详细描述），稍微屈曲膝盖，以正握法或者正反握法抓住杠铃杆（a）。

2. 保持杠铃杆靠近胫骨，伸展膝关节并挺髋，将杠铃从地面抬起。

3. 髋关节完全伸展，在动作的最高处保持自然的脊柱姿势（b）。

4. 首先从髋关节部开始屈曲，然后在杠铃接近地面时稍微屈曲膝关节，将杠铃放回到地面上。重复完成先前的动作。

完整的锻炼

在尽可能短的时间内完成该循环训练4轮。使用与身体重量相等的杠铃片做常规硬拉训练；使用60厘米高的箱子做跳箱训练。

跳箱（#198）

- 5次重复

常规硬拉

- 10次重复

a

b

选项

简易选项 利用重量为体重的75%的杠铃做硬拉。

进阶选项 利用重量为体重的125%的杠铃做硬拉。

整理运动 双侧背阔肌拉伸，腘绳肌拉伸，小腿拉伸。

肩举、推举和直举

举重运动（特别是抓举及其变化动作）可以用专门设计的绷带来完成。这些绷带缠绕在手上而不是手腕上，可以从杠铃杆快速释放。不要将这些绷带与硬拉时缠绕在手腕以增加抓握力的带子相混淆。使用错误的绷带做抓举如果没能举起的话、后果可能是灾难性的，尤其是杠铃在头后时。所以，如果你选择举重练习，请使用正确的绷带。

热身运动

相扑蹲举重复5次，跪姿内收肌拉伸、屈髋肌群拉伸和四点撑胸椎旋转每侧重复6次。

特色训练

推举杠铃

1. 双手以正握方式抓住杠铃杆，将杆放在肩膀上。肘部应该在杠铃杆的前面。
2. 屈髋下蹲，保持胸部挺直，而且在整个动作过程中眼睛看前方（a）。
3. 一旦向下移动达到活动范围极限（大腿应该平行于地面或者更接近地面），就做反向运动，将髋关节上移（b）。
4. 在回到站立姿势之后，将杠铃举过头顶，直到肘部完全锁定（c）。
5. 重新将杠铃放在肩膀上，然后重复所需的次数。

完整的锻炼

在尽可能少的时间内执行下面的循环训练5轮，而且每个重复次数、每组和每轮之间尽可能少休息。所有动作都使用同样重量的杠铃（只在必要时放下杠铃）。

杠铃高翻推举（#79）

- 3次重复

推举（#16）

- 6次重复

推举杠铃

- 9次重复

选项

简易选项 执行3轮循环训练。

进阶选项 给每项训练增加2次重复。

整理运动 站立股四头肌拉伸，臀部90度角拉伸，三角肌拉伸。

倒霉7

如果3个7出现在抽奖机上，你就中大奖了。然而，在这个锻炼的每个动作中完成7轮，每轮有7次重复，给你留下的感觉就只有倒霉了。不要因为该锻炼只包含自身体重动作而相信它很容易。拉、推、蹲和跳4个动作组合在一起将使你的整个身体忙个不停。

热身运动

相扑蹲举重复6次，四点撑胸椎旋转每侧重复6次，臀桥重复8次，猫驼姿势重复10次。

特色训练

立卧撑跳

1. 从直立站姿开始（a）。双手放在地板上，双脚向后跳，进入俯卧平板撑姿势（b）。
2. 保持肘部贴近身体两侧，做俯卧撑。
3. 同时，将双膝向胸部移动，然后向后摆动身体，让双脚脚底踏在地板上。
4. 跳起来（每次重复至少要尝试跳15厘米高）（c），然后膝盖放松着地。站起进入完全的站立姿势，然后重复建议的次数。

a

b

c

完整的锻炼

完成下面的循环训练7轮，尽可能少休息。

囚徒下蹲跳（#4）

- 7次重复

下巴过杠引体向上（#73）

- 7次重复

立卧撑跳

- 7次重复

选项

简易选项 执行该循环训练5轮。

进阶选项 在整个锻炼中穿加重背心。

整理运动 站立股四头肌拉伸，臀部90度角拉伸，双侧背阔肌拉伸。

终极循环训练

大多数循环训练是由很多部分组成的，因此很难知道要先从哪里开始。光这个锻炼本身就用到这么多主要肌群，你很难找出哪一个最有挑战性。通过主要复合动作来交替运动上半身和下半身，这种新陈代谢挑战可能是世界上“最难的挑战”。

热身运动

最伟大拉伸每侧重复4次，屈髋肌群拉伸和燕式平衡每侧重复6次，肩部扫动每侧重复8次。

特色训练

六角杠铃硬拉

1. 给六角杠铃装上杠铃片，站在杠铃架中，双脚与肩同宽站立。
2. 直接握住中间的杠铃杆，弯曲膝盖，向后移动臀部，保持胸部挺直（a）。
3. 通过向上移动臀部和伸直并锁定膝关节将杠铃抬起（b）。最好将该动作想象成深蹲和硬拉的组合。
4. 在保持脊椎的自然姿势的同时，活动髋关节让臀部向后下方移动，将杠铃降低到起始位置。

完整的锻炼

完成下面的循环训练4轮。

六角杠铃硬拉

- 10次重复
- 休息60秒

杠铃卧推（#54）

- 10次重复
- 休息60秒

交替向后弓箭步（#24）

- 10次重复/侧
- 休息60秒

交替哑铃划船（#246）

- 10次重复/侧
- 休息2分钟

ⓐ

ⓑ

选项

简易选项 完成3轮循环训练。

进阶选项 每个动作之间的休息时间减少至45秒。

整理运动 站立股四头肌拉伸，臀部90度角拉伸，双侧背阔肌拉伸。

紫心勋章

紫心勋章是美国授予在服役期间受伤或牺牲的军人的荣誉勋章，由此可以看出这项训练需要很大的勇气才能完成。通过将艰难的上半身动作（引体向上）、艰难的下肢单侧动作（向上踏步）和竭尽全力的骑自行车冲刺动作相结合，这项锻炼将把你变成一名战场勇士。

热身运动

最伟大拉伸每侧重复4次，屈髋肌群拉伸和燕式平衡每侧重复6次，肩部扫动每侧重复8次。

特色训练

俄式向上踏步

1. 在深蹲架的外侧给杠铃装上杠铃片。将杠铃从架上转移到颈后肩上。
2. 使用能够让髋关节屈曲90度角的箱子或长凳，将左腿放在箱子的顶部（a）。
3. 左脚用力踩在箱子上，使身体向上运动，直到左腿完全伸直。右脚应该跟着左脚向上移动，但是不要踩在箱子上（b）。
4. 缓慢地降低身体回到起始位置。左腿完成所有重复次数之后再切换到右腿。

完整的锻炼

完成下面的循环训练4轮。

下巴过杠引体向上（#73）

- 10次重复
- 休息30秒

俄式向上踏步

- 10次重复/侧
- 休息30秒

骑自行车冲刺

- 30秒
- 休息2分钟

选项

简易选项 执行3轮循环训练。

进阶选项 执行5轮循环训练。

整理运动 腘绳肌拉伸，小腿拉伸，胸部拉伸。

翻越彩虹

这项将药球从肩膀后抛过去的锻炼（在这里作为特色训练介绍）模仿大力士在阿特拉斯搬石头比赛中的动作。该比赛要求将越来越重的巨石放到一个高台上。但是，在这里不是将一个巨石放到高台上，而是将相对较重的药球从肩膀上翻过去。虽然你总是要努力保持背部处于安全位置，但是在这项训练中不需要特别关心动作的形式。有很多方法可以将重物放到肩上，只要不招致损伤且让球从肩膀上翻过，你的做法就是对的。

热身运动

四肢走重复5次，四点撑胸椎旋转每侧身体重复6次，猫驼姿势重复10次。

特色训练

过肩抛投药球

1. 将一个相对较重的药球放在双脚之间。屈髋下蹲，将双手放在膝盖之间，并将手指放在球的下面（a）。
2. 保持双臂垂直，将药球硬拉至臀部。双脚自然开立，进入深蹲姿势，将球放在大腿上。
3. 用双臂抱住球并站起来，快速向前移动臀部，然后利用该动作产生的动能使球沿着身体向上运动至肩膀（b）。
4. 让球直接从肩膀上滚过去落到地板上（c）。重复进行。

完整的锻炼

以最快的速度完成下面的循环训练5轮，在每组锻炼之间或每组锻炼过程中根据需要尽可能少休息。

推举杠铃（#6）

- 12次重复

过肩抛投药球

- 12次重复

a

b

c

选项

简易选项 将循环训练减少至3轮。

进阶选项 将每组的重复次数增加至15次。

整理运动 双侧背阔肌拉伸，三角肌拉伸，腘绳肌拉伸。

负重行走

要想做好锻炼，并不要求健身房有大量健身器材甚至一套举重设备。如果在旅行或者想要训练的时候健身馆关门了，只需找到一个重物，例如一根圆木或者一块水泥砖，然后将它举过头顶呈弓箭步姿势，步行一段很长的距离。你很快会发现它会让你的肌肉极其疲劳，心率飙升到顶点，而这并不需要任何花哨的训练器材。

热身运动

最伟大拉伸每侧重复4次，屈髋肌群拉伸和燕式平衡每侧重复6次，肩部扫动每侧重复8次。

特色训练

抱重物前进

1. 将一个重物（例如，杠铃片、沙袋、水泥砖、圆木、大石头或者药球）抱起在胸前。
2. 保持胸部挺直，抱重物行走规定的距离。

完整的锻炼

执行下面的循环训练3轮，在每组的每个动作之间根据需要尽可能少休息。目标是尽可能快地完成3轮。

推举（#16）

- 8次重复

引体向上（#231）

- 12次重复

抱重物前进

- 30米

立卧撑跳（#7）

- 10次重复

选项

简易选项 减少每组的重复次数，推举减少至6次，引体向上减少至8次，立卧撑跳减少至8次。

进阶选项 循环训练增加2轮（一共5轮）。

整理运动 站立股四头肌拉伸，臀部90度角拉伸，双侧背阔肌拉伸。

全力以赴

过度地摄入糖分会损害身体健康与身体构成已成为常识。然而，糖（与蛋白质结合）对刚锻炼后的身体可能是有益的。在锻炼之后摄入蛋白质与简单碳水化合物（例如糖）含量比为1∶3～1∶2的饮料能够帮助补充肌肉糖原并开始肌肉蛋白质的合成。这两个过程可以协助肌肉的生长和更快修复，让你更容易适应和从训练中恢复。

热身运动

相扑蹲举重复6次，四点撑胸椎旋转每侧重复6次，臀桥重复8次，猫驼姿势重复10次。

特色训练

俯卧撑

1. 开始时双手位于肩关节下方，身体处于俯卧撑姿势，从肩膀到脚跟形成一条直线（a）。

2. 保持双肘向肋骨方向收缩，保持脊柱的自然姿势，慢慢降低身体，直到胸部接触地面（b）。

3. 双手用力撑地面，做反向动作，直到肘部伸直锁定和回到起始位置。重复完成先前动作。

a

b

完整的锻炼

在8分钟内尽可能多地完成更多轮下面的锻炼。

俯卧撑

- 15次重复

蛙式仰卧起坐（#27）

- 25次重复

俯撑登山（#281）

- 35次重复

选项

简易选项 在6分钟内尽可能完成更多轮。

进阶选项 将每项训练的重复次数增加5次（20次重复、30次重复、40次重复）。

整理运动 腘绳肌拉伸，小腿拉伸，胸部拉伸。

13

壶铃甩摆

壶铃甩摆是利用臀部训练爆发力的出色锻炼方式，同时可以发展臀肌、腘绳肌、内收肌群、下背部的力量和抓握力量。所获得的力量还可以转用到其他爆发力动作上，例如臀部推举、负重屈练习、硬拉和背部伸展。

热身运动

最伟大拉伸重复4次，四肢走和燕式平衡重复5次，臀桥重复10次。

特色训练

双臂壶铃甩摆

1. 双手正握抓住壶铃（a）。

2. 通过有力地在双腿之间壶铃甩摆来获得动能，确保壶铃保持较高位置（刚好在胯下）。

3. 在壶铃穿越双腿的时候执行髋关节转轴动作（在第1章内容中描述），保持双臂垂直、胸部挺直（b）。

4. 让髋关节向前移动做反向动作，保持双臂伸直，推动壶铃向前运动。所有力量都应该由髋关节产生——不要使用手臂来抬高壶铃。

a

b

c

5. 一旦壶铃达到最高点（c），就做反向动作，让它从双腿之间原路返回。重复完成之前动作。

完整的锻炼

设置计时器为20分钟。在第1分钟，必须完成20次壶铃摆动。在第2分钟，目标是完成19次摆动。在第3分钟，尝试完成18次。继续此模式，直到在第20分钟完成最后1次摆动。你可以根据自己认为合适的时间点安排休息，可以在尽量接近第20分钟的时候休息，也可以每分钟中断重复。

双臂壶铃摆动

- 20组（各组依次完成20次、19次、18次、17次、16次、15次、14次、13次、12次、11次、10次、9次、8次、7次、6次、5次、4次、3次、2次、1次重复次数）

选项

简易选项 设定一个12分钟的计时器，从12次重复开始。

进阶选项 设定一个25分钟的计时器，从25次重复开始。

整理运动 双侧背阔肌拉伸，腘绳肌拉伸，小腿拉伸。

大爆炸

增强式训练是一种利用拉长－收缩周期来发展运动能力的优秀的方法。拉长－收缩周期被定义为先主动拉长肌肉，然后马上收缩该肌肉；它是爆发性动作的关键组成部分，包括跳跃和击掌俯卧撑等。该锻炼利用几个增强式动作来挑战训练者重复爆发性动作的体能和能力。

热身运动

相扑蹲举重复5次，跪姿内收肌拉伸、屈髋肌群拉伸和四点撑胸椎旋转每侧各重复6次。

特色训练

分腿跳跃

1. 以长距离分腿站立姿势开始，左脚在前面，右脚在后面。
2. 通过屈曲膝关节降低身体，直到后面的膝盖（右）接近地面（a）。
3. 双脚爆发性地用力蹬地，使身体从地面垂直跳起。
4. 在腾空期间迅速切换双腿，让右腿在前，左腿在后（b）。
5. 着地时膝盖保持放松，然后立即降低身体为下一起跳做好准备（c）。重复所建议的次数。

完整的锻炼

完成下面的循环训练6轮。

跳箱（#198）

- 6次重复
- 休息30秒

分腿跳跃

- 8次重复/侧
- 休息30秒

立卧撑跳（#7）

- 10次重复
- 休息30秒

囚徒深蹲（#188）

- 12次重复
- 休息2分钟

a

b

c

选项

简易选项 执行4轮循环训练。

进阶选项 分腿跳跃每侧的重复次数增加至10次，立卧撑跳增加至12次，囚徒深蹲增加至15次。

整理运动 双侧背阔肌拉伸，腘绳肌拉伸，小腿拉伸。

15

666杠铃猛兽

对于这个极富挑战性的短时间锻炼，尝试采用重量为体重三分之一的杠铃片，然后做6个动作，每个动作做6轮，每轮重复6次，因此得到“666”的称谓。一旦将杠铃提起，就要把整个流程完成之后才把它放下。以这种方式执行一个称为复合组的循环（一种设备，一种方法，接连完成所有训练），它是最有效的减肥方案之一。

热身运动

最伟大拉伸每练习侧重复4次，屈髋肌群拉伸和燕式平衡每侧重复6次，肩部扫动每侧重复8次。

特色训练

悬垂高翻

1. 以正握方式抓握杠铃开始，双手握距和双脚站距稍微比肩宽。杠铃杆应该刚好靠在膝盖下方（a）。

2. 爆发性地向上跳，通过伸展脚踝、膝盖和髋关节3个部位伸直身体（b）。

3. 果断地将身体降低到杠铃杆下方，围绕杠铃杆旋转肘部。用肩膀托住杠铃杆，同时进入深蹲姿势（c）。

4. 在进入深蹲的最低位置时，马上站起来（d）。

5. 稍微屈曲膝关节，将杠铃放回到起始位置，让杠铃杆靠在大腿上。重复所建议的次数。

a

b

c

d

完整的锻炼

下面的复合组中的每个动作要执行数轮，每轮重复6次，每轮之间休息60秒。

悬垂高翻

杠铃前蹲（#44）

杠铃过顶推举（#36）

杠铃深蹲（#63）

罗马尼亚杠铃硬拉（#295）

选项

简易选项 执行4轮该复合组，每轮之间休息75秒。

进阶选项 给杠铃装上质量为体重50%的杠铃片，每组之间的休息时间减少至45秒。

整理运动 站立股四头肌拉伸，臀部90度角拉伸，双侧背阔肌拉伸。

英雄

对于这个非常残酷的复合组，你需要有英雄气概才能完成。记住练习顺序的一个好方法是（因为，显然你不希望在训练的中间停下来看书）想着所有动作都遵循自上而下的顺序。首先以推举的方式将杠铃举过头顶，支点位置根据不同的锻炼而不同，前蹲在肩膀位置，罗马尼亚硬拉在臀部位置，弯腰划船在膝盖上一点的位置，而硬拉在地面位置。

热身运动

最伟大拉伸每侧重复4次，屈髋肌群拉伸和燕式平衡每侧重复6次，肩部扫动每侧重复8次。

特色训练

推举

1. 开始时，让杠铃处于支点位置，即让杠铃杆横跨前三角肌，双手采用肩举抓握，大臂与地面平行。
2. 保持背部挺直，屈曲膝关节直到进入四分之一下蹲位置（a）。
3. 在一个爆发性动作中伸直双腿，将杠铃举过头顶（b）。
4. 将杠铃放回到起始位置，重复建议的次数。

a

b

完整的锻炼

完成以下复合组4轮，每轮之间休息90秒。

推举
- 6次重复

杠铃前蹲（#44）
- 6次重复

罗马尼亚杠铃硬拉（#295）
- 6次重复

常规硬拉（#5）
- 6次重复

选项

简易选项 执行3轮该复合组。

进阶选项 给该复合组额外增加一轮，将每轮之间的休息时间减少至60秒。

整理运动 站立股四头肌拉伸，臀部90度角拉伸，双侧背阔肌拉伸。

17

3个5肩举

为了确保训练的正常进行，你可以选择的最简单、最有效的工具之一就是泡沫轴。泡沫轴滚动可以帮助你缓解扳机点和筋膜粘连，让肌肉更柔软、有韧性。这不仅会使你感觉更舒服，而且让关节周围肌群的活动更加自如，这将帮助你变得更强壮和远离伤害。泡沫轴是你在训练中真正最值得购买的设备之一。

热身运动

四肢走重复5次，四点撑胸椎旋转每侧身体重复6次，猫驼姿势重复10次。

特色训练

弓箭步过顶推举

1. 开始时，让杠铃杆横跨在前肩上。双手抓握杠铃杆的位置应该在肩膀的外侧。双肘应该在身体前方（a）。

2. 通过向前移动膝关节进入四分之一下蹲姿势（不要像传统的深蹲一样开始时就向后移动髋关节）。

3. 有力地做反向运动，当杠铃在头顶锁定的时刻，分开双腿，让一只脚在前面，另一只脚在后面（就像弓箭步的中途姿势）（b）。

4. 通过将前面那只脚收回到中间位置，然后将后面那只脚收回到中间位置，从而恢复姿势。将杠铃降低回到肩膀上。

完整的锻炼

完成以下复合组5轮，每个动作之间没有休息。每轮之间休息2分钟。

杠铃高翻（#52）
- 5次重复

杠铃前蹲（#44）
- 5次重复

弓箭步过顶推举
- 5次重复

a

b

选项

简易选项 在每轮中每项训练重复执行3次。

进阶选项 给该复合组额外增加一轮（一共6轮）。

整理运动 双侧背阔肌拉伸，三角肌拉伸，腘绳肌拉伸。

250×25

壶铃甩摆是训练髋关节转轴模式的最佳训练之一（请参阅第1章内容）。它还锻炼爆发力，挑战抓握力，而且在增加重复次数或者和其他训练相结合之后，对新陈代谢很有挑战性。正是由于这些原因，你会看到整本书中的很多锻炼都包含有摆动动作。掌握这个重要动作，它会让你的运动能力和负荷能力得到提升。

热身运动

最伟大拉伸重复4次，四肢走和燕式平衡重复5次，臀桥重复10次。

特色训练

单臂壶铃甩摆

1. 用单侧手臂以正握方式抓住壶铃。
2. 保持手臂伸直，以髋关节为转动轴心，用力将壶铃从双腿之间穿过（一定要保持壶铃处于较高位置，刚好在胯下即可）(a)。
3. 用力向前挺髋，迫使壶铃向身体的前上方移动（b）。不要使用手臂提起壶铃，让壶铃甩摆的力量来自下半身。
4. 在壶铃达到最高点时，用力使它向两腿之间运动。重复所建议的次数。

a

b

完整的锻炼

完成下面的锻炼4轮，每个动作之间尽可能少休息。

划船（#212）

- 250米

单臂壶铃甩摆

- 25次重复

选项

简易选项 将壶铃甩摆的重复次数减少至15次，划船缩短至200米。

进阶选项 额外增加一轮，让总轮数达到5轮。

整理运动 双侧背阔肌拉伸，腘绳肌拉伸，小腿拉伸。

19

循环训练终结者

循环训练终结者训练采用多关节复合动作和短休息时间。这些因素结合起来将增加对新陈代谢和心肺功能的要求，可能会给你的身心带来极大的考验。完成这项锻炼，即可证明你自己可以应付任何挑战。

热身运动

相扑蹲举重复6次，四点撑胸椎旋转每侧重复6次，臀桥重复8次，猫驼姿势重复10次。

特色训练

壶铃相扑硬拉

1. 将一个壶铃放在双腿之间，双腿与肩同宽站立。
2. 保持胸部挺直，脊椎处于自然状态，髋关节屈曲向后移动臀部（见第1章内容），双手放入双腿之间，以正握方式抓住壶铃的把手（a）。
3. 保持双臂伸直，用力向前挺髋，直到髋关节完全伸展（b）。
4. 屈曲髋关节使臀部右移，在该过程中要保持脊椎的自然姿势，将壶铃放回到地面上。重复所建议的次数。

完整的锻炼

完成下面循环训练5次。

壶铃相扑硬拉

- 10次重复
- 休息30秒

前脚抬高杠铃分腿蹲（#140）

- 10次重复/侧
- 休息30秒

农夫走（#187）

- 4组 × 40米
- 休息2分钟

a

b

选项

简易选项 将每组之间的休息时间增加至60秒。

进阶选项 使用相扑硬拉（#82）代替壶铃相扑硬拉。

整理运动 站立股四头肌拉伸，臀部90度角拉伸，双侧背阔肌拉伸。

猛力投掷

除了是很酷的发泄方式之外，过顶砸球（这里的特色训练）是动态训练髋关节伸展和核心区屈曲的有力工具。因为你是在利用而不是克服重力，这点与大部分药球锻炼不一样，所以应该使用相对较重的球。但是，该训练应该保持一定的速度。最后，将过顶砸球加入休息短、重复次数高的循环训练中，可能是增加新陈代谢要求的好方式。

热身运动

四肢走重复5次，四点撑胸椎旋转每侧身体重复6次，猫驼姿势重复10次。

特色训练

过顶砸球

1. 抓住相对较重的药球，并将它举起在头顶，双脚刚好在肩膀宽度的外侧（a）。
2. 向后移动臀部，用力将球摔在前方的地面上或者垫子上（b）。
3. 捡起球，重复建议的次数。请确保每次重复开始时球都位于头顶上方。

a

b

完整的锻炼

以最快的速度完成下面的锻炼4轮，在每组和每轮训练之间根据需要尽可能少休息。

悬吊带分腿蹲交换跳（#201）

- 8次重复/侧

引体向上（#231）

- 12次重复

过肩抛投药球（#10）

- 15次重复

摔过顶砸球

- 20次重复

选项

简易选项 执行3轮循环训练。

进阶选项 悬吊带分腿蹲交换跳每组增加2次重复，引体向上每组增加3次重复。

整理运动 双侧背阔肌拉伸，三角肌拉伸，腘绳肌拉伸。

21

倒立

倒立和倒立俯卧撑非常有挑战性，但是也非常有好处，因为它们能够训练上半身的力量、肩部和核心稳定性以及平衡能力。此外，有几个其他健身方式包括瑜伽、体操和杂技，也有它们的功效。然而，和其他更简单的容易学习的训练相比，倒立俯卧撑需要时间和实践才能学会。

热身运动

最伟大拉伸每侧重复4次，屈髋肌群拉伸和燕式平衡每侧重复6次，肩部扫动每侧重复8次。

特色训练

倒立俯卧撑

1. 将双手放在地板上，双手距离比肩宽，将脚抬高靠墙。确保双臂锁定（a）。
2. 向地面降低身体，让脚跟贴紧墙壁。
3. 当头部接触地面时（b），向上伸展双臂，直到手臂伸直。重复所建议的次数。

a

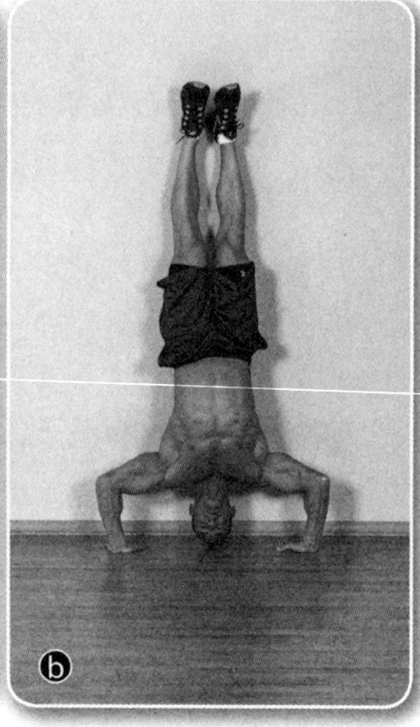
b

完整的锻炼

完成下面3项训练各4轮，尽可能少休息。

倒立俯卧撑

- 5次重复

相扑硬拉（#82）

- 5次重复

引体向上（#231）

- 10次重复

警告： 倒立俯卧撑是高级的训练，需要大量的力量、稳定性和协调能力才能避免受伤。强烈建议你在疲劳状态下尝试执行它之前，先练习和完善这项能力。

选项

简易选项 执行3轮循环训练，并使用弹力带俯卧撑代替倒立俯卧撑（#3）。

进阶选项 执行5轮循环训练。

整理运动 站立股四头肌拉伸，臀部90度角拉伸，双侧背阔肌拉伸。

站岗哨兵

杠铃、哑铃、壶铃、悬吊带、雪橇、器械和健身房中的其他每一件设备都应该被视为完成特定任务的工具。训练者要认识到每一种设备都有它的优点，在训练中可以充分利用不同设备的优势，这比单纯地爱上和使用一种工具要好得多。

热身运动

最伟大拉伸每侧重复4次，四肢走和燕式平衡重复5次，臀桥重复10次。

特色训练

交替单臂壶铃甩摆

1. 开始时将一个壶铃放在身体前方的地面上。屈曲髋关节向后移动臀部，右手向下伸抓住壶铃的手柄。
2. 在双腿之间向后甩摆壶铃，在该过程中要确保壶铃足够高，保持背部平直而且膝盖微微弯曲（a）。
3. 挺髋，伸直双腿，让壶铃由胯下穿过，直到达到肚脐与胸骨之间的高度。
4. 当壶铃达到最高点时，右手松开壶铃的手柄，然后马上用左手抓住手柄（b）。
5. 交替使用左右手重复上述动作（c），直到完成所有建议重复次数。

完整的锻炼

每分钟完成下面的训练1轮，共完成10轮（在每分钟的开头开始执行该循环训练，完成所有重复次数，休息该分钟剩余的时间，在下一分钟的开头重新开始下一轮训练）。

交替单臂壶铃甩摆

- 10次重复（每侧5次）立卧撑跳（#7）
- 10次重复

a

b

c

选项

简易选项 执行该循环训练6轮。

进阶选项 执行交替单臂壶铃甩摆20次（每侧10次）重复。

整理运动 双侧背阔肌拉伸，腘绳肌拉伸，小腿拉伸。

23

一分付出一分收获

健身行业有句老话“没有付出就没有收获”。

你要经历一定程度的痛苦才能取得进步，虽然这句话没有问题，但是不怕艰苦努力训练与使用糟糕的技术和过大的重量使自己遭受受伤危险之间是存在区别的，对任何训练都是如此。训练不一定要痛苦才有效。只要你挑战自己，同时保持使用良好的技术，就会取得进步。请记住，如果总是因伤休息，你将很难取得进步。

热身运动

相扑蹲举重复6次，四点撑胸椎旋转每侧重复6次，臀桥重复8次，猫驼姿势重复10次。

特色训练

过顶举杠铃弓箭步走

1. 双手握距稍微比肩宽握住杠铃杆，然后将杠铃直接在头顶上方举起（a）。保持杠铃在头顶上方，直到完成所有重复次数。

2. 左腿向前迈步，双膝屈曲，直到后腿膝盖接触或者距离地面2.5厘米左右（b）。躯干应该保持挺直，前侧胫骨（小腿）应该垂直于地面。

3. 用力蹬前面那只脚，回到直立站立姿势，后腿收回，双脚对齐。

4. 右脚向前踏步，重复上述流程（c）。继续交替双脚走弓箭步，直到完成所有的重复次数。

a

b

c

完整的锻炼

完成下面的循环训练5轮，尽可能少休息。

跳箱（#198）

- 6次重复

推举杠铃（#6）

- 8次重复

过顶举杠铃弓箭步走

- 10次重复

脚趾触杠铃杆（#28）

- 12次重复

选项

简易选项 一共完成3轮。

进阶选项 一共完成6轮。

整理运动 站立股四头肌拉伸，臀部90度角拉伸，双侧背阔肌拉伸。

24

加速划船

划船训练机是非常出色的训练设备，要想跟上新陈代谢的需求，股四头肌、腘绳肌、臀大肌、背阔肌、前臂和二头肌必须有力量且相互协调，而且心肺能力必须足够好。人们常常忽视划船训练机是提升负荷能力的有效工具之一，而且是特别有效的间歇训练工具。

热身运动

最伟大拉伸每侧重复4次，屈髋肌群拉伸和燕式平衡每侧重复6次，肩部扫动每侧重复8次。

特色训练

交替向后弓箭步

1. 将杠铃横放在颈后肩上（a），左脚向后踏步，降低左腿，直到左膝盖刚好接触地面。在这个最低位置，右膝应该呈90度角（b）。

2. 用力蹬右脚，将左脚收回到起始位置。

3. 右脚向后踏步，重复该动作（c）。继续交替双脚跨弓箭步，直到完成所有的重复次数。

a

b

c

完整的锻炼

完成下面的循环训练4轮。

哑铃推举（#51）

- 10次重复
- 休息30秒

交替向后弓箭步

- 10次重复/侧
- 休息30秒

划船（#212）

- 250米
- 休息2分钟

选项

简易选项 将重复轮数减少至3轮。

进阶选项 将重复轮数增加至5轮。

整理运动 腘绳肌拉伸，小腿拉伸，胸部拉伸。

25

50-40-30-20-10

不要成为健身房里最招人讨厌的人。

一定要注意健身房的礼仪，在使用设备或位置之后要擦干净，允许其他人使用设备，而且在其他人打算举起最大重量时乐于充当保护者。记住，健身房不是生意场所，它是人们试图改善自己的健康的地方。尽自己最大的努力成为健身房的一分子，而且当你需要人协助帮忙时，肯定有人帮助你。

热身运动

最伟大拉伸每侧重复4次，屈髋肌群拉伸和燕式平衡每侧重复6次，肩部扫动每侧重复8次。

特色训练

对墙推球

1. 开始时将一个药球抱在胸前，双手放在球的两侧（a）。
2. 下蹲直到臀部低于膝盖（你可以在身后放一个药球，以臀部接触到球为参考点）（b）。在下蹲过程中，一定要保持胸部挺直和脊柱的自然姿势。
3. 一旦到达最低位置就站起来，将球投向距离地面3 ~ 4米高的墙壁目标点上（c）。应该连贯地执行该动作。
4. 接住回弹的球，马上进入深蹲姿势。重复所建议的次数。

完整的锻炼

完成下面的循环训练1轮，每项训练之间尽可能少休息。

对墙推球

- 50次重复

过肩抛投药球（#10）

- 40次重复

俯卧撑（#12）

- 30次重复

美式壶铃甩摆（#206）

- 20次重复

引体向上（#231）

- 10次重复

a

b

c

选项

简易选项 将所有重复次数减少50%（依次为25次、20次、15次、10次、5次）。

进阶选项 执行2轮循环训练。

整理运动 站立股四头肌拉伸，臀部90度角拉伸，双侧背阔肌拉伸。

5-10-15

你应该能够在15分钟以内完成这个由3项训练组成的循环训练（5-10-15这个名称表示每项训练的重复次数）。不要被这么短的训练时间所迷惑。这个足以压垮身体的全身训练直击上半身的所有主要肌群，挑战你的抓握力、臀大肌和腘绳肌。在训练结束的时候，你会感觉好像已经训练了好几个小时。

热身运动

最伟大拉伸每侧重复4次，屈髋肌群拉伸和燕式平衡每侧重复6次，肩部扫动每侧重复8次。

特色训练

双臂壶铃甩摆

1. 双手以正握方式抓住壶铃（a）。
2. 通过有力地在双腿之间甩摆壶铃来获得动能，确保保持壶铃在较高位置（刚好在胯下）。
3. 在壶铃穿越双腿的时候执行髋关节屈曲动作（在第1章内容中描述），保持双臂垂直、胸部挺直（b）。
4. 挺髋做反向动作，保持双臂伸直，推动壶铃向前运动。所有力量都应该由髋关节产生——不要使用手臂来抬高壶铃。
5. 一旦壶铃达到最高点（c），就做反向动作，让它从双腿之间原路返回。

完整的锻炼

按照下面的顺序完成所有重复次数。目标是在尽可能短的时间内完成5轮。

引体向上（#231）
- 5次重复

俯卧撑（#12）
- 10次重复

双臂壶铃甩摆
- 15次重复

a

b

c

选项

简易选项 将轮数减少至3轮。

进阶选项 引体向上的重复次数增加至10次，俯卧撑增加至15次，双臂壶铃甩摆增加至20次。

整理运动 腘绳肌拉伸，小腿拉伸，胸部拉伸。

27

农夫和青蛙

虽然这个锻炼方式的名称听起来像是一个笑话，但是我向你保证这不是什么可笑的事情。它结合了哑铃推举的新陈代谢要求、农夫走的全身力量要求和蛙式仰卧起坐的核心灵活性，让你在完成第2轮的时候就希望已经是第4轮了，希望越早结束越好。

热身运动

相扑蹲举重复6次，四点撑胸椎旋转每侧重复6次，臀桥重复8次，猫驼姿势重复10次。

特色训练

蛙式仰卧起坐

a

1. 首先，躺在地面上，两只运动鞋的鞋底相互接触，脚跟靠近髋部（a）。

2. 完全将双臂伸直在头顶（b）。坐起来，直到双手触碰到双脚前方的地面（c）。

b

3. 回到原来的位置，确保头顶上方的手背接触地面。重复所建议的次数。

c

完整的锻炼

完成下面的循环训练4轮，尽可能少休息。

哑铃前蹲过顶推举（#208）

- 8次重复

蛙式仰卧起坐

- 15次重复

农夫走（#187）

- 40米

选项

简易选项 执行3轮循环训练。

进阶选项 执行5轮循环训练。

整理运动 站立股四头肌拉伸，臀部90度角拉伸，双侧背阔肌拉伸。

脚趾触杠铃杆

虽然训练为身体的适应和生长提供刺激，但是要记住实际上肌肉的生长发生在健身馆之外，即不是在训练期间。要认真对待恢复期，确保有充足的休息和睡眠（每晚7 ~ 9小时）。如果你关注自己在健身房之外所做的事情，那么你将会从训练中获得更多益处。

热身运动

相扑蹲举重复6次，四点撑胸椎旋转每侧重复6次，臀桥重复8次，猫驼姿势重复10次。

特色训练

脚趾触杠铃杆

1. 双手正握抓住单杠，双手握距齐肩宽（a）。
2. 降低肩胛骨（这有助于防止摆动），同时保持双腿伸直，将脚趾抬高到双手之间的单杠处（b）。
3. 降低双腿回到起始位置，并重复建议的次数。

a

b

完整的锻炼

完成下面的循环训练6轮。

杠铃高翻（#52）

- 4次重复

杠铃卧推（#54）

- 8次重复

脚趾触杠铃杆

- 12次重复
- 休息2分钟

选项

简易选项 执行4轮循环训练。

进阶选项 每项训练增加2次重复（杠铃高翻重复6次，杠铃卧推重复10次，脚趾触杠铃杆重复14次）。

整理运动 站立股四头肌拉伸，臀部90度角拉伸，双侧背阔肌拉伸。

29

北美秃鹰

在做单臂农夫走、单臂壶铃推举或者单臂壶铃抓举时，是不是有一段时间总是向一边倾斜？将空闲的那只手握成拳头，直接伸出放在身体一侧。这个简单的举动将改善平衡和稳定，让你在这些单侧动作中保持站得笔直。

热身运动

四肢走重复5次，四点撑胸椎旋转每侧身体重复6次，猫驼姿势重复10次。

特色训练

单臂农夫走

1. 用一只手抓住一个壶铃（或哑铃）。
2. 身体站直，肩膀下垂，向后收。向前走，不向任何一侧倾斜。
3. 步行规定的距离。换另一只手，在另一侧重复。

完整的锻炼

以尽可能快的速度完成该循环训练8轮，尽量少将壶铃放在地上。建议的壶铃重量为24千克。

捧杯式深蹲（#2）

- 8次重复

单臂农夫走

- 20米/侧

双臂壶铃甩摆（#13）

- 25次重复

选项

简易选项 使用轻量级壶铃（20千克或以下）一共完成5轮。

进阶选项 使用28千克或32千克的壶铃。

整理运动 双侧背阔肌拉伸，三角肌拉伸，腘绳肌拉伸。

浴火重生

在健身房我们有两个动作做得不够，那就是侧向移动（从一侧到另一侧）和在非优势控制情况下训练核心（不是简单的站立或者平躺姿势）。侧向弓箭步过顶推举（这里的特色训练）弥补了这两方面的不足，因为在侧向弓箭步移动的同时将哑铃举过头顶对核心的要求极高。事实上，这个组合举重每组还需要耗费大量能量，你应该将它看作健身房里最被低估的训练之一。

热身运动

相扑蹲举重复5次；跪姿内收肌拉伸、屈髋肌群拉伸和四点撑胸椎旋转每侧重复6次。

特色训练

侧向弓箭步过顶推举

1. 抓住一对哑铃，挺直胸膛站立，双脚与髋部同宽。
2. 直接向左踏步并弯曲膝关节，使身体进入侧向弓箭步姿势（a）。将两个哑铃举过头顶（b）。
3. 将哑铃降低到肩部，回到站立位置。
4. 在右侧重复上述动作。继续交替进行，直到完成所有重复次数。

完整的锻炼

A1. 推举杠铃（#6）
- 3组 ×8次重复
- 休息60秒

A2. 宽握距引体向上（#117）
- 3组 ×8次重复
- 休息30秒

B1. 侧向弓箭步过顶推举
- 3组 ×8次重复/侧
- 休息30秒

B2. 悬垂抬膝至肘部（#205）
- 3组 ×10次重复
- 休息30秒

a

b

选项

简易选项 B组中的动作每个完成2组。

进阶选项 B组中的动作每组增加2次重复。

整理运动 站立股四头肌拉伸，臀部90度角拉伸，三角肌拉伸。

31

意志考验

有时，锻炼的目的就是为了增加力量。有时，锻炼只是为了感受肌肉收缩和全身热血沸腾的感觉。有时，锻炼是为了生存。当前这个锻炼就属于最后一个类别。虽然它只包含3个动作，但是每个练习都在缺乏休息时间的情况下完成，这将给你的负荷能力带来严峻的挑战，因为新陈代谢需求太大了。

热身运动

最伟大拉伸每侧重复4次，屈髋肌群拉伸和燕式平衡每侧重复6次，肩部扫动每侧重复8次。

特色训练

立卧撑跳

1. 从站立姿势（a）向后跳跃，进入俯卧撑姿势（b）。
2. 做一个俯卧撑之后马上站起来。
3. 跳起并将双手举过头顶（c）。
4. 回到起始位置，重复建议的次数。

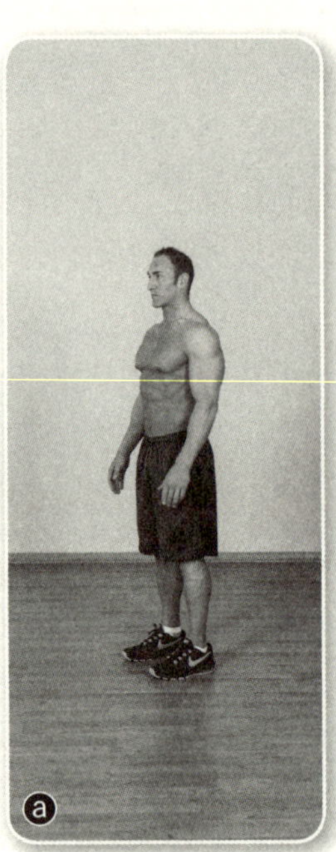
a

b

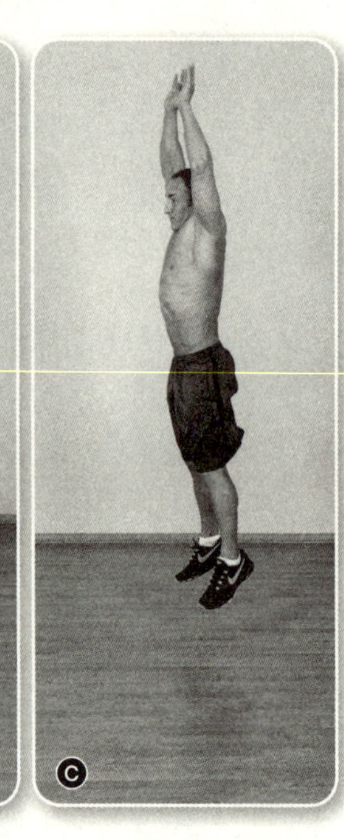
c

完整的锻炼

完成下面的循环训练5轮，尽可能少休息。

跳箱（#198）
- 5次重复

引体向上（#231）
- 10次重复

立卧撑跳
- 15次重复

选项

简易选项 将总轮数减少至3轮。

进阶选项 在跳箱和引体向上之间增加一组10个俯卧撑（#12）。

整理运动 站立股四头肌拉伸，臀部90度角拉伸，双侧背阔肌拉伸。

地狱壶铃

壶铃是一种神奇的体能训练工具，壶铃举重所用到的弹性伸缩技术值得关注。确保在有资质的教练的指导下，或者观看可购买到的各种优秀视频资料来提升你的壶铃使用技巧，确保正确、有效地使用该训练设备。通过一段时期训练，你的身体会因此受益。

热身运动

相扑蹲举重复6次，四点撑胸椎旋转每侧重复6次，臀桥重复8次，猫驼姿势重复10次。

特色训练

壶铃推举

1. 站姿双脚稍比肩宽，跨立在壶铃上方。以正握方式抓住壶铃的提手，将壶铃放在双腿之间（a）。

2. 伸展髋关节和膝关节，爆发性地将壶铃从地面提起（b）。保持壶铃靠近身体，耸肩向上拉壶铃，让肘部向身体两侧弯曲。

3. 旋转壶铃下方的手臂，手腕伸直并锁定，膝盖稍微弯曲，让壶铃靠在手臂的外侧（c）。

4. 双腿和手臂向上推，直到壶铃位于头顶上方。在举起壶铃的过程中身体稍微下沉，直到手臂锁定和手腕伸直（d）。

5. 将壶铃降至肩膀位置，然后降低到地面上，回到起始位置。在一侧完成所有重复次数之后再切换到另一侧。

完整的锻炼

完成下面的循环训练5轮，尝试在所有动作中使用相同的壶铃。

壶铃推举

- 6次重复/侧
- 休息30秒

壶铃抓举（#34）

- 6次重复/侧
- 休息30秒

壶铃肩上推举（#298）

- 6次重复/侧
- 休息30秒

双臂壶铃甩摆（#13）

- 25次重复
- 休息2分钟

a

b

c

d

选项

简易选项 执行4轮循环训练。

进阶选项 一共完成6轮循环训练。

整理运动 站立股四头肌拉伸，臀部90度角拉伸，双侧背阔肌拉伸。

33

特级大师

力量训练实际上可能更多的是精神上而不是身体上的挑战。身体的能力远远超过你相信它所能做的。挑战在于说服自己可以增加1千克或更多重量，1次或更多重复，或者1组或更多组。很明显，你不想做任何鲁莽、有危险的事情，但下一次你走进健身房时，就会意识到自己比想象中的要更强大。请将这种心态放到锻炼中。

热身运动

相扑蹲举重复5次，跪姿内收肌拉伸、屈髋肌群拉伸和四点撑胸椎旋转每侧重复6次。

特色训练

悬空深蹲

1. 身体站直，双脚距离介于髋部和肩部宽度之间（就是你最舒服的站姿），然后稍微向外转动（a）。
2. 向后屈髋，弯曲膝盖，并尽可能深蹲。保持躯干笔直，在降低身体的过程中，将双臂向身体前方伸直（b）。在最低位置时，臀部应该在两个脚跟之间。
3. 做反向动作，站起来后将双臂向下放回到身体两侧。重复所建议的次数。

完整的锻炼

以最快的速度完成下面的锻炼5轮，在每组之间或当中根据需要尽可能休息。

蹲跳（#92）

- 8次重复

哑铃前蹲过顶推举（#208）

- 10次重复

过肩抛投药球（#10）

- 12次重复

悬空深蹲

- 15次重复

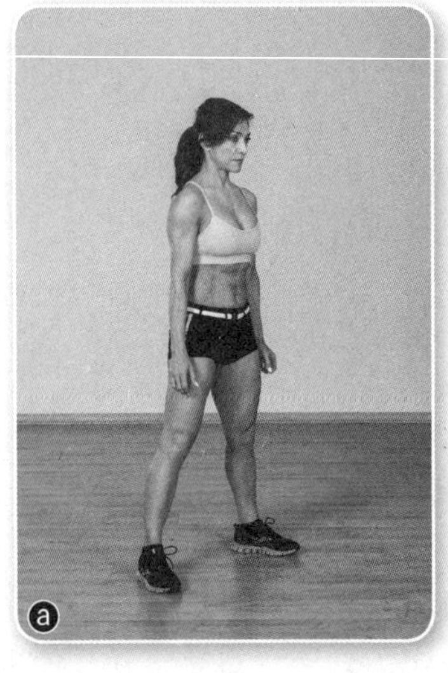
a

b

选项

简易选项 将重复轮数减少至3轮。

进阶选项 给每项训练增加2次重复。

整理运动 站立股四头肌拉伸，臀部90度角拉伸，三角肌拉伸。

自由壶铃

壶铃与其他自由重量训练设备（例如哑铃和杠铃）相比是非常独特的，因为它的重量分布在握柄下方而不是两端。这看似微小的差异完全改变了运动的感觉，需要围绕壶铃的握柄使用不同的抓握方式，这需要一些时间来感受和学习。往往这些时间的付出是值得的，因为壶铃将会给你带来一种全新的训练方式，而且在你的训练中又会增加一种工具。

热身运动

最伟大拉伸每侧重复4次，屈髋肌群拉伸和燕式平衡每侧重复6次，肩部扫动每侧重复8次。

特色训练

壶铃抓举

1. 双脚间距稍微比肩宽，跨立在壶铃上方。以正握方式抓住壶铃的提手，将壶铃放在双腿之间（a）。
2. 伸展髋关节、膝关节和踝关节，将壶铃从地面提起。保持壶铃靠近身体，耸肩向上拉壶铃（b）。
3. 在壶铃接近头顶最高点的过程中，手掌转动壶铃手柄，当壶铃位于肩膀正上方时，让它停留在手臂外侧（c）。
4. 将壶铃降低至肩膀位置，然后降低到地面上，回到起始位置。在一侧完成所有重复次数之后再切换到另一侧。

完整的锻炼

完成下面的循环训练5轮。

壶铃抓举
- 6次重复/侧
- 休息30秒

单臂壶铃甩摆（#18）
- 8次重复/侧
- 休息30秒

壶铃肩上推举（#298）
- 6次重复/侧
- 休息30秒

土耳其起立（#99）
- 4次重复/侧
- 休息2分钟

选项

简易选项 执行4轮循环训练。

进阶选项 执行6轮循环训练。

整理运动 站立股四头肌拉伸，臀部90度角拉伸，双侧背阔肌拉伸。

35

3个5抓举

考虑到大多数人白天一整天坐在桌子前使用计算机，晚上回到家之后又一整晚玩手机，因此在每个星期中应该多做上肢拉伸和背部锻炼，而不是上肢推举和胸部锻炼。肩部向前倾的姿势（如打字姿势）在缩短胸肌的同时会拉伸和削弱上背部肌肉。通过做更多的拉伸运动，你可以增强这些背部肌肉，以缓解每天的前倾姿势带来的伤害。

热身运动

四肢走重复5次，四点撑胸椎旋转每侧身体重复6次，猫驼姿势重复10次。

特色训练

爆发力抓举

1. 开始时，将杠铃放在地面上。双手以正握方式抓住杠铃。屈髋下蹲，保持胸部挺直，肩膀与杠铃杆对齐（a）。

2. 保持胸部挺直，向后移动膝关节，抬高臀部。

3. 一旦杠铃杆经过膝盖到达大腿中部，开始缓慢伸展臂部。

4. 在杠铃杆向上移动的过程中，爆发性地伸展臀部和膝盖，将杠铃举起放在头顶正上方（b）。

5. 在发力姿势下，双臂要锁定接住杠铃杆（下蹲时髋关节要高于膝关节，不要低于膝关节），然后再将杠铃放回到地面（c）。重复所建议的次数。

完整的锻炼

完成以下复合组5轮，每个动作之间没有休息时间。

爆发力抓举

- 5次重复

过顶深蹲（#167）

- 5次重复

颈后挺举（#95）

- 5次重复
- 休息2分钟

选项

简易选项 在每轮中每项训练重复执行3次。

进阶选项 给该复合组额外增加一轮（一共6轮）。

整理运动 双侧背阔肌拉伸，三角肌拉伸，腘绳肌拉伸。

身体铠甲

很多人低估了肌肉质量在力量和运动中的作用。他们常常声称太多肌肉会使肌肉僵硬、灵活性受限和降低运动能力，大块的肌肉都是为了展示，没有实际作用。然而，肌肉质量往往与力量的增加有直接关系，因为肌肉有利于关节产生力量。肌肉在冲击性体育运动中也可以起到铠甲的作用，例如在足球、曲棍球和橄榄球运动中。而且，只要动态灵活性仍然是整体训练计划的一部分，就不会在增加肌肉的过程中失去柔韧性。

热身运动

最伟大拉伸每侧重复4次，屈髋肌群拉伸和燕式平衡每侧重复6次，肩部扫动每侧重复8次。

特色训练

杠铃过顶推举

1. 双手握距刚好比肩宽，抓住装有杠铃片的杠铃，举到锁骨高度（a）。杠铃杆应该垫在前三角肌（肩膀前部）上。

2. 深吸一口气，收紧核心肌群，开始将杠铃举过头顶。

3. 在杠铃杆经过头顶的时候，让身体略向前倾，让杠铃杆在脚的中间上方（但是不要向前伸下巴或者伸脖子）。

4. 继续将杠铃举过头顶，直到肘关节完全伸展（b）。将杠铃放回到起始位置，重复建议的次数。

完整的锻炼

在尽可能少的时间内完成下面的循环训练，仅在必要的时候休息。对于杠铃过顶推举，杠铃片所用的重量为体重的50%。

杠铃过顶推举

- 10组，各组依次完成10次、9次、8次、7次、6次、5次、4次、3次、2次、1次重复

宽握距引体向上（#117）

- 10组，各组依次完成10次、9次、8次、7次、6次、5次、4次、3次、2次、1次重复

立卧撑跳（#7）

- 10组，各组依次完成10次、9次、8次、7次、6次、5次、4次、3次、2次、1次重复

a

b

选项

简易选项 对于该杠铃过顶推举，选择重量是体重的1/3的杠铃片。一共执行7组，每组从7次重复开始，然后逐渐递减到每组1次重复。

进阶选项 对于该杠铃过顶推举，杠铃片的重量应为体重的3/4。

整理运动 站立股四头肌拉伸，臀部90度角拉伸，双侧背阔肌拉伸。

37

伺机而动

在已经疲劳的情况下，要注意自己动作的质量。因为在疲劳状态下，训练通常会透露出你真实的运动弱点。你可以利用该知识提高自己的灵活性或者增强薄弱的肌群。当你处于疲劳的状态时，运动能力几乎不可能达到理想水平，所以疲劳的时候不要尝试举起最大的重量，这会招致受伤风险。即使接下来已经安排了锻炼，也要花些时间来让自己冷静下来，专注于正确的动作，因为正确地完成训练最终是值得的。

热身运动

最伟大拉伸每侧重复4次，四肢走和燕式平衡重复5次，臀桥重复10次。

特色训练

常规硬拉

1. 走近放在地面上的杠铃，直到杠铃杆距离小腿前方5 ~ 8厘米。双脚距离大约与髋部同宽。
2. 屈髋屈膝，以正握方式或者正反握法从双腿外侧处抓住杠铃杆。
3. 呈下蹲姿势，使小腿接触杠铃杆。保持胸部挺直和脊椎的自然姿势（a）。
4. 站起来的同时上抬臀部和肩膀，向前移动髋关节直到完全伸展（b）。

完整的锻炼

在尽可能少的时间内完成下面的循环训练，仅在必要的时候休息。在开始跑步之前，执行常规硬拉、杠铃推举和宽握距引体向上各3组。跑步可以在户外或跑步机上进行（只跑一次）。

常规硬拉
- 6次重复

杠铃推举（#280）
- 9次重复

宽握距引体向上（#117）
- 12次重复

跑步
- 1.6千米

a

b

选项

简易选项 执行2组常规硬拉、杠铃推举和宽握距引体向上。

进阶选项 执行4组常规硬拉、杠铃推举和宽握距引体向上。

整理运动 双侧背阔肌拉伸，腘绳肌拉伸，小腿拉伸。

对墙推球

如果在一些训练，例如深蹲或硬拉中，在完成整体动作时存在困难，可能需要查看踝关节、髋关节和胸椎的灵活性。虽然这3个部位不一定是所有灵活性问题的根源，但是对许多人而言，它就是罪魁祸首。让这些部位多做一些泡沫轴训练，就可以消除一部分身体活动受限范围，从而增加你的动作范围，让你成为更好、更健康的人。

热身运动

相扑蹲举重复6次，四点撑胸椎旋转每侧重复6次，臀桥重复8次，猫驼姿势重复10次。

特色训练

3比1对墙推球

1. 身体站直，将一个药球举在胸前（a）。下蹲直到髋关节折痕（腹股沟外侧折痕）低于膝盖高度（大腿重心高度应该低于膝盖平行于地面的高度水平）（b）。
2. 在一个连贯的动作中从深蹲站起来，将球推到前方墙壁或柱子上3 ~ 4米高的位置（c）。
3. 接住球，继续做3次深蹲。
4. 在第3次深蹲之后，将球推向目标点。3次深蹲和一次推球构成一次重复。

a

b

c

完整的锻炼

执行下面的循环训练3轮，在每组的每个动作之间根据需要尽可能少休息。目标是尽可能快地完成3轮。

推举杠铃（#6）
- 10次重复

3比1对墙推球
- 12次重复

下巴过杠引体向上（#73）
- 15次重复

选项

简易选项 一共执行2轮循环训练。

进阶选项 增加2轮循环训练（一共5轮）。

整理运动 腘绳肌拉伸，小腿拉伸，胸部拉伸。

39

极限壶铃运动

不同于杠铃或哑铃，壶铃的重心位于手柄的正下方，而不是两端。这就形成了使用壶铃训练时的独特“感觉”，尤其是在肩举、抓举和壶铃甩摆等爆发力训练中。

热身运动

最伟大拉伸每侧重复4次，屈髋肌群拉伸和燕式平衡每侧重复6次，肩部扫动每侧重复8次。

特色训练

半俯卧壶铃划船

1. 采取俯卧撑姿势，每只手各抓住一个壶铃的手柄（a）。

2. 用左手紧紧压住壶铃，同时用右手以划船动作将壶铃从地面上提起，保持手臂贴近肋骨，肘部向天花板方向抬高（b）。

3. 保持身体（尤其是髋部）与地面平行至关重要，而且在执行过程中不要转动身体。

4. 将壶铃放回到地板上，并重复左右手交替进行。

a

b

完整的锻炼

完成下面的循环训练5轮。

捧杯式深蹲（#2）

- 8次重复

壶铃推举（#32）

- 8次重复

壶铃相扑硬拉（#19）

- 8次重复

半俯卧壶铃划船

- 8次重复

双臂壶铃甩摆（#13）

- 20次重复
- 休息60秒

选项

简易选项 执行3轮循环训练。

进阶选项 将双臂壶铃甩摆的次数增加至30次。

整理运动 站立股四头肌拉伸，臀部90度角拉伸，双侧背阔肌拉伸。

40次炼狱

你将在这项锻炼中看到“从地面到头顶”的动作过程，也就是将杠铃从地面举到头顶，不管采用推举、高翻、分腿挺举、抓举还是任何其他举起方式。同样，从肩膀到头顶上方意味着你可以通过过顶推举、推举、挺举或者分腿挺举的方式将杠铃杆从肩膀的位置举起到头顶。在训练中可以随意组合这些过顶举方式，从最具挑战性的动作开始，随着身体开始疲劳，慢慢过渡到高效节能的过顶举变化动作。

热身运动

最伟大拉伸每侧重复4次，四肢走重复5次，肩部扫动每侧重复8次。

特色训练

从地面到头顶抓举

1. 正握抓住杠铃杆。膝盖屈曲，髋部屈曲，保持胸部挺直（a）。
2. 向后移动膝盖，用力伸直髋部，上肢快速提拉而将杠铃举起在头顶（b ~ c）。
3. 膝盖稍微屈曲，双手托住杠铃。
4. 身体站立，将杠铃放回到地面上。回到开始位置，然后直接进入下一个重复。由于杠铃的重量较轻，而且应该完成尽可能多的重复次数，所以尽量少将注意力集中在臀部，要让身体进入杠铃杆下方，就像在做抓举和爆发力抓举一样。

完整的锻炼

使用40千克的杠铃以尽可能短的时间完成下面的训练。在每组之间和训练过程中根据需要休息，随时可以将杠铃放在地面上。

从地面到头顶抓举

- 20次重复

从肩膀到头顶推举

- 20次重复

a

b

c

选项

简易选项 将杠铃的重量减少至30千克或以下。

进阶选项 将杠铃的重量增加至50千克或以上。

整理运动 胸部拉伸，双侧背阔肌拉伸，臀部90度角拉伸。

41

跑步健将

你在大约一岁的时候就学会了走路。在大约两岁的时候，你很可能已经学会如何跑步。为什么你会感到几乎一生都在做的事情如此困难？不管你喜欢还是讨厌跑步，这个反复冲刺锻炼将挑战你的意志和提升你的体能，是发展运动能力或者减脂瘦身的完美辅助手段。

热身运动

最伟大拉伸每侧重复4次，屈髋肌群拉伸和燕式平衡每侧重复6次，肩部扫动每侧重复8次。

特色训练

冲刺

1. 首先在跑步机或者跑道上慢慢开始跑。
2. 通过用前面那只脚重踏地面或跑步机，并主动弯曲腿部，将脚向臀部抬高来增加速度（避免将脚跟踏在地面上）。
3. 在冲刺过程中，优先考虑使用更大的步幅和更快的频率来提升速度和改善表现。

完整的锻炼

这项训练没有安排特定的休息时间。相反，只要你觉得已经做好全力冲刺的准备，就可以开始下一组了。

100米冲刺*

- 10组
- 根据需要休息

*可以在赛道、场地或者跑步机上完成。

选项

简易选项 将冲刺次数减少至5组。冲刺75米。

进阶选项 在整个训练过程中保持所有的休息时间在1分钟之内。

整理运动 站立股四头肌拉伸，臀部90度角拉伸，双侧背阔肌拉伸。

硬汉

肌肉工作负荷能力是肌肉力量和有氧耐力的综合。强壮可被视为在运动表现未严重下降的情况下让力量和耐力这两种身体素质得到最大限度的发挥且保持更长时间的能力。这项锻炼通过将力量和有氧能力合并在一个极端的循环训练中来测试负荷能力。

热身运动

最伟大拉伸每侧重复4次，屈髋肌群拉伸和燕式平衡每侧重复6次，肩部扫动每侧重复8次。

特色训练

俯卧撑

1. 开始时双手刚好位于肩膀下方，身体处于平板撑姿势，从肩膀到脚跟形成一条直线（a）。
2. 保持双肘向肋骨方向移动，保持脊椎的自然姿势，慢慢降低身体，直到胸部几乎接触地面（b）。
3. 双手用力抵住地面，做反向动作，直到肘关节完全伸展且身体回到起始位置。重复建议的次数。

完整的锻炼

完成下面的循环训练4轮，在每项训练和每轮之间尽可能少休息。

划船（#212）

- 250米

双臂壶铃甩摆（#13）

- 20次重复

俯卧撑

- 20次重复

a

b

选项

简易选项 减少双臂壶铃甩摆和俯卧撑的重复次数至每组10次。

进阶选项 将每组划船距离增加至500米。

整理运动 站立股四头肌拉伸，臀部90度角拉伸，双侧背阔肌拉伸。

43

钢铁巨人

术语“钢铁巨人”指的是连续完成不同的训练（通常是4个或更多），每个训练之间很少或没有休息。“钢铁巨人”是非常出色的减脂方法，因为它对新陈代谢的要求极高（就像传统的有氧运动），它使用阻力来增加或保持肌肉（不同于传统的有氧运动）。所以，如果你想减小腰围，同时又想保持力量和降低脂肪，可以试一试“钢铁巨人”。

热身运动

最伟大拉伸每侧重复4次，屈髋肌群拉伸和燕式平衡每侧重复6次，肩部扫动每侧重复8次。

特色训练

滚动平板撑

1. 采用侧桥姿势，让右肘部直接位于右肩下，从头到脚跟呈一条直线，左脚就在右脚上面（左脚脚跟应该紧挨在右脚脚趾前面）。左臂应该向天花板方向伸直（a）。

2. 在保持侧桥姿势一定时间之后，翻转身体让双肘着地，形成完整的俯桥姿势（b）。再次，从头到脚跟应该呈一条直线，前臂和脚趾接触地面。

3. 在保持完整俯桥规定的时间之后，翻转身体让左前臂着地，然后以左侧做侧桥，并保持规定的时间（c）。

4. 在整个动作期间，包括姿势保持期间和姿势过渡期间，髋部不应该下沉。

完整的锻炼

完成以下“钢铁巨人”4轮，在每个动作之间休息20秒，在每轮之间休息2分钟。

捧杯式深蹲（#2）

- 12次重复

上斜哑铃卧推（#210）

- 12次重复

罗马尼亚哑铃硬拉（#267）

- 12次重复

悬吊带抬肘后拉（#270）

- 12次重复

滚动平板撑

- 每个姿势保持30秒

选项

简易选项 执行3轮“钢铁巨人”。在动作之间休息30秒。

进阶选项 动作之间的休息时间减少至15秒。

整理运动 站立股四头肌拉伸，臀部90度角拉伸，双侧背阔肌拉伸。

勇往直前

如果你的目标之一是改善身体形态，你最好每周拍一张照片做对比。照片是帮助衡量进步与否的有力工具。毕竟，如果你的目标是要体形看起来更好，你要能够准确描述自己所达到的状态。拍4张照片，分别从前面、两侧和后面拍。确保在后续的拍照中，要用相同的相机和光照条件从相同的角度拍摄。通过这种方式就可以很好地对比每组照片。

热身运动

最伟大拉伸每侧重复4次，屈髋肌群拉伸和燕式平衡每侧重复6次，肩部扫动每侧重复8次。

特色训练

杠铃前蹲

1. 将杠铃放在深蹲架刚好低于锁骨的位置上。

2. 走到杠铃杆下方，让杠铃杆置于前三角肌（前肩）上，然后用高翻抓握法抓住杠铃，肘部高抬，上臂平行于地面。将杠铃杆从架子上取下，每只脚向后退一步（a）。

3. 收紧上半身，臀部解除锁定、屈曲膝关节，并向地面降低身体，保持杠铃杆在脚中间上方的同时，尽可能下蹲（b）。

4. 一旦到达最底部，做反向动作站起来。重复所建议的次数。

完整的锻炼

在4分钟内执行以下4项训练。继续增加轮数，直到在规定的4分钟内不能再完成所有训练。如果在4分钟之内完成训练，剩余的时间可以用来休息。

杠铃前蹲
- 6次重复 × 50%的体重

杠铃卧推（#54）
- 10次重复 × 50%的体重

宽握距引体向上（#117）
- 12次重复

双臂壶铃甩摆（#13）
- 35次重复

a

b

选项

简易选项 将引体向上的重复次数减少至8次，双臂壶铃甩摆的次数减少至25次。

进阶选项 在3分钟内完成整个训练。

整理运动 站立股四头肌拉伸，臀部90度角拉伸，双侧背阔肌拉伸。

45

开天辟地

AMRAP代表“次数尽可能多”，当你在锻炼描述中看到该标记的时候，就应该深呼吸，然后一口气完成尽可能多次数的训练。AMRAP训练是残酷的，但是要逼自己完成，这个最佳的锻炼之一会给你带来回报，让你在比较短的时间内提升负荷能力和燃烧更多脂肪。只需要记住，要尽可能多地重复训练，而不是随心所欲。目标是在规定的时间内竭尽全力。

热身运动

最伟大拉伸每侧重复4次，四肢走重复5次，肩部扫动每侧重复8次。

特色训练

推举

1. 双脚间距与髋部同宽站立，双手握距刚好与肩同宽，以正握方式抓住杠铃，提起在锁骨位置。
2. 保持腹肌绷紧，稍微屈曲膝关节（a）。
3. 同时伸展膝关节，将杠铃举过头顶，直到双臂完全伸展（b）。杠铃杆在最高位置时应该位于头顶中心的正上方。
4. 将杠铃放回到起始位置，重复建议的次数。

完整的锻炼

完成下面的循环训练3轮。

推举

- 1分钟 × 尽可能多的重复次数
- 休息60秒

立卧撑跳（#7）

- 1分钟 × 尽可能多的重复次数
- 休息60秒

推举

- 1分钟 × 尽可能多的重复次数
- 休息3分钟

a

b

选项

简易选项 执行每个动作45秒。

进阶选项 额外增加一轮，让总轮数达到4轮。

整理运动 胸部拉伸，双侧背阔肌拉伸，臀部90度角拉伸。

有序推进

对训练计划而言，目标的设定和认真执行计划同样重要。训练计划应该循序渐进，让你逐渐变得强壮，而且要坚持良好的营养计划。找到一个有意义、可衡量和可实现的目标；确定一个时间表来达到该目标，并找出需要通过哪些步骤来实现目标。这样做将让训练更有意义和有重点。

热身运动

相扑蹲举重复6次，四点撑胸椎旋转每侧重复6次，臀桥重复8次，猫驼姿势重复10次。

特色训练

悬吊带单臂拉

1. 悬吊带设置为单手柄模式，用右手抓住手柄，双脚在身体前方，从头到脚形成一条直线。

2. 向地面方向旋转伸直的左臂，使之远离悬挂训练系统的锚点（身体应该看起来像个T字形，垂直于悬挂训练系统）（a）。

3. 旋转身体，右臂肘部屈曲，让右肘位于手柄后方，将左臂指向锚点（b）。

4. 做反向动作，直到回到T字形姿势。在一侧完成所有重复次数之后再切换到另一侧。

完整的锻炼

A. 杠铃深蹲（#63）

- 6组×2次、4次、6次、8次、10次、12次重复
- 每组之间休息60秒

B1. 上斜哑铃卧推（#210）

- 2组×5次重复

B2. 悬吊带单臂拉

- 2组×8次重复/侧

C. 划船（#212）

- 200米
- 2组
- 休息2分钟

a

b

选项

简易选项 取消杠铃深蹲的最后两组。

进阶选项 B组中的训练各增加1组。

整理运动 站立股四头肌拉伸，臀部90度角拉伸，双侧背阔肌拉伸。

47

跑轰战术

你希望在足球、田径、美式足球和其他许多体育运动中表现出色吗？那么你要有冲刺能力。当然，你肯定不想只做一个“只有一阵猛力然后就一蹶不振”的运动员。在比赛的最后阶段是否还能进行冲刺决定着赢得冠军还是遭遇失败。这个锻炼将测试你在不同距离下的冲刺能力和恢复能力。这个锻炼的跑步部分可以在跑步机、跑道或场地上进行。

热身运动

最伟大拉伸重复4次，四肢走和燕式平衡重复5次，臀桥重复10次。

特色训练

冲刺

1. 首先在跑步机或者跑道上慢慢开始跑。

2. 通过用前面那只脚重踏地面或跑步机，并主动弯曲腿部、将脚向臀部抬高来增加速度（避免将脚跟踏在地面上）。

3. 在冲刺过程中，优先考虑使用更大的步幅和更快的频率来提升速度和改善表现。

完整的锻炼

以下运动各执行一轮：

2分钟轻松慢跑

200米冲刺

- 休息3分钟

150米冲刺

- 休息2分钟

100米冲刺

- 休息1分钟

75米冲刺

- 休息30秒

50米冲刺

选项

简易选项 每次休息增加1分钟。取消200米冲刺。

进阶选项 阶梯式重复该锻炼，从50米冲刺开始，以200米冲刺结束。

整理运动 双侧背阔肌拉伸，腘绳肌拉伸，小腿拉伸。

超级循环

如果为一般健身、力量和灵活性而训练，就要选择高杠而不是矮杠杠铃深蹲。高杠是指杠铃放置位置在颈后肩上，既可以增大活动范围，又可以保持挺直的躯干，这两者对体育运动和日常生活都是有好处的。低杠深蹲只能偶尔做调剂用，或者想要参加举重比赛时才选择。因此，在一般情况下人们会选择胸部挺直的高杠深蹲。

热身运动

最伟大拉伸每侧重复4次，屈髋肌群拉伸和燕式平衡每侧重复6次，肩部扫动每侧重复8次。

特色训练

超级蹲举

1. 将双手在头顶上方举起，身体尽可能向下深蹲（a）。

2. 将双手放在地面上，位于双脚的前方（b）。将髋部向上抬高，尽可能伸直双腿（c）。

3. 髋部屈曲，双腿向身后踢，且使之伸直，就像俯卧撑的开始姿势一样（d）。

4. 将双腿缩回，并将双手举起在头顶上方。

5. 站起来，重复建议的次数。

a

b

c

d

完整的锻炼

完成下面的循环训练5轮。

杠铃深蹲（#63）

- 6次重复
- 休息10秒

直握引体向上（#237）

- 8次重复
- 休息10秒

超级蹲举

- 10次重复
- 休息10秒

俯卧撑（#12）

- 12次重复
- 休息60秒

选项

简易选项 执行3轮循环训练。

进阶选项 给每项训练的每组动作增加2次重复。

整理运动 站立股四头肌拉伸，臀部90度角拉伸，双侧背阔肌拉伸。

49

专业运动员

某些药球锻炼被设计成克服重力的练习方式，例如仰卧起坐投药球和深蹲推药球；而另一些则被设计成利用重力的练习方式，例如这里的特色训练过顶砸球，就利用重力作为运动模式的一部分。将药球砸向地面，使用稍重的球更合适，因为那样的话肌肉将做更多的工作。然而，做克服重力的动作时，速度应该是一个优先考虑的事项，所以应该用比较轻的球。

热身运动

最伟大拉伸每侧重复4次，屈髋肌群拉伸和燕式平衡每侧重复6次，肩部扫动每侧重复8次。

特色训练

过顶砸球

1. 抓住相对较重的药球，将它在头顶正上方举起（a）。对未受过训练的女性而言，相对较重的球可能是约2.7千克重的球；而对经验丰富的举重训练者而言，相对较重的球是约45千克重的球。选择具有挑战性的药球，在能够完成所有重复次数的情况下中途不停歇。

2. 保持头部抬高，眼睛向前看，将球摔在地面上（b）。确保在整个动作过程中，脊柱处于自然位置，双脚保持平放在地上（身体姿势应该类似于深蹲的最低姿势）。

3. 每次球弹起的时候将其接住并在头顶上方举起。重复所建议的次数。

完整的锻炼

执行3轮下面的循环训练，在每项训练和每个循环之间尽可能少休息。

引体向上（#231）

- 10次重复

过顶砸球

- 20次重复

对墙推球（#25）

- 30次重复

双臂壶铃甩摆（#13）

- 40次重复

选项

简易选项 执行2轮循环训练。

进阶选项 执行4轮循环训练。

整理运动 站立股四头肌拉伸，臀部90度角拉伸，双侧背阔肌拉伸。

50

过顶举重

将杠铃举过头顶有几个作用。第一，它保证激活核心肌群，因为如果核心肌群不稳定就不能将任何物体举起在头顶。第二，它促进胸椎（背部中段）的伸展。对大多数整天弯腰坐在椅子上的人而言，当然需要以此来改善和优化姿势。第三，它训练肩关节的稳定性，而肩关节的稳定性差是出了名的。虽然这些好处对训练有很大的帮助，但是在实现它们的过程中要求极高，所以在为任何包含过顶动作的锻炼选择重量时，要时刻记住这点。

热身运动

最伟大拉伸每侧重复4次，屈髋肌群拉伸和燕式平衡每侧重复6次，肩部扫动每侧重复8次。

特色训练

过顶抓举反向弓箭步

1. 首先将杠铃横跨在后肩上，就像杠铃深蹲的开始姿势。向外挪动双手，形成抓举姿势，然后将杠铃杆举过头顶（a）。

2. 保持杠铃杆在后脑稍微靠后的位置，右腿向后踏步，屈曲膝关节直到膝盖接触地面或者距离地面少于2.5厘米。身体在最低位置时，前腿应该形成90度角。

3. 前脚（左脚）用力蹬伸将双脚向后并拢。

4. 左腿向后踏步，重复该过程（c）。

以这种方式轮流交换左右腿，直到完成所有重复次数。

a

完整的锻炼

完成下面的循环训练4轮，尽可能少休息。

过顶抓举反向弓箭步

• 8次重复/侧

直握引体向上（#237）

• 10次重复

200米冲刺（#41）

b

c

选项

简易选项 一共完成2轮循环训练。

进阶选项 一共完成6轮循环训练。

整理运动 站立股四头肌拉伸，臀部90度角拉伸，双侧背阔肌拉伸。

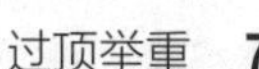

51 复合组

复合组（通过一种训练设备将多项训练串联在一起，例如杠铃、哑铃或壶铃）是增加锻炼量和新陈代谢需求的好方式。实际上，它们可以像传统的有氧运动那样燃烧大量脂肪，而且额外的好处是节省时间和促进肌肉生长。警告：复合组要求极高且非常有挑战性。它们在书本上看起来很简单，但是需要大量的精力和动力才能完成。

热身运动

最伟大拉伸每侧重复4次，屈髋肌群拉伸和燕式平衡每侧重复6次，肩部扫动每侧重复8次。

特色训练

哑铃推举

1. 以相对握的方式将一对哑铃举至肩膀上。肘部弯曲，靠近身体两侧。
2. 保持胸部挺直，背部平直，屈曲膝关节直到进入四分之一下蹲姿势（a）。
3. 双腿爆发性地站起来，将哑铃举起在头顶上方，直到双臂完全伸展（b）。
4. 将哑铃放回起始位置，重复建议的次数。

完整的锻炼

将下面各项训练作为一个复合组执行4轮，所有动作使用同一对哑铃，而且每项训练之间不休息。

捧杯式深蹲（#2）

- 10次重复

哑铃推举

- 10次重复

交替哑铃划船（#246）

- 10次重复

罗马尼亚哑铃硬拉（#267）

- 10次重复
- 休息60秒

a

b

选项

简易选项 执行3轮复合组。

进阶选项 执行5轮该复合组，将每轮之间的休息缩短至45秒。

整理运动 站立股四头肌拉伸，臀部90度角拉伸，双侧背阔肌拉伸。

52

高翻

越来越多的证据表明，就减脂而言，高强度间歇训练（High-intensity Interval Training，HIIT）优于稳定状态训练（Steady State Training，SST）。然而，HIIT不一定非得在传统的有氧运动设备上进行。通过利用复合组，例如即将介绍的每组之间有休息的复合组，可以获得与高强度有氧间歇训练（心率将飙升）一样的效果，而且通过加入阻力（在本例中为杠铃）还可以增加肌肉力量。

热身运动

最伟大拉伸每侧重复4次，屈髋肌群拉伸和燕式平衡每侧重复6次，肩部扫动每侧重复8次。

特色训练

杠铃高翻

1. 以正握方式抓握杠铃开始，双手握距和双脚站距稍微比肩宽（a）。
2. 保持杠铃杆贴近小腿，慢慢伸直膝关节，同时将杠铃从地面提起。
3. 一旦杠铃到达大腿中部，爆发性地向上跳，通过伸展踝关节、膝关节、髋关节3个部位伸直身体（b）。
4. 果断地将身体降低到杠铃下方，围绕杠铃杆旋转肘部。用肩膀托住杠铃（c）。
5. 膝关节屈曲，但是不要下蹲至低于杠铃水平高度的位置。
6. 支撑杠铃站立，完成本次重复。

a

完整的锻炼

使用相同的杠铃完成以下复合组5轮。

杠铃高翻

- 6次重复

推举（#16）

- 8次重复

杠铃前蹲（#44）

- 10次重复

杠铃伸展（#228）

- 12次重复
- 休息90秒

b

c

选项

简易选项 执行6轮复合组。

进阶选项 执行4轮复合组。

整理运动 腘绳肌拉伸，小腿拉伸，胸部拉伸。

53

野兽模式

一旦获得了灵活性，动作已经熟练，而且拥有基础力量，那么你可以在训练中开启“野兽模式”。因此，你不是以尝试克服的态度去完成训练，而是有目的、有焦点地对每组训练展开“攻击”，把你内心的“野兽”放出来。

热身运动

最伟大拉伸每侧重复4次，屈髋肌群拉伸和燕式平衡每侧重复6次，肩部扫动每侧重复8次。

特色训练

哑铃悬垂高翻推举

1. 用右手抓住哑铃，双脚与肩同宽站立。保持胸部挺直，屈曲膝关节，臀部向后移动，直到哑铃刚好在膝盖上方（a）。

2. 以爆发性动作向前挺髋，耸右肩，伸展脚踝，将哑铃举至肩膀高度（b）。在整个动作过程中确保哑铃贴近身体。

3. 让肘部紧贴胸腔，右手托住哑铃（c）。再次弯曲膝关节，将哑铃举过头顶（d）。

4. 做反向动作，将哑铃放回起始位置。在一侧完成所有建议的重复次数之后再切换到另一侧。

a

b

c

d

完整的锻炼

执行下面的循环训练4轮，在每项训练之间尽可能少休息，在每轮循环训练之间休息2分钟。

囚徒下蹲跳（#4）

- 8次重复

哑铃悬垂高翻推举

- 4次重复/侧

蛙式仰卧起坐（#27）

- 15次重复

200米冲刺（#41）

- 休息2分钟

选项

简易选项 执行整个循环训练2轮。

进阶选项 囚徒下蹲跳增加2次重复，哑铃悬垂高翻推举每侧增加1次重复。

整理运动 腘绳肌拉伸，小腿拉伸，胸部拉伸。

第3章

变得健壮

增加力量是实现所有其他健身目标的基础。本章的内容将帮助你获得更多肌肉，让你在赛场上表现更好，以及提升你的日常代谢率，同时将帮助你燃烧更多脂肪。随着年龄的增长，力量和爆发力是我们最容易快速失去的两种能力，所以从现在开始应该尽可能多地发展它们。在本章中，你将会发现每项锻炼有一个更简单的版本，让你能够专注于增加杠铃的重量。与此同时，你不要被增加休息时间或减少训练量（总组数和重复次数）所蒙蔽。举起很大的重量时，虽然重复次数很少，但是对身体和肺部的要求不亚于任何新陈代谢类或有氧运动训练。

54

时刻谨慎：卧推

毫无疑问，卧推是健身房里最受欢迎的锻炼。但是如果动作不规范，可能带来极大的受伤风险。为了确保安全，保持双脚平放在地面上，头部、上背部和臀部躺在长凳上。在降低杠铃时，双肘向胸腔方向收，而不是向外插出（向外插出会增加肩关节的压力）。如果从来没有运用过这些技术，你刚开始时可能需要减轻杠铃片的重量。这种牺牲是很值得的，因为你将很快度过平稳期，而且能够让关节保持健康。

热身运动

最伟大拉伸每侧重复4次，四肢走重复5次，肩部扫动每侧重复8次。

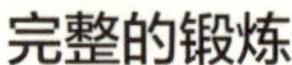

特色训练

杠铃卧推

1. 仰卧，让头部、上背部和臀部接触长凳，双脚平放在地面上。开始时，眼睛位于杠铃杆的正下方。
2. 双手以正握方式抓住杠铃，双手刚好位于肩膀的外侧（a）。
3. 保持双肘向胸腔方向收，降低杠铃，直到它接触胸膛中部（b）。
4. 将杠铃从胸部举起，直到双臂伸直锁定。

重复所建议的次数，然后双臂完全伸直，让杠铃回到原来的位置。

完整的锻炼

每分钟做卧推3次，连续做20分钟。如果在某一分钟内不能完成3次重复，则在该分钟结束锻炼。使用你的1RM的75% ~ 80%。

杠铃卧推

- 做尽可能多的组数

警告：即使使用较轻的重量，在做卧推时，仍然建议你找个保护者。你一定不希望在动作的最低点被杠铃压住胸膛，无法举起杠铃。

选项

简易选项 每分钟执行卧推2次。

进阶选项 每分钟执行卧推5次。

整理运动 胸部拉伸，双侧背阔肌拉伸，臀部90度角拉伸。

地狱式训练

要想改善垂直跳跃能力，可能没有任何运动比跳深更好了，也没有什么运动比跳深对踝关节和膝关节的要求更高。在开始向下跳跃运动之前，一定要先掌握跳箱和横向跳跃训练技巧。在学习这个动作时，首先从比较矮的箱子开始（30厘米或更矮），并限制接触的次数，直到有了经验。

热身运动

四肢走重复5次，四点撑胸椎旋转每侧重复6次，猫驼姿势重复10次。

特色训练

跳深

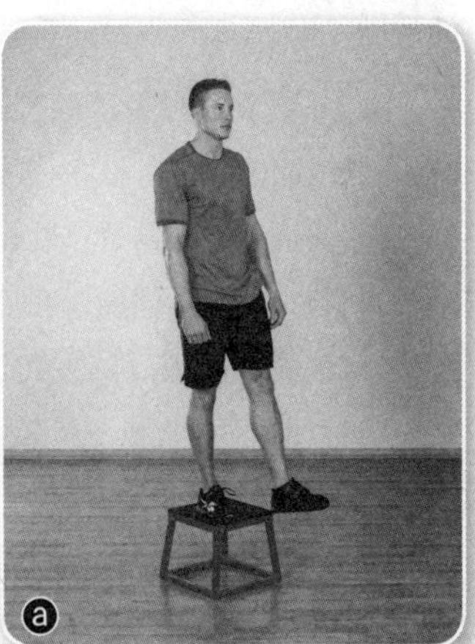

1. 双脚站在30厘米或更矮的箱子的边缘上。
2. 一只脚先从箱上踏下来，开始下降过程（a），然后双脚同时着地（前脚掌先着地，接着是脚跟）（b）。保持膝盖屈曲，以缓解冲击产生的力量。
3. 双脚接触地面的瞬间垂直向上跳起，越高越好（像在垂直跳跃中那样）（c）。
4. 双脚同时着地，在着地的瞬间屈曲膝盖，吸收碰撞产生的冲击力。

完整的锻炼

A. 跳深
- 4组×3次重复
- 休息90秒

B. 抓举（#84）
- 3组×3次重复
- 休息90秒

C1. 增强式俯卧撑（#165）
- 2组×12次重复
- 休息60秒

C2. 双臂壶铃甩摆（#13）
- 2组×20次重复
- 休息60秒

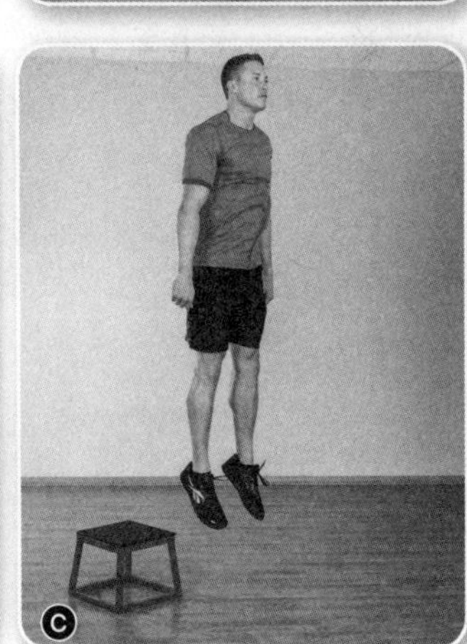

选项

简易选项 将增强式俯卧撑替换为俯卧撑（#12）。

进阶选项 多执行抓举、增强式俯卧撑，增加双臂壶铃甩摆1组。

整理运动 双侧背阔肌拉伸，三角肌拉伸，腘绳肌拉伸。

56

硬拉训练

如果你曾经搬过电视、安装过空调，或者抱起过蹒跚学步的孩子，那相当于你已经做过硬拉训练了，它是可以在健身房进行的功能性最强的锻炼之一。硬拉训练整个后部动力链（身体后部的肌肉），使其作为一个整体协调地发挥作用。

热身运动

最伟大拉伸重复4次，四肢走和燕式平衡重复5次，臀桥重复10次。

特色训练

常规硬拉

1. 采用双脚与臀部同宽的站姿，以臀部为轴心（见第1章“基础准备”，了解关于髋关节转轴的详细描述），稍微屈曲膝盖，以正握或者正反握法抓住杠铃杆（a）。

2. 保持杠铃杆贴近小腿，伸展膝关节且向上移动臀部，将杠铃从地面上提起。

3. 髋关节完全伸展，在动作的最高处保持脊柱的自然姿势（b）。

4. 首先从髋部开始屈曲，然后在杠铃接近地面时稍微屈曲膝关节，将杠铃放回到地面上。重复进行该动作。

完整的锻炼

每组完成所建议的最大重复次数，不要超过该数。例如，第5组应该以规范的动作举起你能够应付的最大重量。

随着每组重复次数的减少而增加重量。

常规硬拉

- 5组，各组的重复次数依次为5次、4次、3次、2次、1次
- 每组之间休息2分钟

a

b

选项

简易选项 去掉单次重复。

进阶选项 以你能够举起的最大重量完成额外两次单次重复。

整理运动 双侧背阔肌拉伸，腘绳肌拉伸，小腿拉伸。

力不从心

虽然你的目标之一是在所有主要的动作模式（推、拉、蹲和硬拉）中变得强壮，但是并不是所有动作模式都适合每个人。如果你在未过度伸展背部的情况下不能将手臂举过头顶、髋关节控制能力不佳、核心肌群没有良好的稳定性或者肩关节的旋转幅度不足，那么可能不适合做过顶推举动作。你要先解决这些灵活性和稳定性问题。一旦解决了它们，你就可以安全地发展过顶推举力量了。

热身运动

最伟大拉伸每侧重复4次，四肢走重复5次，肩部扫动每侧重复8次。

特色训练

杠铃挺举

1. 从开始站立姿势开始，双脚距离与髋部同宽，杠铃放在锁骨前面。双手应该在两肩外侧。
2. 稍微屈曲膝关节（a），利用双腿的力量将杠铃爆发性地举过头顶。
3. 在最高位置处托住杠铃，在站直达到完全锁定之前，稍微屈曲膝关节（b）。
4. 将杠铃降低回到原来的位置，并重复建议的次数。

a

b

完整的锻炼

对于杠铃过顶推举，首先从你能够舒适地完成3次或4次重复的重量开始。执行1次重复休息60秒，第2组增加重量；以这种方式继续进行（每组增加重量）训练，直到完成5个单次重复。

使用和刚才做5组杠铃过顶推举一样的重量做杠铃推举，每组完成3次重复。当你完成所有5组训练之后，使用相同的重量完成所有5组杠铃挺举。例如，如果你在单次过顶推举中分别使用135磅（约61千克）、155磅（约70千克）、165磅（约75千克）、175磅（约79千克）和180磅（约82千克）重量的话，那么在推举和挺举的各组中也使用这些重量（但是增加重复次数）。

A. 杠铃过顶推举（#36）
- 5组，每组完成1次重复
- 休息60秒

B. 杠铃推举（#280）
- 5组，每组完成3次重复
- 休息60秒

C. 杠铃挺举
- 5组，每组完成5次重复
- 休息60秒

选项

简易选项 开始时，杠铃过顶推举的第1组采用6RM ~ 7RM。

进阶选项 给每项训练增加1组。

整理运动 胸部拉伸，双侧背阔肌拉伸，臀部90度角拉伸。

58

推举

推举杠铃最常被用作新陈代谢训练，因为其会动用到许多不同肌群，让心率迅速飙升。然而，不应忽视通过复合训练来发展力量和爆发力的能力。这项锻炼要求你做几个少重复次数的训练组，而且每组之间有充分休息。尝试给每组的杠铃增加重量，然后在本锻炼中测试你的真正力量。

热身运动

相扑蹲举重复5次，屈髋肌群拉伸、四点撑胸椎旋转和跪姿内收肌拉伸每侧重复6次。

特色训练

前蹲至过顶推举

1. 双手正握将杠铃放在肩膀上。肘部应该在杠铃杆的前面。

2. 屈髋，下蹲，在整个动作过程中，保持胸部挺直，眼睛向前看（a）。

3. 一旦向下移动达到活动范围极限（大腿应平行于地面或更接近地面），就做反向运动，臀部上移（b）。

4. 回到站立姿势后，将杠铃举过头顶，直到肘部完全锁定（c）。

5. 重新将杠铃放在肩膀上，然后重复所需的次数。

a

b

c

完整的锻炼

前蹲至过顶推举

- 9组，各组依次完成3次、3次、3次、2次、2次、2次、1次、1次、1次重复
- 每组之间休息90秒

选项

简易选项 一共执行6组，去掉单次重复的组。

进阶选项 在训练末尾增加1组单次重复。

整理运动 站立股四头肌拉伸，臀部90度角拉伸，三角肌拉伸。

抓举

训练恢复最被低估的方面之一是适当的夜间睡眠。事实上，研究表明，如果你正在训练特定的技能（例如这项锻炼中的暂停抓举），而且睡眠达不到最低标准（大约6小时），那么可能训练是徒劳的。换句话说，如果身体没有得到极为关键的恢复，就不可能巩固任何刚刚费劲学来的运动技能。所以，如果你刚开始学习要求很高的举重技术，为了有更好的睡眠，一定要杜绝玩手机、计算机等娱乐活动。

热身运动

四肢走重复5次，四点撑胸椎旋转每侧重复6次，猫驼姿势重复10次。

特色训练

暂停抓举

1. 将装有杠铃片的杠铃放在地面上，正握抓握杠铃杆，屈曲膝盖，髋部屈曲向地面降低。保持胸膛挺直，眼睛向前看。肩膀应该平行于杠铃杆或者稍微在杠铃杆后方。

2. 保持胸部挺直，将杠铃向膝盖方向提起（不要改变背部的角度）。一旦杠铃到达膝盖下方，暂停2秒（a）。
3. 膝关节向后移动，同时髋部向上移动，继续将杠铃向髋部方向提高。
4. 当杠铃杆接近大腿顶部时，快速向上移动髋部，使杠铃垂直向上移动（b）。
5. 双脚同时向外挪动，让杠铃向头顶上方移动。
6. 身体向下移动到杠铃杆下方，然后在过顶深蹲姿势的底部托住杠铃。如果将杠铃托得比较高，完成整个过顶深蹲（c）。
7. 将杠铃放回到起始位置，重新调整，完成所有重复次数。

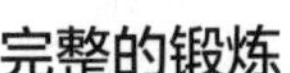

完整的锻炼

暂停抓举

- 8组×2次重复
- 休息2分钟

选项

简易选项 将总组数缩减至6组。

进阶选项 增加暂停的时间至3秒。

整理运动 双侧背阔肌拉伸，三角肌拉伸，腘绳肌拉伸。

60

超级硬拉

有句谚语叫“不要以貌取人”，虽然看似陈词滥调，但对锻炼而言，它是很好的建议。不要因为一项锻炼在书上看起来很简单就信以为真，等你真正举起杠铃的时候，才知道有多难。事实上，几乎任何锻炼都是既可能容易又可能充满挑战的。它只取决于你将用多少重量，以及愿意付出多少努力。

热身运动

四肢走重复5次，四点撑胸椎旋转每侧重复6次，猫驼姿势重复10次。

特色训练

抓握式硬拉

1. 开始时，双脚立于装有杠铃片的杠铃杆下方，间距与髋部同宽。双手向下伸，以抓举握法抓住杠铃（与杠铃抓举所采用的宽握距一样）。

2. 小腿靠近杠铃杆，屈髋，保持胸部挺直（a）。

3. 保持脊椎的自然姿势，向前移动髋部，将杠铃杆沿着身体提起。

4. 一旦达到最高位置，杠铃刚好位于髋关节前方（b），就做反向动作，将杠铃放回到地面。注意，你需要先通过常规硬拉增强灵活性，然后才能正确地做这些训练。

a

b

完整的锻炼

给每组增加重量，并尝试在每项训练的每组中使用相同的重量，例如，如果抓握式硬拉使用220磅（约100千克）、235磅（约107千克）、245磅（约111千克）、250磅（约113千克）和255磅（约116千克）重量，那么在每组3次重复的常规硬拉和每组5次重复的相扑硬拉中也使用相同的重量。

A. 抓握式硬拉
- 5组×1次重复
- 休息60秒

B. 常规硬拉（#5）
- 5组×3次重复
- 休息60秒

C. 相扑硬拉（#82）
- 5组×5次重复
- 休息60秒

选项

简易选项 将每项训练减少至3组。

进阶选项 在常规硬拉和相扑硬拉的基础上增加重量。

整理运动 双侧背阔肌拉伸，三角肌拉伸，腘绳肌拉伸。

复合抓举

奥林匹克举重上拉可以从不同的位置（从地板、小腿中部或空中悬垂都可以）完成，本项训练所用的技术和完整的奥林匹克举重是一样的，只是省去了托举阶段。做上拉有几个好处：它可以帮助你度过你觉得很难的各种举重阶段，让你可以使用比完整举重更重的杠铃。这最终会打破训练停滞，让你取得新的个人纪录，所以在训练计划中不要忽视上拉训练。

热身运动

相扑蹲举重复6次，四点撑胸椎旋转每侧重复6次，臀桥重复8次，猫驼姿势重复10次。

特色训练

悬垂抓举上提

1. 以大约2倍于肩宽的双手握距抓住杠铃杆（在双臂伸直且身体站直时，杠铃应该靠在肚脐下方约5厘米处）。
2. 屈曲膝盖与髋关节，让杠铃刚好靠在膝盖下方。这就是起始位置（a）。
3. 向上移动臀部，耸起肩膀，同时伸展脚踝，使杠铃杆向上移动（b）。
4. 一旦完成了上述3个部位的伸展，向后上方移动双肘，将杠铃杆提升至胸膛中部（注意：在整个动作过程中杠铃杆应该贴近身体，而且动作要迅速）。

完整的锻炼

完成以下复合组8轮，每项训练之间不休息。每轮之间休息90秒。每轮都增加重量（如果可以的话）。

悬垂抓举上提
- 1次重复

抓举（#84）
- 1次重复

过顶深蹲（#167）
- 1次重复
- 休息90秒

a

b

选项

简易选项 执行6轮复合组。

进阶选项 执行10轮复合组。

整理运动 站立股四头肌拉伸，臀部90度角拉伸，双侧背阔肌拉伸。

62

终极卧推

发展强有力的卧推是健身房锻炼的关键。这项锻炼是通过减少卧推动作的重复次数，来努力增加训练组数。一般而言，每组动作的重复次数越少，要做的组数就越多——在强调力量的锻炼中尤为如此。

热身运动

最伟大拉伸每侧重复4次，四肢走重复5次，肩部扫动每侧重复8次。

特色训练

从高到低绳索飞鸟

1. 将两个D形把手连接到位于高处的训练机的两端。
2. 每只手抓住一个把手，向前走，进入两个把手之间和配重片前方。
3. 肘部稍微屈曲且齐肩高（a）。双手拉缆绳直到下腹部位置（b）。
4. 回到起始位置，重复建议的次数。

完整的锻炼

杠铃卧推（#54）

- 6组 ×3次重复
- 休息2分钟

上斜哑铃卧推（#210）

- 3组 ×6次重复
- 休息90秒

从高到低绳索飞鸟

- 3组 ×6次重复
- 休息90秒

a

b

选项

简易选项 将杠铃卧推的组数减少至4组。

进阶选项 将杠铃卧推的组数增加至8组。

整理运动 胸部拉伸，双侧背阔肌拉伸，臀部90度角拉伸。

全面挑战

在特定的举重或者其他锻炼中明确自己的标准是了解自己在当前训练中所处位置的好办法，而且你还可以借助它设定特定时期要实现的目标。对于力量的增加，可能最好的基准就是“总重量”，也就是两个或三个举重训练的重量总和——通常是你在训练中常用的重量。总重量并不仅由一个举重训练决定，因此不管你在特定的训练中是否到达了停滞期，它都是可以增加的。

热身运动

最伟大拉伸每侧重复4次，屈髋肌群拉伸和燕式平衡每侧重复6次，肩部扫动每侧重复8次。

特色训练

杠铃深蹲

1. 双脚与肩同宽站立，走到深蹲架上的杠铃下方，让杠铃置于颈后肩上。每只脚各后退一步（a）。
2. 保持自然或者下背部稍微弯曲的姿势，屈髋并开始向后移动。几乎在同一时间屈曲膝关节。
3. 保持整个脚在地面上，继续降低身体，进入尽可能低的位置（髋关节折痕至少要低于膝盖）（b）。
4. 当你的活动达到最大幅度之后，双脚用力蹬地面站起来，回到起始位置。

完整的锻炼

在每个举重训练前花8分钟时间做热身运动，然后找到你的1RM（你可以在第1章“基础准备”找到关于如何找出自己的1RM的详细信息）。找到你的1RM之后，将所有举重训练使用的重量加起来，以确定自己的总重量。

a

b

A. 杠铃深蹲
- 1次重复

B. 杠铃过顶推举（#36）
- 1次重复

C. 常规硬拉（#5）
- 1次重复

警告：在同一个锻炼中找到多个1RM可能要求极其苛刻。请确保你非常熟悉所有动作模式，而且确保在每次重复中使用正确的技术。

选项

简易选项 无。

进阶选项 无。

整理运动 双侧背阔肌拉伸，三角肌拉伸，腘绳肌拉伸。

64

最大举重

对于最大举重，正确热身可能意味着产生另一个单次最大重量或是打破个人纪录。从估计的1RM的50%开始，然后执行5次重复。增加杠铃的重量，然后以1RM的60% ~ 80%做多组训练，每组完成2或3次重复。一旦你到达1RM的85%，就可以开始做单次举重，并逐步增加重量。虽然这个递进过程不能保证在新的举重中取得最好成绩，但是它肯定会让你在当天取得最好的成绩。

热身运动

四肢走重复5次，四点撑胸椎旋转每侧重复6次，猫驼姿势重复10次。

特色训练

肱三头肌绳索下拉

1. 将一根绳子系到绳索训练机上。以直握法抓住绳子（手掌相对），身体稍微向前倾斜，膝关节解除锁定。
2. 屈肘并贴住胸腔两侧。开始时双臂大概平行于地面（a）。
3. 向大腿方向拉缆绳，双手稍微偏向两侧（b）。
4. 让缆绳回到起始位置。上臂一定不要向前移动。
5. 重复所建议的次数。

a

b

完整的锻炼

花12分钟在杠铃卧推中找到你的1RM，使用尽可能多的组数，而且根据需要充分休息。目标是挑战当天的单次最大重量。

A. 杠铃卧推（#54）

- 12分钟 × 找到1RM所需的尽可能多的组数

B. 肱三头肌绳索下拉

- 3组 × 12次重复
- 休息60秒

选项

简易选项 不要尝试推起单次最大重量，而是尝试找到3次最大重量。

进阶选项 一旦确定单次最大重量，就将重量减少15%，然后执行一组卧推，尽可能完成更多次数。

整理运动 双侧背阔肌拉伸，三角肌拉伸，腘绳肌拉伸。

自重前蹲

有几种健身标准，它们是每个人都应该力争做到的。最有价值的标准之一可能是执行等于自身体重的前蹲。在这个锻炼中，你要做5组自身体重前蹲，目标是完成尽可能多的次数。记住，前蹲是真正的全身训练，不仅要求腹肌、上背部和下背部有很好的稳定性，而且要求股四头肌、臀大肌和小腿肚有足够的力量。所以，即使在每组训练中感觉双腿坚持不住了，也要注意上半身的姿势。如果你发现自己不能保持规范的动作，就结束当前所做的训练。

热身运动

相扑蹲举重复6次，四点撑胸椎旋转每侧重复6次，臀桥重复8次，猫驼姿势重复10次。

特色训练

悬吊带仰卧弯腿

1. 将脚跟放在悬吊训练绳或者其他悬吊训练机器的镫套上。镫套距离地面大约30厘米高。
2. 背部着地，双手放在身体两侧，手掌朝上（a）。
3. 在将脚跟向臀部方向拉的同时抬起髋部。
4. 一旦达到最大活动范围（b），就回到起始位置，并重复建议的次数。

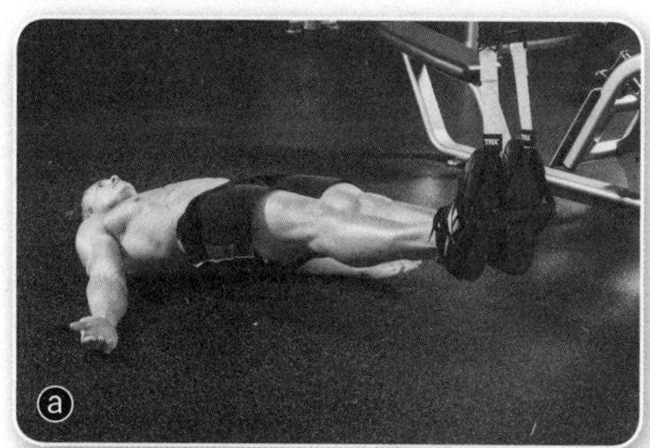

完整的锻炼

使用与体重相等的杠铃做前蹲。在尝试完成所建议的组数之前，一定要做几个热身准备组。

A. 杠铃前蹲（#44）

- 5组 × 尽可能多的重复次数
- 休息2分钟

B. 悬吊带仰卧弯腿

- 3组 × 12次重复
- 休息60秒

选项

简易选项 利用体重的50%做前蹲。

进阶选项 利用体重的125%做前蹲。

整理运动 站立股四头肌拉伸，臀部90度角拉伸，双侧背阔肌拉伸。

66

肌肉健美

悬垂抓举（这里的特色训练）是发展爆发力、拉力和肩部稳定性的出色训练项目，而这些能力对于执行不需要太多灵活性的完整抓举训练非常重要。将复杂的举重，例如抓举，分解成各个部分（抓握式硬拉、划船、悬垂抓举和过顶深蹲）是发展举重基本组成部分的最佳办法之一。

热身运动

四肢走重复5次，四点撑胸椎旋转每侧重复6次，猫驼姿势重复10次。

特色训练

悬垂抓举

1. 将杠铃放在髋关节外侧折痕上（在肚脐下方5 ~ 8厘米），双臂伸直以抓举握法抓住杠铃。
2. 保持躯干挺直，让身体重心落在脚跟上，膝关节弯曲8 ~ 10厘米（臀部不要弯曲）。
3. 从该姿势向后屈髋，直到杠铃杆位于膝盖的正下方（a）。
4. 在返回到开头所描述的挺直站立姿势的过程中，要保持杠铃杆贴近双腿。快速伸展髋关节和膝关节，不要有停顿（b），耸肩让杠铃越过头顶。
5. 在头顶的高位置托住杠铃，锁定膝关节（c）。
6. 将杠铃放回到起始位置，重复建议的次数。

完整的锻炼

A. 悬垂抓举

- 5组 ×3次重复
- 休息90秒

B. 过顶深蹲（#167）

- 5组 ×3次重复
- 休息75秒

C. 站姿绳索抬肘后拉（#127）

- 5组 ×8次重复
- 休息75秒

a

b

c

选项

简易选项 每项训练完成3组。

进阶选项 悬垂抓举每组执行5次重复。

整理运动 双侧背阔肌拉伸，三角肌拉伸，腘绳肌拉伸。

完美的暂停

在任何一次重复的中间暂停都不利于动能的积累和力量的发出。然而，对于依赖精确的杠铃杆位置的奥林匹克举重，暂停有助于确立良好的杠铃杆通过路径，从而回到完整的举重（无暂停）过程。所以，一定要在训练计划中加入一些暂停举重动作，你将因此看到整体技术的进步。

热身运动

相扑蹲举重复5次，跪姿内收肌拉伸每侧重复6次，屈髋肌群拉伸和四点撑胸椎旋转。

特色训练

杠铃高翻至前蹲暂停

1. 将装有杠铃片的杠铃放在地面上，以肩举握法抓握杠铃杆，屈曲膝盖，屈髋。保持胸部挺直，眼睛向前看。肩膀应与杠铃杆平行，或者稍微在杠铃杆后方（a）。

2. 保持胸部挺直，将杠铃向膝盖方向提起（不要改变背部的角度）。一旦杠铃到达膝盖下方，暂停2秒（b）。

3. 向后移动膝关节，而且继续伸展髋关节，向臀部方向提起杠铃。

4. 当杠铃杆接近大腿根部时，快速伸展髋关节，使杠铃垂直向上移动（c）。

5. 同时向外挪动双脚，迅速向前摆动双肘，以前支点的形式托住杠铃。

6. 身体向下移动到杠铃下方，然后在前蹲姿势的下蹲过程中托住杠铃，如果将杠铃托得比较高的话可以选择完成整个前蹲动作（d）。

7. 将杠铃放回起始位置，重新调整，完成所有重复次数。

a

b

c

d

完整的锻炼

杠铃高翻至前蹲暂停

- 8组 ×2次重复
- 休息2分钟

选项

简易选项 将总组数缩减至6组。

进阶选项 增加暂停的时间至3秒。

整理运动 站立股四头肌拉伸，臀部90度角拉伸，三角肌拉伸。

68

疯狂的8组：推举

肩关节是身体上最为灵活的部位之一。虽然灵活的肩关节对于实现许多任务都非常有用，但是同时也是身体最脆弱的关节之一。对大部分在健身房里所做的动作而言，肩关节外旋会使之保持在一个更安全的状态。你可以通过多种方式让肩关节外旋，包括在许多过顶推举变化动作中向外转动腋窝。为此，可以想象在卧推中掰弯杠铃杆，或在俯卧撑中将手旋转钻入地下。

热身运动

最伟大拉伸每侧重复4次，四肢走重复5次，肩部扫动每侧重复8次。

特色训练

肩部扫动

1. 背部着地，右膝关节屈曲90度角，右膝从左腿上跨过去，保持整个上身与地面接触（如果右膝盖不能到达地面，就在它下面放一个药球或一块瑜伽砖以限制活动范围）。
2. 将左手放在右膝盖上，使右膝盖接触地面。直接将右臂举过头顶（a）。
3. 沿着地面扫动右臂，尝试向内转动肩关节（b），将手伸向背部中间（c）。
4. 在达到了最大活动范围之后，向右耳朵方向扫动手臂（尽可能让手臂接触地面）。
5. 继续在头顶和背部中间之间来回扫动，在一侧完成所有重复次数之后，再切换到另一侧。

完整的锻炼

A1. 推举（#16）
- 8组 ×2次重复
- 休息60秒

A2. 肩部扫动
- 8组 ×4次重复/侧
- 休息60秒

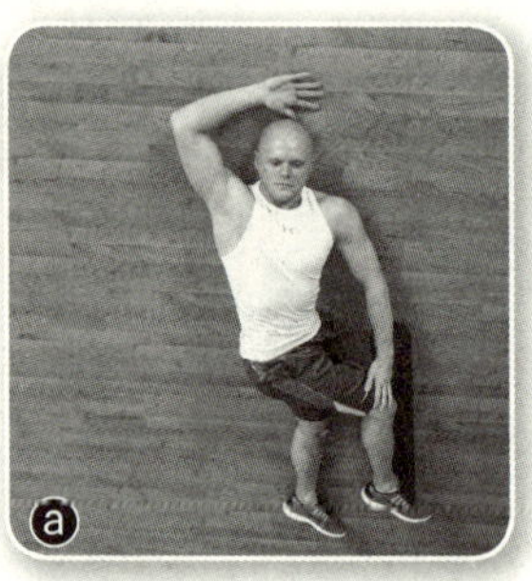
a

b

c

选项

简易选项 每项训练完成6组。

进阶选项 每项训练完成10组。

整理运动 胸部拉伸，双侧背阔肌拉伸，臀部90度角拉伸。

划船踏步

为了从划船动作中获得更多收获，请尽量让肩膀远离耳朵。考虑到许多人每天的大部分时间都会弓着上背部和耸起肩膀，因此这件看似容易的事情可能做起来很难。通过保持肩胛骨降低并收缩，你将会用到上背部和中背部不常用的、欠发达的肌肉，而不是过度使用肩部和肩胛下肌。你可能一开始很难掌握该动作，而且可能需要使用小一点的重量，但是从长期来看，这个姿势矫正动作对你来说是值得学习掌握的。

热身运动

最伟大拉伸每侧重复4次，四肢走重复5次，肩部扫动每侧重复8次。

特色训练

坐姿反握绳索划船

1. 坐式划船训练机的缆绳连接一根直棍或者手柄。双手反握住手柄。将双脚顶在踏板上，膝盖稍微弯曲，肩胛骨下沉，保持胸部挺直。

2. 将手柄拉向胸骨，确保髋部不要伸展。

3. 在终点位置暂停，接触到背阔肌之后才将手柄放回到起始位置（在放回过程中髋部不要弯曲）。重复所建议的次数。

完整的锻炼

A. 常规硬拉（#5）

- 4组×4次重复
- 休息90秒

B1. 宽握距引体向上（#117）

- 3组×10次重复
- 休息45秒

B2. 坐姿反握绳索划船

- 3组×10次重复
- 休息45秒

选项

简易选项 执行2组宽握距引体向上和坐姿反握绳索划船。

进阶选项 每组宽握距引体向上增加2次重复。

整理运动 胸部拉伸，双侧背阔肌拉伸，臀部90度角拉伸。

70

冷门方法

为了让训练更具难度或挑战性，我们通常依靠可靠的、经过实践检验的方法，那就是增加杠铃片的重量或者增加每组的次数。但是要想增加任何特定训练的难度，我们还可以采用其他方法（包括利用机械缺点），例如使用不同的握法或者在举起的不同阶段加入停顿。抓举式硬拉使用宽握距抓握法，让举起动作更具挑战性。

热身运动

最伟大拉伸重复4次，四肢走和燕式平衡重复5次，臀桥重复10次。

特色训练

臀部－背肌抬升

1. 调整臀部－背肌训练机器，让大腿靠在前垫上，双脚平踩在后面的踏板上，小腿平行于地面。
2. 开始时，双腿挺直，上身以髋关节为轴向下屈曲（a）。
3. 大腿用力压垫子，并使用髋部和腘绳肌将躯干抬高。
4. 保持肩膀到髋部呈一条直线（b）。
5. 降低身体回到起始位置，重复建议的次数。

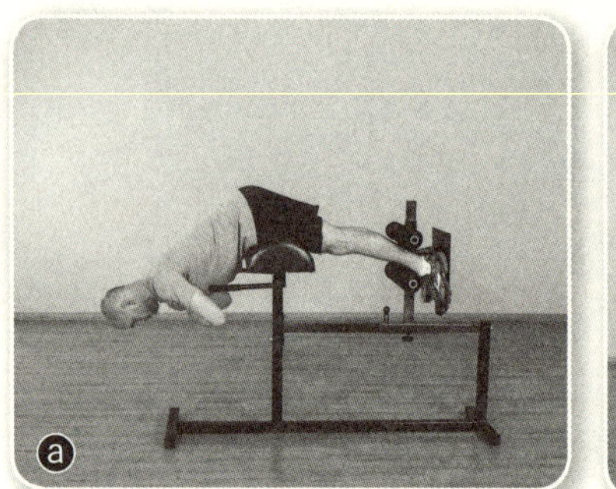

完整的锻炼

A. 抓举式硬拉（#60）
- 6组 ×3次重复
- 休息2分钟

B1. 坐姿绳索抬肘后拉（#251）
- 3组 ×8次重复
- 休息90秒

B2. 臀部－背肌抬升
- 3组 ×8次重复
- 休息90秒

警告：执行任何从地面抓举的动作都需要有较高的灵活性。如果在执行这些动作时没有采取适当的脊柱姿势，就会使自己处于受伤危险中。在尝试这个或者任何其他从地面抓举的动作之前，要确保你能保持自然的脊椎姿势。

选项

简易选项 将抓举式硬拉的组数缩减至4组。

进阶选项 将坐姿绳索抬肘后拉增加1组。

整理运动 双侧背阔肌拉伸，腘绳肌拉伸，小腿拉伸。

省时的推举

你的肺部区分不出你是在跑步机上跑步还是在举杠铃。肺部只知道你在做高强度锻炼，它需要更努力地工作来给循环系统提供足够多的氧气。不要不明就里地认为有氧运动必须通过跑步机、划船训练机或者爬楼梯来完成。一定强度的举重训练能够提升心率，这和任何跑步运动一样，都有益于心肺呼吸系统。

热身运动

四肢走重复5次，四点撑胸椎旋转每侧重复6次，猫驼姿势重复10次。

特色训练

杠铃过顶推举

1. 用双手以刚好比肩宽的握距抓住装有杠铃片的杠铃，举在锁骨高度。杠铃杆应该垫在前三角肌（肩膀前部）上（a）。

2. 深吸一口气，绷紧核心肌群，开始将杠铃举过头顶。

3. 在杠铃杆经过头顶的时候，让身体略向前倾，让杠铃杆在脚的中间上方（但是不要向前伸下巴或者伸脖子）。

4. 继续将杠铃举过头顶，直到肘关节完全伸展（b）。将杠铃放回到起始位置，重复建议的次数。

完整的锻炼

花12分钟在杠铃过顶推举中找到你的1RM，做尽可能多的组数，而且根据需要充分休息。目标是挑战当天的单次最大负荷重量。

杠铃过顶推举

- 在12分钟内尽可能多次挑战最大负荷重量

选项

简易选项 不要尝试举起单次最大负荷重量（1RM），而是尝试找到3次最大负荷重量（3RM）。

进阶选项 一旦确定单次最大重量，就将重量减少15%，然后执行一组推举，尽可能完成更多次数。

整理运动 双侧背阔肌拉伸，三角肌拉伸，腘绳肌拉伸。

72

疯狂的8组：前蹲

对于发展力量而言，双次重复（每组2次重复）可能是最容易被忽略的有益方案。你可以利用接近1RM（或者大约95%）的重量，从而避免举起最大重量所带来的风险。另外，你经常会在第二次重复中达到更大的活动范围，因为你的神经和肌肉系统往往在第一次重复之后能够更好地接受重量。这个锻炼一共8组，每组重复2次，每组之间有主动恢复的休息时间，以便增加灵活性。

热身运动

相扑蹲举重复5次，屈髋肌群拉伸、四点撑胸椎旋转和跪姿内收肌拉伸每侧重复6次。

特色训练

俯桥单手举

a

1. 采取俯桥姿势，双肘位于肩膀的正下方，前臂平放在地面上，从头到脚形成一条直线（a）。

b

2. 髋部不要转动，从地面抬起右臂并向前伸直，从而使肱二头肌靠近耳朵，手臂与地面平行（b）。

3. 将手臂放回到起始位置，然后用左臂重复这个过程（c）。以这种方式轮流交换左右臂进行锻炼，直到完成所有重复次数。

c

完整的锻炼

杠铃前蹲（#44）

- 8组 ×2次重复

俯桥单手举

- 8组 ×8次重复/侧

选项

简易选项 每项训练完成6组。

进阶选项 每项训练完成10组。

整理运动 站立股四头肌拉伸，臀部90度角拉伸，三角肌拉伸。

时刻谨慎：下巴过杠引体向上

下巴过杠引体向上技术的一个常见错误是靠双臂来完成重复过程，这意味着背部没有参与训练，处于松弛状态，锻炼者完全依靠双臂来将下巴抬高到单杠上方。这种做法的问题有2个：(1) 以这种方式完成重复过程将失去下巴过杠引体向上的最大好处之一——发展更强壮、更有力的背部；(2) 使用更小的手臂肌肉而不是更大的背部肌肉会让身体更快变得疲劳。一定要收缩肩胛骨，在下巴过杠过程中要专注于利用中上背部牵引下巴向上。你可能需要完成比预想的更多的动作重复次数。

热身运动

四肢走重复5次，四点撑胸椎旋转每侧重复6次，猫驼姿势重复10次。

特色训练

下巴过杠引体向上

1. 反握住单杠，双手握距与肩同宽。
2. 从垂直悬吊开始（手臂要伸直）(a)，向下收缩肩胛骨开始运动。
3. 向下拉双肘，肘部屈曲将胸膛向上拉。
4. 一旦下巴过了单杠 (b)，有控制地回到起始位置。重复所建议的次数。

ⓐ

ⓑ

完整的锻炼

每分钟做下巴过杠引体向上3次，连续做20分钟。

如果在某一分钟内不能完成3次重复，则结束锻炼。根据需要使用额外负荷。

下巴过杠引体向上

- 完成尽可能多的组数

选项

简易选项 每分钟执行下巴过杠引体向上2次重复。

进阶选项 每分钟执行下巴过杠引体向上5次重复。

整理运动 双侧背阔肌拉伸，三角肌拉伸，腘绳肌拉伸。

74

12分钟硬拉

在规定的时间内达到最大重量单次重复有几个好处。首先，它迫使你采取策略，因为时间是固定的，你所能完成的组数是有限的。其次，它要求你保持专注，因为没有时间做白日梦或者在健身房东看西看。最后，它给力量锻炼增加了一个适应性训练环节，因为你很可能在开始下一组之前还没有完全恢复。

热身运动

最伟大拉伸重复4次，四肢走和燕式平衡重复5次，臀桥重复10次。

特色训练

常规硬拉

1. 走近放在地面上的杠铃，直到杠铃杆距离小腿前方5 ~ 8厘米。双脚距离大约与髋部同宽。
2. 屈髋，用双手正握法或正反握法抓住杠铃杆。
3. 屈髋屈膝，使小腿接触杠铃杆。保持胸部挺直和脊椎的自然姿势（a）。
4. 站起来的同时抬升臀部和肩膀，向前移动髋部直到完全伸展（b）。

a

b

完整的锻炼

花12分钟在常规硬拉中找到你的1RM，使用尽可能多的组数，而且根据需要充分休息。目标是挑战当天的单次最大负荷重量。

常规硬拉

- 12分钟之内，尽可能多次挑战最大负荷重量

选项

简易选项 不要尝试举起单次最大负荷重量（1RM），而是尝试找到3次最大负荷重量（3RM）。

进阶选项 一旦确定单次最大负荷重量，就将重量减少15%，然后执行一组举重，尽可能完成更多次数。

整理运动 双侧背阔肌拉伸，腘绳肌拉伸，小腿拉伸。

自重卧推

有几种健身标准，它们是每个人都应该力争做到的。其中一个标准是能够在卧推中举起相当于自己体重的重量。这个锻炼给你5次机会来推举相当于体重的重量，你要尽可能举起更多次。和任何锻炼一样，你要举起接近1RM的重量或者举起尽可能多的次数，强烈建议你请人从旁协助或保护。

热身运动

最伟大拉伸每侧重复4次，四肢走重复5次，肩部扫动每侧重复8次。

特色训练

悬吊带Y字伸展

1. 抓住悬吊带或者其他悬挂训练机器的手柄，向后移动远离锚点，直到带子刚好绷直没有松弛。
2. 开始时，双臂在肩膀前方伸直。前面那只脚应该比头部更靠近锚点（a）。
3. 从肩部到脚跟要保持呈一条直线，双臂垂直，从头顶上方向后拉。在最高点时身体形成一个Y形（b）。
4. 缓慢地降低身体，回到起始位置。重复所建议的次数。

a

b

完整的锻炼

使用与体重相等的杠铃做卧推。在尝试完成所建议的组数之前，一定要做几个热身准备组。

A1. 杠铃卧推（#54）

- 5组 × 尽可能多的次数
- 休息2分钟

A2. 悬吊带Y字伸展

- 3组 × 12次重复
- 休息60秒

选项

简易选项 对于该杠铃卧推，杠铃片的重量为体重的75%。

进阶选项 对于该杠铃卧推，杠铃片的重量为体重的125%。

整理运动 胸部拉伸，双侧背阔肌拉伸，臀部90度角拉伸。

76

两倍体重

有几种健身标准，它们是每个人都应该力争做到的。

其中一个标准是能够在硬拉中拉起相当于自己体重2倍的重量。这个锻炼给你5次机会来硬拉相当于体重的2倍的重量，你要尽可能完成更多次。这个锻炼无疑要求你使出极限力量，请记住，硬拉是非常苛刻的，而且一旦动作失去规范，可能给身体带来负面后果。因此，仅当有信心规范地完成整个过程时，才可以做下一个重复。

热身运动

最伟大拉伸重复4次，四肢走和燕式平衡重复5次，臀桥重复10次。

特色训练

悬吊带仰卧弯腿

1. 设置一个悬吊带或其他悬吊训练机器，让手柄距离地面30 ~ 40厘米。
2. 将脚跟放在蹬套上，抬高髋关节直到从脚跟到肩膀形成一条直线（a）。
3. 将脚跟向臀部方向拉，同时向上移动髋关节。
4. 一旦达到最大活动范围（b），就做反向动作回到起始位置。请记住，锚点设置得越远，训练越有挑战性。

完整的锻炼

使用重量为体重的2倍的杠铃做常规硬拉。

A. 常规硬拉（#5）
- 5组 × 尽可能多的次数
- 休息2分钟

B. 悬吊带仰卧弯腿
- 3组 × 12次重复
- 休息60秒

警告：硬拉是非常苛刻的锻炼，如果动作不规范，可能会导致运动损伤。每一组练习中，一旦不能使用正确的技术继续进行，就结束这一组训练。

选项

简易选项 利用重量为体重的100%的杠铃做常规硬拉。

进阶选项 利用重量为体重的225%的杠铃做常规硬拉。

整理运动 双侧背阔肌拉伸，腘绳肌拉伸，小腿拉伸。

极限前蹲

有时候，你只是想知道在特定的训练中能够负荷多少重量。在极限前蹲中，所建议的组数和重复次数会让你安全地实现最大负荷，但前提是不要在开始之前被一些热身运动耗光了能量。我们的目标是增加所有单次前蹲所使用的重量，然后在最后一组达到最大重量。

热身运动

相扑蹲举重复5次，屈髋肌群拉伸、四点撑胸椎旋转和跪姿内收肌拉伸每侧重复6次。

特色训练

单腿蹬伸

1. 开始时，臀部牢牢地坐在腿部推举训练机器上。在整个训练组中，保持下背部稍微弓起（就像在深蹲过程中一样）。

2. 将右脚平放在踏板中间或靠近中间的位置。考虑到这是一个单腿变化动作，你的脚应该靠近中间，而不是像标准的双腿蹬伸那样距离中间比较远。

3. 解除腿部蹬伸锁定，膝盖向肩膀方向移动，尝试完成全范围动作（a）。

4. 整个脚用力推踏板，使之回到起始位置（b）。尽量使膝关节微屈，以让股四头肌保持紧张。一侧腿完成所有重复次数之后再切换到另一侧。

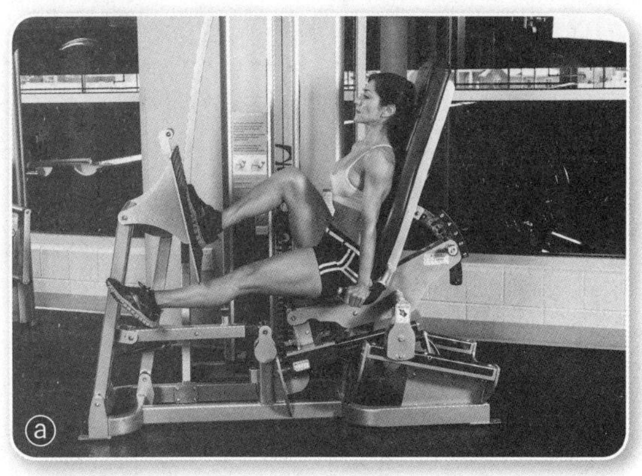
ⓐ

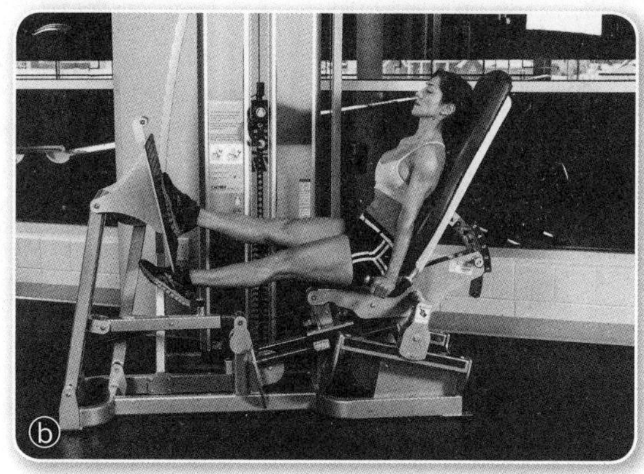
ⓑ

完整的锻炼

增加前蹲的每组锻炼所使用的重量，直到达到最大重量。

A. 杠铃前蹲（#44）

- 5组 ×5次、3次、1次、1次、1次重复
- 休息90秒

B1. 罗马尼亚哑铃硬拉（#267）

- 2组 ×10次重复

- 休息60秒

B2. 单腿蹬伸

- 2组 × 10次重复（每侧腿5次）
- 休息60秒

B3. 小腿三头肌蹬伸（#136）

- 2组 × 10次重复
- 休息60秒

选项

简易选项 取消杠铃前蹲的单次重复之一。

进阶选项 使用最大重量多做杠铃前蹲单次重复2次。

整理运动 站立股四头肌拉伸，臀部90度角拉伸，三角肌拉伸。

突击队员

同时训练多种力量素质（力量、耐力和爆发力）是提高全面能力和夯实体能基础的好方法。但是，如果你的目标更加明确（变得更强壮，变得更健硕，或者成为一个优秀的奥林匹克举重运动员），那么就可以将时间主要用于练习和完善这些动作模式和发展这些素质。将大量时间和精力投入一个特定的目标肯定会确保你更好地朝着这个目标前进。

热身运动

相扑蹲举重复6次，四点撑胸椎旋转每侧重复6次，臀桥重复8次，猫驼姿势重复10次。

特色训练

抓举平衡

1. 将杠铃横跨在颈后肩上（就像后蹲开始时一样），采用和抓举一样的抓握法抓住杠铃杆（a）。

2. 保持胸部挺直，迅速屈曲膝关节，在爆发性伸直双臂的同时身体下降到杠铃杆下方（目标是将杠铃锁定在头顶的同时到达过顶深蹲的最低位置）（b ～ c）。

3. 站起来，小心地将杠铃放回到起始位置（将杠铃杆放在后肩上的过程中，屈曲膝关节可以帮助你将杠铃杆安全地放在后肩上）。重复建议的次数。

a

b

c

完整的锻炼

A. 抓举平衡
- 4组 × 2次重复
- 休息90秒

B1. 直握引体向上*（#237）
- 3组 × 4次重复

- 休息60秒

B2. 六角杠铃硬拉（#8）

- 3组×6次重复
- 休息60秒

C. 划船（#212）

- 1组×200米

*如果需要增加重量

选项

简易选项 每项训练减少1组。

进阶选项 每项训练增加1组。

整理运动 站立股四头肌拉伸，臀部90度角拉伸，双侧背阔肌拉伸。

高翻和推举

组合举重（例如这里的特色训练杠铃高翻推举）将两个独立的举重训练合并在一个动作中。它可能非常具有挑战性，同时也是应该加入你的训练计划中的高效技术。举重的大多数组合练习都会用到大量肌肉，通过训练使人体的新陈代谢受到严峻考验，同时可以训练多个肌群的力量。

热身运动

最伟大拉伸每侧重复4次，四肢走重复5次，肩部扫动每侧重复8次。

特色训练

杠铃高翻推举

a

b

c

d

1. 开始时，以正握方式抓住杠铃，双手之间的距离和双脚之间的距离均稍微比肩宽。杠铃杆在地面上，高度应该刚好在足中部的上方（a）。

2. 保持背部平直，胸部挺直，将杠铃提起直到它到达大腿中间位置。伸展身体的三个部位——踝关节、膝关节和髋关节，爆发性地向上跳（b）。

3. 果断地将身体降低到杠铃下方，围绕杠铃杆旋转肘部。用肩膀托住杠铃（c），同时进入深蹲姿势。

4. 在进入深蹲的最低位置时，马上站起来。屈曲膝盖，然后腿部用力将杠铃举到头顶上方（d）。

5. 将杠铃放回肩膀上，然后再将它放回地面上（或者，如果你的健身房允许这么做，可以将杠铃从头顶直接扔在地面上）。

完整的锻炼

每分钟做杠铃高翻推举3次，连续做20分钟。如果在某1分钟内不能完成3次重复，则在该分钟结束锻炼。

杠铃高翻推举

- 做尽可能多的组数

选项

简易选项 每分钟执行杠铃高翻推举2次。

进阶选项 每分钟执行杠铃高翻推举5次。

整理运动 胸部拉伸，双侧背阔肌拉伸，臀部90度角拉伸。

80

训练架举重

让身体变得强壮的一个好办法是进行部分活动范围（Range of Motion，ROM）的负重练习。与全身力量练习相比，单关节力量练习让你可以完成更大的负荷，而且当你从单关节练习切换回到整体力量练习时，力量会得到更充分的转移，但是在训练的过程中，要避免力量非均衡发展。

热身运动

最伟大拉伸重复4次，四肢走和燕式平衡重复5次，臀桥重复10次。

特色训练

训练架辅助硬拉

1. 将深蹲架的安全支撑架调整到刚好高于膝盖的高度，然后把杠铃放置在上面。
2. 稍微屈曲膝关节，屈髋，以正反握法（一手正握和一手反握）或者正握抓握法抓住杠铃。大腿（刚好在膝盖上方）应该贴着杠铃杆（a）。
3. 收紧腹部和腿部，向后收缩肩胛骨，保持双臂伸直，直接向上提起杠铃，使它保持与双腿的接触，直到你的身体完全站直（b）。
4. 回到起始位置，重复建议的次数。

完整的锻炼

使用常用硬拉重量的90% ~ 110%执行训练架上拉的所有训练组。

A. 训练架辅助硬拉
- 5组 ×3次重复
- 休息2分钟

B1. 俯卧弯腿（#168）
- 4组 ×6次重复

B2. 杠铃弓箭步下蹲（#112）
- 4组 ×6次重复/侧
- 休息75秒

a

b

选项

简易选项 执行3组俯卧弯腿和杠铃弓箭步下蹲。

进阶选项 在训练架辅助硬拉中，重量逐渐增加至硬拉的130%以上。

整理运动 双侧背阔肌拉伸，腘绳肌拉伸，小腿拉伸。

81

力量挑战

在执行力量训练之前，先执行使用类似的动作模式的爆发性或者速度性训练，可能会让你比常规的第二次训练举起更大的重量，这被称为神经增强作用。简而言之，这是一种加强中枢神经系统的方式（通过爆发性举重），为举起更大的重量做好更充分的准备。

热身运动

最伟大拉伸每侧重复4次，四肢走重复5次，肩部扫动每侧重复8次。

特色训练

挺举

1. 开始时，身体站立，双脚与髋同宽，杠铃放至锁骨的前方。双手应该刚好在两肩外侧。
2. 稍微屈曲膝关节（a），利用双腿的力量将杠铃爆发性地举过头顶。
3. 在最高位置托住杠铃（b），在站直达到完全锁定之前，稍微屈曲膝关节。
4. 降低杠铃回到起始位置，并重复建议的次数。

完整的锻炼

完成下面的成对训练6轮。一定要进阶性、爆发性地执行挺举，负荷为你做杠铃过顶推举时使用重量的60% ~ 70%。

挺举

- 3次重复
- 休息30秒

杠铃过顶推举（#36）

- 8次重复
- 休息2分钟

选项

简易选项 将挺举的重量减少至杠铃过顶推举重量的50%。

进阶选项 执行8轮成对训练。

整理运动 胸部拉伸，双侧背阔肌拉伸，臀部90度角拉伸。

82

相扑硬拉

相扑硬拉（这里的特色训练）在几个关键方面上的作用不同于常规硬拉。首先，相扑硬拉的站姿双脚间距更宽，脚尖向外。相扑硬拉还利用到手臂位于膝盖内侧的姿势。这两个准备阶段上的差异让相扑硬拉运动员能够在开始举重时采用更高的姿势。与更专注于臀部、腘绳肌和上背部的传统相扑硬拉相比，这里的相扑硬拉还更多地利用股四头肌和内收肌并且对主动屈髋能力受限的人群来说，该动作是最佳的退阶练习。结论：在训练计划中使用这两种类型的硬拉都有利于腿部的总体力量的发展。

热身运动

最伟大拉伸重复4次，四肢走和燕式平衡重复5次，臀桥重复10次。

特色训练

相扑硬拉

1. 走向地面上装有杠铃片的杠铃，双脚间距离比肩宽，脚尖呈外展45度角方向。
2. 双手以正握方式或正反抓握方式抓住杠铃。双臂应该在双膝的内侧。
3. 髋关节与膝关节屈曲（a）。
4. 双脚用力蹬地面，保持双臂锁定，伸展髋关节，直到已经进入站立姿势（b）。
5. 做反向动作，屈曲髋关节、膝关节。将杠铃杆放回到地面直到其完全静止，然后才可以尝试下一次重复。

完整的锻炼

A. 相扑硬拉
- 5组 ×4次重复
- 休息2分钟

B1. 俯卧弯腿（#168）
- 2组 ×8次重复
- 休息60秒

B2. 交替向后弓箭步（#24）
- 2组 ×8次重复/侧
- 休息60秒

B3. 反向伸髋（#263）
- 2组 ×8次重复
- 休息60秒

选项

简易选项 执行4组相扑硬拉。

进阶选项 B组训练每项完成3组。

整理运动 双侧背阔肌拉伸，腘绳肌拉伸，小腿拉伸。

肩举复合组

与仅执行完整的一次奥林匹克举重相比，执行奥林匹克举重的几个阶段会让身体更加疲劳。但是，使用这种技术可以强制你在肩举和抓举中注意技术效率，因为在有点疲劳的时候就不能用蛮力或者其他取巧手段举重。这些类型的锻炼可以随意使用低于最大举重重量的重量，以真正集中精力提高技术效率。这有助于下次做完整的举重时增加重复次数。

热身运动

相扑蹲举重复5次，屈髋肌群拉伸、四点撑胸椎旋转和跪姿内收肌拉伸每侧重复6次。

特色训练

高翻硬拉

1. 双脚与髋同宽，双手以正握方式抓住杠铃，双手距离刚好在肩膀外侧。
2. 屈髋，保持胸部挺直，肩膀刚好位于杠铃杆前方，目视前方（a）。
3. 整个脚平贴地面将杠铃提起，使之保持贴近身体。髋部和肩膀应该同时上升。
4. 在提杠铃站起的过程中，继续伸展髋部，但不需要完全伸直锁定身体。在身体还差几厘米就要完全伸直的时候停止，因为该姿势更适合练习高翻（b）。

完整的锻炼

下面的4个动作应该作为一个复合组完成——连续执行，中间没有休息。每次完成了一轮复合组之后，休息90秒，然后一共重复8轮。每组都增加重量，直到达到可以提起的最大重量。

高翻硬拉

- 1次重复

杠铃高翻（#52）

- 1次重复

悬垂高翻（#15）

- 1次重复

弓箭步过顶推举（#17）

- 1次重复
- 休息90秒

a

b

选项

简易选项 该复合组完成6组。

进阶选项 在休息之前执行2轮复合组。

整理运动 站立股四头肌拉伸，臀部90度角拉伸，三角肌拉伸。

84

举重世界

对于奥林匹克举重，最有挑战性的方面之一就是第三个伸展方式——利用臀部完成最后动作的能力，而且几乎与此同时要将身体下收到杠铃下方，在较低位置撑住杠铃。这里的特色复合锻炼旨在帮助你练习下肢位置技术。正如本书数次指出的那样，举重本身是一项复合运动。如果你刚刚起步，一定要找有资质的教练帮助你学习技术。

热身运动

四肢走重复5次，四点撑胸椎旋转每侧重复6次，猫驼姿势重复10次。

特色训练

抓举

1. 开始时，将杠铃放在地面上。双手以正握方式抓住杠铃。屈髋，保持胸部挺直，肩膀与杠铃杆平齐（a）。

2. 保持胸部挺直，向后移动膝盖，伸展髋关节，向膝盖方向提起杠铃（b）。

3. 一旦杠铃杆经过膝盖到达大腿中部，开始伸展髋关节。

4. 在杠铃杆向上移动的过程中，爆发性地伸展髋关节和膝关节，将杠铃举到头顶正上方（c）。

5. 在杠铃杆向头顶运动的过程中，迅速将身体下收到杠铃杆下面，以完全的过顶深蹲姿势接住杠铃（d）。

6. 将杠铃托在头顶上方，站立，完成本次重复。

a

b

c

d

完整的锻炼

将这一系列的训练作为一个复合组来执行，流畅地从一个动作过渡到下一个动作。一共完成6轮该复合组。

抓举
- 1次重复

过顶深蹲（#167）
- 2次重复

抓举平衡（#78）
- 1次重复

选项

简易选项 过顶深蹲每组执行1次重复。

进阶选项 抓举执行2次重复。

整理运动 双侧背阔肌拉伸，三角肌拉伸，腘绳肌拉伸。

镰刀收割者

镰刀收割者通常又被称为“死神”。他会偷偷地靠近你，轻拍你的肩膀，让你知道你的生命即将走到尽头。虽然你在做该锻炼的时候不会看到一个披着斗篷、手持镰刀的模糊身影，但是当你挑战力量极限的瞬间，你可能会感到他的存在。这项训练在书本上看着容易，但是我们已经警告过你它并不简单。执行杠铃过顶推举的所有组数，根据建议增加每组的重量，同时减少每组的重复次数。

热身运动

最伟大拉伸重复4次，四肢走和燕式平衡重复5次，臀桥重复10次。

特色训练

杠铃过顶推举

1. 双手握距稍比肩宽，抓住装有杠铃片的杠铃，举起，置于锁骨高度。杠铃杆应该垫在前三角肌（肩膀前部）上（a）。
2. 深吸一口气，绷紧核心肌群，开始将杠铃举过头顶。
3. 在杠铃杆经过头顶的时候，让身体略向前倾，让杠铃杆在脚的中间上方（但是不要向前伸下巴或者伸脖子）。
4. 继续将杠铃举过头顶，直到肘关节伸直（b）。将杠铃放回到起始位置，重复建议的次数。

完整的锻炼

执行所有组数，根据建议增加每组的重量，同时减少每组的重复次数/距离。

杠铃过顶推举

- 5组，各组依次完成10次、8次、6次、4次、2次重复
- 休息60秒

农夫走（#187）

- 5组，各组完成距离依次为60米、50米、40米、30米、20米
- 休息60秒

a

b

选项

简易选项 将农夫走的训练次数减至3组（各组完成距离40米、30米、20米）。

进阶选项 将农夫走各组完成的距离分别增加至70米、60米、50米、40米。

整理运动 双侧背阔肌拉伸，腘绳肌拉伸，小腿拉伸。

86

终极硬拉

以终极力量训练力量素质要求采用低重复次数和高负荷，而且能够有效地提升你的1RM。如果对你而言变得强壮是目标，那么你的训练计划应该涉及训练最大力量，而不是以更加常见的高重复次数为主。

热身运动

最伟大拉伸每侧重复4次，四肢走和燕式平衡各重复5次，臀桥重复10次。

特色训练

常规硬拉

1. 走近放在地面上的杠铃，直到杠铃杆距离小腿前方5 ~ 8厘米，双脚位于杠铃杆下方。双脚距离大约与髋部同宽。
2. 屈髋，以正握方式或者混合抓握法从双腿外侧处抓住杠铃杆。
3. 同时屈髋屈膝，使小腿接触杠铃杆（a）。保持胸部挺直和脊椎的自然姿势。
4. 站起来的同时抬升髋关节和肩关节，伸展髋关节直到锁定（b）。

完整的锻炼

执行完训练A的所有组数和重复次数，然后进入B1和B2的超级组，根据下面的说明在每组之间休息一定的时间。

A. 常规硬拉
- 6组 ×3次重复
- 休息2分钟

B1. 俯卧弯腿（#168）
- 3组 ×6次重复
- 休息90秒

B2. 臀部–背肌抬升（#70）
- 3组 ×6次重复
- 休息90秒

a

b

选项

简易选项 将常规硬拉减至4组。

进阶选项 将常规硬拉增至8组。

整理运动 双侧背阔肌拉伸，腘绳肌拉伸，小腿拉伸。

保障措施

服用补充剂是身体获得营养保障的较好方式。服用某些补充剂可以确保你得到所缺乏的维生素、矿物质和其他微量营养素。然而，补充剂不可以代替合理的营养计划，因此要确保将营养计划放在首位。此外，与服用增加成绩的药物和激素相比，将重点放在有益于健康的补充剂上可能会更好。优先考虑身体系统的健康是确保运动能力和身体组成的最好方法之一。

热身运动

相扑蹲举重复6次，四点撑胸椎旋转每侧重复6次，臀桥重复8次，猫驼姿势重复10次。

特色训练

抓举杠铃背部伸展

1. 给杠铃装上杠铃片，然后放在背部伸展训练架前面。踏上背部伸展训练架，以抓举握法抓住杠铃（双手距离应大于肩宽）(a)。
2. 保持背部平直，以髋关节为轴心伸展身体，直到从头到脚形成一条直线（b)。一定要在最高位置时收缩臀部和腘绳肌（这将解除下背部的压力)。
3. 慢慢屈曲慢慢降低身体，直到杠铃就要接触地面。重复所建议的次数。

完整的锻炼

A. 悬垂高翻（#15）
- 4组×4次重复
- 休息90秒

B1. 捧杯式深蹲（#2）
- 2组×12次重复
- 休息60秒

B2. 抓举杠铃背部伸展
- 2组×12次重复
- 休息60秒

B3. 俯卧撑（#12）
- 2组×12次重复
- 休息60秒

a

b

选项

简易选项 B组中的每项训练每组执行10次重复。

进阶选项 B组中的每项训练各增加1组。

整理运动 站立股四头肌拉伸，臀部90度角拉伸，双侧背阔肌拉伸。

88

疯狂的8组：硬拉

执行增加重量的复合动作时，在每组之间加入灵活性练习是非常好的做法，它能够确保你获得适当的活动范围，而且在这些预备举重中激活了肌肉。对于将要执行的主要动作练习，要考虑会用到什么肌群，然后选择针对这些肌肉进行灵活性或激活训练。

热身运动

最伟大拉伸重复4次，四肢走和燕式平衡重复5次，臀桥重复10次。

特色训练

复合瑜伽

1. 将一个30厘米高的箱子放在身体前方大约1米远处（如果没有箱子，长凳也可以）。

2. 挺直站立，右脚向前跨出一步，屈曲膝盖形成弓箭步。后腿尽可能保持挺直，将双手放在箱子上（a）。

3. 右手放在箱子上，同时将左臂抬至头顶上方（b），转动躯干，手伸向臀部后方（c）。

4. 将左手放回到箱子上，右腿蹬伸回到站立姿势。

5. 向前踏出左脚形成弓箭步，在另一侧重复该过程。继续交替进行，直到完成所有重复次数。

完整的锻炼

A1. 常规硬拉（#5）
- 8组 ×2次重复
- 休息60秒

A2. 复合瑜伽
- 8组 ×4次重复/侧
- 休息60秒

选项

简易选项 每项训练完成6组。

进阶选项 每项训练完成10组。

整理运动 双侧背阔肌拉伸，腘绳肌拉伸，小腿拉伸。

奥林匹克复合组

在所有运动员当中，奥林匹克举重运动员几乎是最强壮、最有爆发力和做功效率最高的运动员。然而，他们的训练却很少利用变化动作，而是专注于低重复次数的训练组。奥林匹克复合组将几个关键的举重动作合并成一个连续的循环训练，不仅能够提升爆发力，还能够提升灵活性和适应性。

热身运动

相扑蹲举重复5次；屈髋肌群拉伸、四点撑胸椎旋转和跪姿内收肌拉伸每侧重复6次。

特色训练

挺举

1. 开始时，让杠铃横跨在前肩上。双手的握距应该刚好在肩膀的外侧。双肘应该在身体前方，上臂平行于地面。
2. 屈曲髋关节与膝关节进入四分之一下蹲姿势（不要像传统深蹲那样向后移动臀部）(a)。
3. 用力做反向动作，双腿快速蹬伸，将杠铃猛地举过头顶，伸直锁定（b）。
4. 降低杠铃回到起始位置，并重复建议的次数。

完整的锻炼

执行这个复合组8轮。根据建议，在休息时间到来之前，每个动作完成1次之后接着完成下一个动作1次。

爆发力抓举（#35）

- 1次重复

过顶深蹲（#167）

- 1次重复

杠铃前蹲（#44）

- 1次重复

挺举

- 1次重复
- 休息90秒

选项

简易选项 执行该复合组6轮。

进阶选项 给过顶深蹲和杠铃前蹲额外增加1次重复。

整理运动 站立股四头肌拉伸，臀部90度角拉伸，三角肌拉伸。

90

最大重量推举

如果需要从较为容易控制的力量练习，例如卧推和深蹲，过渡到更加动态的力量练习时，例如抓举、高翻、挺举和蹲跳，推举是一个非常适合的训练。推举具有动态力量训练的各个方面的锻炼优点，因为它利用脚来获得动能，而且要求你以更常用的上半身的力量来完成，这些力量在其他过顶推举动作中会用到。在热身运动组中要强调从动态到稳定的转换，因为获得正确的平衡点将让你在这个出色的训练中快速提升力量。

热身运动

相扑蹲举重复6次，四点撑胸椎旋转每侧重复6次，臀桥重复8次，猫驼姿势重复10次。

特色训练

跪姿绳索抬肘后拉

1. 双膝跪在地面上，面向缆绳训练机，训练机的缆绳系在与鼻子同高的位置上。
2. 双手相对握法抓住绳子（a）。
3. 保持上臂平行于地面，肩胛骨收缩，背部收紧，双手同时向耳朵方向拉绳子，在过程中，拇指向下转动。
4. 当双手到达或者超过眼睛位置时，就达到了最大活动范围（b）。向内挤压两侧肩胛骨，将绳子放回起始位置。

完整的锻炼

增加每组推举所使用的重量，直到最后一组达到最大重量。

A. 推举（#16）
- 5组 × 5次、3次、1次、1次、1次重复
- 休息90秒

B1. 交替哑铃划船（#246）
- 2组 × 10次重复/侧
- 休息60秒

B2. 跪姿绳索抬肘后拉
- 2组 × 10次重复
- 休息60秒

B3. 哑铃交替锤式弯举（#230）
- 2组 × 10次重复
- 休息60秒

ⓐ

ⓑ

选项

简易选项 将推举的最后一个单次重复去掉。

进阶选项 给推举增加两个最大重量的单次重复。

整理运动 站立股四头肌拉伸，臀部90度角拉伸，双侧背阔肌拉伸。

大力水手复仇

可以通过各种各样的方式训练抓握肌肉系统。虽然抓举重量级哑铃、抓住单杠做下巴过杠引体向上和在训练中使用大号手柄所锻炼出来的力量有助于增强周末登山的攀岩抓握力，但是你应该根据多样性和针对性的需要训练抓握力。这样做不仅能够提高任何涉及抓握力的动作的表现，还有助于锻炼出发达、强壮的前臂。

热身运动

最伟大拉伸重复4次，四肢走和燕式平衡重复5次，臀桥重复10次。

特色训练

抓握农夫走

1. 抓住两个各4.5千克的金属杠铃片，让杠铃片光滑的一面朝外，将它们靠拢在一起。增加两个杠铃片重复该过程（每只手两个杠铃片）。
2. 用拇指的指尖抓住两个杠铃片的上边缘，将它们挤在一起（a）。另一只手重复该过程。
3. 身体站直，双臂放在身体两侧向前走，在行走过程中主动将杠铃片捏在一起（b）。

完整的锻炼

A. 常规硬拉（#5）
- 4组×3次重复
- 休息90秒

B1. 直握引体向上（#237）
- 3组×8次重复
- 休息60秒

B2. 交替哑铃划船（#246）
- 3组×8次重复/侧

B3. 抓握农夫走
- 3组×50米

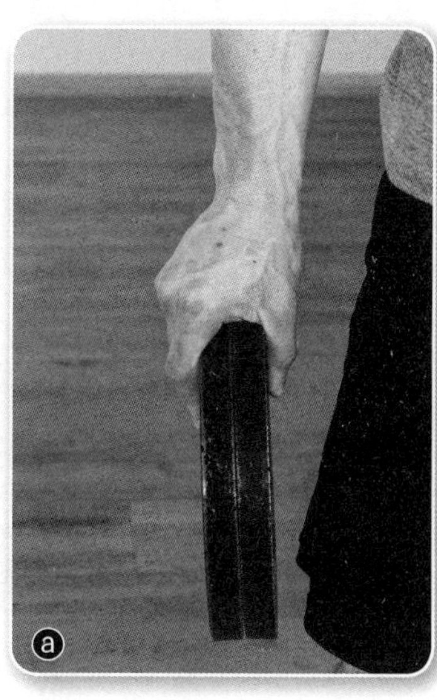
a

b

警告：如果你觉得握力不足，就屈曲膝关节，慢慢将杠铃片放到地面上。避免杠铃片砸在脚上。

选项

简易选项 将抓握农夫走的距离减少至40米。

进阶选项 将抓握农夫走的距离增加至100米。

整理运动 双侧背阔肌拉伸，腘绳肌拉伸，小腿拉伸。

92

跳跃者

在执行杠铃深蹲（或任何杠铃深蹲）时，请确保在整个活动范围杠铃的移动路径与双脚中间对齐。这不仅可以降低受伤风险，而且还使身体处于最有力的姿势，让你举起尽可能大的重量。

热身运动

相扑蹲举重复6次，四点撑胸椎旋转每侧重复6次，臀桥重复8次，猫驼姿势重复10次。

特色训练

蹲跳

1. 开始时，身体站立，双脚与髋同宽，脚尖稍微指向外侧。
2. 解除髋部锁定，屈曲膝关节以降低身体重心进入深蹲姿势（a）。
3. 从最低位置做爆发性动作，尽可能跳得更高（b）。
4. 着地时双腿稍微屈曲（c）。回到起始位置，重复建议的次数。

a

完整的锻炼

完成下面的循环训练6轮。

蹲跳

- 3次重复
- 休息30秒

杠铃深蹲（#63）

- 8次重复
- 休息2分钟

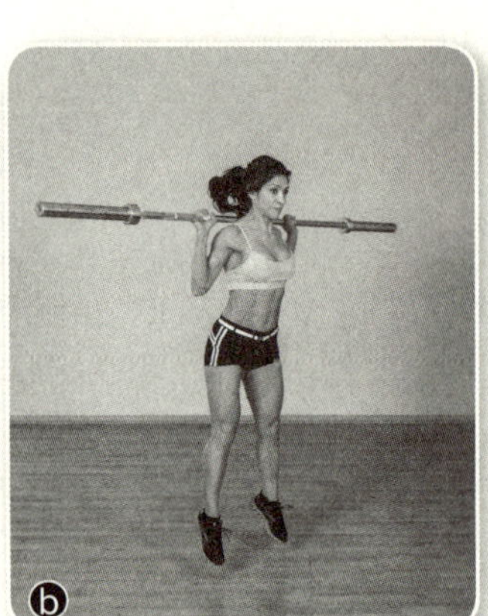
b

c

选项

简易选项 将杠铃深蹲的每组重复次数减少至6次。

进阶选项 做蹲跳时，在杠铃深蹲位置使用轻量级杠铃。

整理运动 站立股四头肌拉伸，臀部90度角拉伸，双侧背阔肌拉伸。

坚持到底

虽然一些锻炼应专注于更多的重复次数（本书中有很多这样的锻炼），但是不要忽视较少重复次数和高负荷的定时循环训练的益处。这样做会提升重复发力的能力，而且对心血管有很多好处。如果你认为一组包含5次、3次或者甚至1次重复不能让你心率飙升到顶峰，请量力而行。在这些类型的锻炼中，你一定要更加注意动作的规范性，因为在疲劳的时候使用更大的重量会带来风险。所以为了安全起见，请刻苦训练，不要低估在包含45次重复的锻炼中能够获得的负荷能力。

热身运动

四肢走重复5次，四点撑胸椎旋转每侧重复6次，猫驼姿势重复10次。

特色训练

悬垂高翻

1. 开始时，以上手方式抓住杠铃，双手和双脚的距离稍微比肩宽。杠铃杆应该刚好靠在膝盖下方（a）。
2. 伸展膝关节和髋关节，快速向上提起杠铃（b）。
3. 快速向外挪动双脚，将身体重心降低到杠铃下方，围绕杠铃杆旋转肘部。在进入半深蹲姿势的同时，将杠铃托在前肩上（在托住杠铃的瞬间，大腿应该平行于地面或处于更高的位置）。
4. 站起来伸直并锁定双腿（c）。
5. 稍微屈曲膝关节，将杠铃放回到大腿前方的起始位置。重复所建议的次数。

93

完整的锻炼

执行下面的循环训练5轮，在第1轮从每组5次重复开始，然后接下来的每组每次递减1次重复。悬垂高翻使用的重量为体重的75%，六角杠铃硬拉使用的重量为体重的1.5倍，杠铃卧推使用的重量为体重的1倍。

在尽可能少的时间内完成该循环训练，确保每次重复都使用规范的动作。

悬垂高翻

- 5组，各组完成的重复次数依次为5次、4次、3次、2次、1次

六角杠铃硬拉（#8）

- 5组，各组完成的重复次数依次为5次、4次、3次、2次、1次

杠铃卧推（#54）

- 5组，各组完成的重复次数依次为5次、4次、3次、2次、1次

选项

简易选项 悬垂高翻使用的重量为体重的50%（或者更少），六角杠铃硬拉使用的重量为体重，杠铃卧推使用的重量为体重的75%。

进阶选项 悬垂高翻使用的重量为体重的1倍，六角杠铃硬拉使用的重量为体重的2倍，杠铃卧推使用的重量为体重的1.25倍。

整理运动 双侧背阔肌拉伸，三角肌拉伸，腘绳肌拉伸。

总重量组

尽管大多数定时锻炼都要求尽快执行一定的重复次数，但是这并不是设计根据时间跨度衡量运动表现的训练计划的唯一方式。在这个锻炼中，你将使用总重量来衡量运动表现。总重量就是在一项训练中举起的所有负荷的总量。总重量锻炼的目标是在尽可能短的时间内举起一定的重量。你可以使用较少的重复次数和较重的重量，也可以使用较多的重复次数和较轻的重量，或者这两者的任意组合。目标是在下一次做该锻炼时，要在更少的时间内举起这一总重量。

热身运动

相扑蹲举重复5次，屈髋肌群拉伸、四点撑胸椎旋转和跪姿内收肌拉伸每侧重复6次。

特色训练

杠铃深蹲

1. 双脚与肩同宽站立，走到深蹲架上的杠铃下方，让杠铃置于颈后肩上（a）。每只脚向后退一步。
2. 保持下背部自然姿势或者稍微弓起，解除臀部锁定，髋关节与肩关节几乎同步前屈曲。
3. 保持整个脚底平放在地上，继续降低身体到尽可能低的位置（髋关节两侧的折痕所处水平高度至少要低于膝盖）（b）。
4. 当你的活动达到最大幅度之后，双脚用力蹬地面站起来，回到起始位置。

完整的锻炼

这是一个以杠铃深蹲为重点的总重量锻炼。在整个锻炼过程中，你一共将要举起4500千克重量。在锻炼中你可以使用任意重量，而且可以根据自己的意愿完成尽可能多的重复次数。例如，如果你使用45千克的杠铃做10组10次重复，就达到了4500千克的总重量（10×10×45=4500）。你的目标是在尽可能少的时间内举起4500千克重量（注意用时多少，看看在下一次能否超越纪录）。

杠铃深蹲

- 在尽可能短的时间内举起总共4500千克重量

选项

简易选项 在整个锻炼中举起的总重量为3200千克。

进阶选项 在50次重复内举起的重量达到4500千克。

整理运动 双侧背阔肌拉伸，三角肌拉伸，腘绳肌拉伸。

95

海军陆战队

从后肩开始的杠铃过顶挺举或推举有如下优点。

第一，在整个动作过程中，杠铃杆保持在相同的运动平面上（这与过顶推举不同，过顶推举从下巴下面开始，必须绕过头部）。第二，杠铃杆在身体重心上方开始，也在身体重心上方结束，使身体处于非常稳定的状态。这个结束姿势很好地模拟了挺举的结束姿势。然而，要想从脖子后面举起杠铃，你的肩部必须有足够的稳定性，肩关节要有良好的活动范围，肩轴和肩带的其他结构的功能要正常。简而言之，这项举重锻炼并不适合每个人，所以要在执行时注意自己的身体状态。

热身运动

最伟大拉伸每侧重复4次，四肢走和燕式平衡重复5次，臀桥重复10次。

特色训练

颈后挺举

1. 开始时，让杠铃横跨在颈后肩上。双手刚好位于肩膀外侧（a）。
2. 在将杠铃向上举起的同时，双脚成弓箭步姿势，将身体重心向下移动到杠铃下方。
3. 将杠铃托在头顶上方之后（b），伸直双腿，将脚放回起始位置。
4. 将杠铃降低放回后肩上，同时屈曲膝关节以缓冲重量。重复所建议的次数。

完整的锻炼

A. 颈后挺举
- 6组 ×2次重复
- 休息90秒

B1. 六角杠铃硬拉（#8）
- 4组 ×6次重复
- 休息90秒

B2. 负重下巴过杠引体向上（#160）
- 4组 ×6次重复
- 休息90秒

a

b

选项

简易选项 负重下巴过杠引体向上替换为将跪姿下拉（#120）。

进阶选项 六角杠铃硬拉和负重下巴过杠引体向上各加一组。

整理运动 双侧背阔肌拉伸，腘绳肌拉伸，小腿拉伸。

脚跟高抬

对很多人而言，在深蹲中实现全范围活动很困难，因为踝关节缺乏灵活性。脚跟高抬深蹲增大了活动范围，有助于克服这个困难。在脚跟下垫一个小杠铃片（2.5 ~ 4.5千克的杠铃片），你应该会注意到深蹲时可以进入更深的位置。要坚持通过激活和活动练习来增加踝关节和髋关节的灵活性，以实现在没有使用杠铃片的情况下也能够达到这个深度。

热身运动

相扑蹲举重复5次；屈髋肌群拉伸、四点撑胸椎旋转和跪姿内收肌拉伸每侧重复6次。

特色训练

脚跟高抬深蹲

1. 在脚跟下放一个或两个小杠铃片，并将杠铃横跨在颈后肩上（a）。
2. 解除臀部锁定，屈曲髋部与膝关节，慢慢进入深蹲姿势。
3. 在达到最大活动范围之后（尝试让髋关节外侧折痕水平高度低于膝盖）（b），做反向动作回到站立姿势。重复所建议的次数。

完整的锻炼

在完成6组3次重复之后（A），减轻重量，然后在20秒内做尽可能多的脚跟高抬深蹲。休息10秒，然后重复。继续锻炼20秒，休息10秒，一共完成8轮（4分钟）。选择的重量为脚跟高抬深蹲的第1轮训练所使用的最大重量的50%。

A. 脚跟高抬深蹲

- 6组 ×3次重复

B. 脚跟高抬Tabata

a

b

选项

简易选项 将Tabata训练量减去一半，即执行4轮。

进阶选项 在训练的Tabata部分，争取每组完成至少8次重复。

整理运动 站立股四头肌拉伸，臀部90度角拉伸，三角肌拉伸。

97

奥林匹克举重

奥林匹克举重（简称为举重）是一项目标为在抓举和挺举中举起最大重量的体育运动。在这个锻炼中，你将充当参加比赛的举重运动员，试图确定你在举重中的1RM是多少。完成之后，将这些数量加起来得出总数。这是尝试通过训练来提高自身水平的很好的参考标准。虽然你可能还没有准备好参加奥林匹克举重，但是不断取得个人的最佳成绩会给你带来运动员般的毅力和动力。

热身运动

最伟大拉伸每侧重复4次，屈髋肌群拉伸和燕式平衡每侧重复6次，肩部扫动每侧重复8次。

特色训练

挺举

1. 开始时，以正握方式抓住杠铃，双手和双脚的距离稍微比肩宽（a）。
2. 保持杠铃杆贴近小腿，在将杠铃从地面提起的同时，慢慢向后伸展膝关节。
3. 当杠铃杆到达大腿中间位置时（b），以爆发性的动作伸展并挺直髋关节与膝关节，使杠铃向上运动。
4. 果断地将身体重心降低到杠铃下方进入全深蹲姿势，围绕杠铃杆旋转肘部，用肩膀托住杠铃（c）。
5. 举着杠铃站起来，屈曲膝关节（保持胸部挺直），迅速将杠铃举过头顶。你可以双腿分开托举杠铃（就像在分腿挺举中一样）（d），或者双脚保持平行（就像在力量挺举中一样）。
6. 传统上，杠铃是从头顶上扔到地面上的，但是要遵守健身馆的规则，而且在必要的时候控制好杠铃，先将它放在肩上，然后再从肩上放到地面上。

a

b

c

d

完整的锻炼

每次举重花12分钟热身，找到你的1RM。完成之后，将两个练习的重量相加来计算总重量。

抓举（#84）

- 1次重复

挺举

- 1次重复

选项

简易选项 无。

进阶选项 无。

整理运动 站立股四头肌拉伸，臀部90度角拉伸，双侧背阔肌拉伸。

疯狂的8组：卧推

特定的热身组是所有训练计划的重要组成部分，对接近1RM的举重而言，则尤为重要。一个很好的经验是，训练组越接近1RM，则需要越多热身组。因此，只有两次重复的锻炼（例如这里的卧推）可能需要多达5组热身运动，而10 ~ 12次重复的训练可能只需要1组或2组热身运动。底线：每组的重复次数越少（意味着所使用的负荷越重），需要的热身组数越多。

热身运动

最伟大拉伸每侧重复4次，四肢走重复5次，肩部扫动每侧重复8次。

特色训练

肩胛骨沿墙滑动

1. 将臀部、背部和头部贴在干净的墙上。将双臂呈V字形举起在头顶（a）。
2. 朝胸腔两肋方向向下移动双肘，在整个过程中尝试让下背部、上臂、前臂、手腕和手的更大面积靠在墙上。
3. 尽可能向下移动双肘，同时保持接触墙壁。在动作的最低位置，双臂应该类似于W形（b）。
4. 保持接触墙壁，将双臂向上放回到原来的位置。重复所建议的次数。

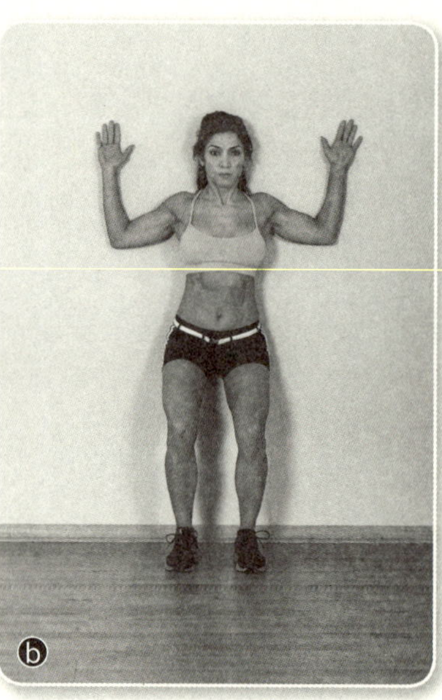

完整的锻炼

A1. 杠铃卧推（#54）

- 8组 ×2次重复

A2. 肩胛骨沿墙滑动

- 8组 ×8次重复

选项

简易选项 每项训练完成6组。

进阶选项 每项训练完成10组。

整理运动 胸部拉伸，双侧背阔肌拉伸，臀部90度角拉伸。

国家荣誉

作为一般原则，如果一项锻炼以国家命名，它一定很难。这个锻炼将3个最伟大的训练结合在一起：罗马尼亚硬拉，它可能是髋关节转轴的最典型例子；保加利亚分腿深蹲，将挑战腿部和臀部的整个肌肉系统；土耳其起立，也是最出色的全身运动之一。

热身运动

最伟大拉伸重复4次，四肢走和燕式平衡重复5次，臀桥重复10次。

特色训练

土耳其起立

1. 仰卧在地面上，右膝关节屈曲（使脚平放在地上），右手握住一个壶铃，右臂向天花板方向伸直。
2. 向左转动，以左肘为支撑点（a）。
3. 继续向左转动，伸展左臂，让左手贴在地面上（b）。伸展髋关节，以便从左脚踝到右肩膀形成一条直线。
4. 将左腿滑动到身体后方（c），伸直躯干，就像位于弓箭步的最低位置（d）。一定要一直保持壶铃位于头顶上方。
5. 站起来，并拢双脚。做反向动作，直到回到起始位置。在一侧完成所有建议的重复次数之后再换到另一侧。

完整的锻炼

A. 六角杠铃罗马尼亚硬拉（#248）

- 6组 ×3次重复
- 休息2分钟

B1. 保加利亚分腿深蹲（#200）

- 3组 ×6次重复/侧
- 休息90秒

B2. 土耳其起立

- 3组 ×4次重复/侧
- 休息90秒

选项

简易选项 执行4组六角杠铃罗马尼亚硬拉。

进阶选项 保加利亚分腿深蹲和土耳其起立各增加4组。

整理运动 双侧背阔肌拉伸，腘绳肌拉伸，小腿拉伸。

100

俄罗斯复合组

许多年以来，俄罗斯在奥林匹克举重运动上都占据主导地位，这得益于他们开创性的系统方法和训练方法。这个复合组非常类似于当今顶尖的俄罗斯运动员所使用的训练，他们仍然对该运动充满激情，而且做得非常优秀。

热身运动

最伟大拉伸每侧重复4次，屈髋肌群拉伸和燕式平衡每侧重复6次，肩部扫动每侧重复8次。

特色训练

分腿挺举

1. 开始时，让杠铃横跨在前肩上。双手的握距应该刚好大于肩宽。双肘应该在身体前方，上臂平行于地面（a）。

2. 通过屈曲膝盖下降进入四分之一下蹲姿势（不要像传统的深蹲一样开始时向后移动臀部）。

3. 有力地做反向运动，当杠铃在头顶锁定的时刻，分开双腿，让一只脚在前面，另一只脚在后面（就像弓箭步的中途姿势）（b）。

4. 将前脚收回中间位置，然后将后脚收回中间位置，从而恢复姿势，将杠铃放回肩膀上。

完整的锻炼

执行下面的复合组8轮，连续执行每项训练1次重复，每轮之间休息90秒。

常规硬拉（#5）

- 1次重复

杠铃高翻（#52）

- 1次重复

杠铃前蹲（#44）

- 1次重复

推举（#16）

- 1次重复

分腿挺举

- 1次重复
- 休息90秒

a

b

选项

简易选项 执行6轮复合组。

进阶选项 每轮每个动作执行2次重复。

整理运动 站立股四头肌拉伸，臀部90度角拉伸，双侧背阔肌拉伸。

下降组

减重组是这里的特色训练，它在增加训练量和强度的同时，没有增加任何训练时长。减重组是将重量举起一定的次数，然后按照一定的比例减轻重量，并再次举起重量，每组之间尽可能少休息。重量可以一次减少，或者也可以多次减少，从而形成多个训练组。因为减重组不允许锻炼者在每组之间长时间休息，所以锻炼者要做好下一组的表现比上一组差很多的心理准备。

热身运动

最伟大拉伸每侧重复4次，四肢走重复5次，肩部扫动每侧重复8次。

特色训练

窄握距推举

1. 在卧推训练机上做好准备，眼睛刚好在杠铃杆的正下方，双脚平放在地面上，臀部、上背部和头部紧贴长凳。
2. 双手的握距刚好与肩同宽（a）。
3. 有控制地降低杠铃杆，直到它接触胸部中间的位置。保持双肘向胸腔两肋方向收（不要向外插出）（b）。
4. 用力地将杠铃举到起始位置，并重复建议的次数。

a

b

完整的锻炼

用10分钟时间让推举的负荷达到最大重量。

窄握距推举

- 1RM的80%（尽可能多次重复）
- 休息30秒
- 负荷减少20%，执行尽可能多的重复次数
- 休息30秒
- 负荷减少20%，执行尽可能多的重复次数

选项

简易选项 从1RM的70%开始这些减重组的训练。

进阶选项 增加一个减重组，再减轻20%的负荷，尽可能完成更多次重复。

整理运动 胸部拉伸，双侧背阔肌拉伸，臀部90度角拉伸。

102

严格推举

过度训练可能导致精神沮丧、训练欲望消失、体重波动、受伤风险上升、睡眠不好、食欲下降和情绪波动。然而，过度训练的现象很少出现在长时间、高强度训练的人身上，例如每天几个小时或者参加多次训练的人。事实上，绝大多数人可能更担心训练不足，而不是训练过度。然而，如果你出现如上所述的任何症状，而且情况最近变得特别严重，那么请尝试在未来几天内减少训练和生活压力，直到一切恢复正常。

热身运动

最伟大拉伸每侧重复4次，四肢走重复5次，肩部扫动每侧重复8次。

特色训练

杠铃过顶推举

1. 双手握距刚好比肩宽，抓住装有杠铃片的杠铃，举在锁骨高度处。杠铃杆应该垫在前三角肌（肩膀前部）上（a）。

2. 深吸一口气，绷紧核心肌群，开始将杠铃举过头顶。

3. 在杠铃杆经过头顶的时候，让身体略向前倾，让杠铃杆在双脚的中间上方（但是不要向前伸下巴或者伸脖子）。

4. 继续将杠铃杆举过头顶，直到肘关节完全锁定（b）。将杠铃放回起始位置，重复建议的次数。

完整的锻炼

杠铃片的重量采用你在杠铃过顶推举中的1RM的30%。每分钟执行2次重复（从每分钟的起点开始，当前组完成之后，本分钟所剩的时间用作休息时间）。每分钟给杠铃增加4.5千克重量。继续增加重量，直到达到无法完成2次重复的推举的重量。

杠铃过顶推举

- 做尽可能多的组数

a

b

选项

简易选项 每组执行1次重复。

进阶选项 每组执行3次重复。

整理运动 胸部拉伸，双侧背阔肌拉伸，臀部90度角拉伸。

步行平板撑

在硬拉或者卧推中提起或举起巨大重量非常令人振奋，让人信心倍增，除此之外，还有其他看起来同样简单但是做起来艰难的训练。侧桥抬腿（这里的特色训练）就是这样的训练之一。它挑战内、外斜肌和臀部外侧肌肉之间的协调能力——这些肌肉通常都缺乏锻炼。此外，这些肌肉在身体两侧通常也是不平衡的，往往有一侧得到更多锻炼，表现更好。要坚持做这个锻炼是因为它将这些肌群整合起来，让它们协调工作。该锻炼的好处是锻炼效果可以延续到其他训练上，达到增加力量的效果。

热身运动

相扑蹲举重复6次，四点撑胸椎旋转每侧重复6次，臀桥重复8次，猫驼姿势重复10次。

特色训练

侧桥抬腿

1. 背部着地，将肘部放在肩膀的正下方，将身体撑起，进入侧桥姿势。两个脚跟应该叠在一起（a）。
2. 保持臀部处于较高位置，从肩膀到脚跟形成一条直线，然后上面那条腿尽可能向上抬高（b）。
3. 降低双腿回到起始位置，并重复建议的次数。在一侧完成所有重复次数之后再切换到另一侧。

完整的锻炼

A. 常规硬拉（#5）
- 4组 ×5次重复
- 休息90秒

B1. 交替向后弓箭步（#24）
- 3组 ×8次重复/侧
- 休息30秒

B2. 侧桥抬腿
- 3组 ×10次重复/侧
- 休息30秒

B3. 绳索交替坐姿划船（#142）
- 3组 ×10次重复/侧
- 休息30秒

a

b

选项

简易选项 B组中的训练每项完成2组。

进阶选项 B组中的训练每组增加2次重复。

整理运动 站立股四头肌拉伸，臀部90度角拉伸，双侧背阔肌拉伸。

104

伸手

你有没有注意到俯卧撑看起来很像平板撑？实际上，俯卧撑是锻炼腹肌、背阔肌和臀肌的出色方法。你想不想让俯卧撑成为更好的核心训练？请看下面训练。加入一个伸手动作（如下面的伸手俯卧撑所述）。伸手动作创造了更长的杠杆，要求腹部提供更大的稳定性，以避免最后迎面摔在地上。我敢保证，你再也不会将俯卧撑看作标准的胸部运动了。

热身运动

最伟大拉伸每侧重复4次，屈髋肌群拉伸和燕式平衡每侧重复6次，肩部扫动每侧重复8次。

特色训练

伸手俯卧撑

1. 以俯卧撑姿势开始，双手距离稍微比肩宽，双臂伸直，从头到脚形成一条直线（a）。

2. 肘部屈曲，向地面降低身体（保持双肘向胸腔两肋方向收）（b）。撑起身体回到起始位置。将左手伸出并保持1秒（c）。在伸手的时候，尝试避免身体转动（特别是臀部）。

3. 将左手放回地面上；再做一个俯卧撑，撑起身体到达顶部时，向前伸出右手。这就是1次重复。

完整的锻炼

A. 杠铃前蹲（#44）
- 6组 ×4次重复
- 休息90秒

B1. 下巴过杠引体向上（#73）
- 2组 ×10次重复
- 休息30秒

B2. 伸手俯卧撑
- 2组 ×8次重复/侧
- 休息30秒

B3. 侧桥（#175）
- 2组 ×20秒/侧
- 休息30秒

选项

简易选项 执行杠铃前蹲4组。

进阶选项 给下巴过杠引体向上和伸手俯卧撑增加2次重复，给侧桥增加10秒保持时间。

整理运动 站立股四头肌拉伸，臀部90度角拉伸，双侧背阔肌拉伸。

固若金汤

髋部悬垂抓举（这里的特色训练）是奥林匹克举重训练的最关键部分——使髋关节和膝关节完全伸展，从而产生将杠铃举过头顶的爆发力。它也是在杠铃杆向上移动时快速将身体重心降低到杠铃杆下方的很好的训练。使用这项训练来练习把握时机的能力，它将给完整的抓举和肩举带来巨大的益处。

热身运动

最伟大拉伸每侧重复4次，屈髋肌群拉伸和燕式平衡每侧重复6次，肩部扫动每侧重复8次。

特色训练

髋部悬垂抓举

1. 将杠铃放在髋关节外侧折痕上（在肚脐下方5 ~ 8厘米），双臂伸直以抓举握法抓住杠铃（a）。

2. 保持躯干挺直，让身体重心落在脚跟上，膝关节屈曲8 ~ 10厘米（臀部不要弯曲）。

3. 快速伸展髋关节和膝关节，耸肩让杠铃向上移动（b）。

4. 在杠铃向上移动的过程中，将身体降低到杠铃杆下方，当身体到达最低位置或者进入过顶深蹲姿势时，双臂完全伸直，将杠铃托在头顶（c）。

5. 将杠铃举在头顶，站立。将杠铃放回起始位置，重复建议的次数。

a

完整的锻炼

髋部悬垂抓举

- 5组 × 5次重复
- 休息90秒

悬垂抓举上提（#61）

- 5组 × 5次重复
- 休息90秒

b

c

选项

简易选项 髋部悬垂抓举每组执行3次重复。

进阶选项 额外增加1组臀部悬垂抓举和悬垂抓举上提。

整理运动 腘绳肌拉伸，小腿拉伸，胸部拉伸。

106

狙击手

狙击手从来不会宣告他的到来。他总是偷偷地潜入发起攻击，留下死亡的标记，然后撤退。锻炼有时很像一个狙击手。它可以在你发觉之前偷偷地接近你，让你的肌肉着火，让你的肺部爆炸，让你以为自己要死了。不要让狙击手训练击倒你。使出你的所有本事血战到底，然后成功逃脱。

热身运动

四肢走重复5次，四点撑胸椎旋转每侧重复6次，猫驼姿势重复10次。

特色训练

杠铃过顶推举

1. 双手握距刚好比肩稍宽，抓住装有杠铃片的杠铃，举在锁骨高度。杠铃杆应该垫在前三角肌（肩膀前部）上（a）。

2. 深吸一口气，绷紧核心肌群，将杠铃举过头顶。

3. 在杠铃杆经过头顶的时候，让身体略向前倾，使杠铃杆在双脚的中间上方（但是不要向前伸下巴或者伸脖子）。

4. 继续将杠铃举过头顶，直到肘关节完全伸直（b）。将杠铃放回起始位置，重复建议的次数。

完整的锻炼

这是一个以杠铃过顶推举为重点的总重量锻炼。在整个锻炼过程中，你一共将要举起3600千克重量。在锻炼中你可以使用任意重量，而且每组可以根据自己的意愿完成尽可能多的重复次数。例如，如果你将45千克的杠铃举起10组，每组重复8次，那么你一共举起了3600千克重量（10×8×45=3600）。你的目标是在尽可能少的时间内举起3600千克重量（注意用时多少，看看在下一次能否超越纪录）。

杠铃过顶推举

- 在尽可能短的时间内举起总共3600千克重量。

选项

简易选项 在整个锻炼中举起的总重量为2700千克。

进阶选项 在50次重复内举起的重量达到3600千克。

整理运动 双侧背阔肌拉伸，三角肌拉伸，腘绳肌拉伸。

时刻谨慎：六角杠铃硬拉

如何提升工作能力？必须要提升力量？当然！想知道为什么一组只做3次重复就汗流浃背吗？请看分秒必争训练方案，例如这个特色训练，会给你带来很多意想不到的惊喜。可以使用相对较大的重量，同时仍可以在短时间内完成锻炼。就一组而已？一组已经难于登天了。

热身运动

相扑蹲举重复6次，四点撑胸椎旋转每侧重复6次，臀桥重复8次，猫驼姿势重复10次。

特色训练

六角杠铃硬拉

1. 站到六角杠铃中间，双脚与肩同宽。
2. 从中间握住把手，屈曲臀部与膝关节，向后收缩肩胛骨（a）。
3. 伸展膝关节且向上移动臀部，同时拉起六角杠铃。
4. 在杠铃达到最高点时完全伸展髋关节，完成整个过程（b）。
5. 先向后屈曲臀部再屈曲膝关节做反向动作。在整个过程的各个阶段，保持胸部挺直和脊椎的自然姿势。

完整的锻炼

每分钟做六角杠铃硬拉3次，连续做20分钟。如果在某分钟内不能完成3次重复，则在该分钟结束锻炼。使用你的1RM的75% ~ 80%。

六角杠铃硬拉

- 做尽可能多的组数

a

b

选项

简易选项 每分钟执行六角杠铃硬拉2次。

进阶选项 每分钟执行六角杠铃硬拉5次。

整理运动 站立股四头肌拉伸，臀部90度角拉伸，双侧背阔肌拉伸。

108

终极前蹲

力量的准确定义就是举起重物的能力。为了训练力量，你要系统地、循序渐进地给杠铃增加重量。为此，采用低重复次数的训练组做复合举重可能是最有效和最高效的。采用低重复次数训练组不仅能够让你举起更大的重量，还可以更加专注于技术、心理和身体强度。

热身运动

相扑蹲举重复5次，屈髋肌群拉伸、四点撑胸椎旋转和跪姿内收肌拉伸每侧重复6次。

特色训练

杠铃前蹲

1. 将杠铃放在深蹲架刚好低于锁骨的位置上。

2. 走到杠铃杆下方，让杠铃位于前三角肌（前肩）上，然后用肩举抓握法抓住杠铃，肘部高抬，上臂平行于地面。将杠铃杆从架子上取下，每只脚向后退一步（a）。

3. 绷紧上半身，解除臀部锁定，屈曲膝关节，向地面降低身体重心，在保持杠铃杆在脚中间上方的同时，试图尽可能下蹲（关于正确的深蹲动作，请参阅第1章的相关内容）（b）。

4. 一旦深蹲到最低位置，做反向动作站起来。重复所建议的次数。

完整的锻炼

A. 杠铃前蹲

- 6组 ×3次重复
- 休息2分钟

B1. 脚跟高抬深蹲（#96）

- 3组 ×6次重复

B2. 坐姿蹬腿（#114）

- 3组 ×6次重复
- 休息90秒

a

b

选项

简易选项 将杠铃前蹲减至4组。

进阶选项 将杠铃前蹲增至8组。

整理运动 站立股四头肌拉伸，臀部90度角拉伸，三角肌拉伸。

第4章

局部肌肉增强训练

局部身体训练，即在每项锻炼中训练一个或两个身体部位，多年来曾作为世界各地健身房的标准训练方案。在20世纪90年代后期，功能性健身成为热潮，人们开始更专注于全身训练或基于动作模式的训练，只剩下胸怀壮志的健美运动员坚守局部身体训练。事实是，没有必要因噎废食。功能性训练和局部身体训练都是有效的，本书鼓励锻炼者在自己的训练计划中同时采用这两种训练。针对特定肌群的训练是让松弛的身体部位变得紧致和增加肌肉（增大肌肉）的最好办法之一。例如，锻炼出更结实的小腿和更加有型的肱三头肌。但前提是所有这些训练方法都能够实现锻炼者想要达到的效果：让身体更强壮、更苗条和更有能力。

109
将军

虽然很多人的训练计划太过于强调推举动作（这不是好事儿），但是他们通常选择在水平面上的推举动作（例如杠铃卧推或者倾斜哑铃飞鸟卧推）。这项锻炼将几个在垂直平面的过顶推举动作结合在一起，用到多种力量素质（力量、爆发力和增大肌肉），让你可以触及一些新的肌肉运动单位。

热身运动

最伟大拉伸每侧重复4次，四肢走重复5次，肩部扫动每侧重复8次。

特色训练

哑铃卧推

1. 抓住一对哑铃，躺在平凳上。确保头部、上背部和臀部贴在长凳上，双脚平放在地面上。
2. 开始时，手掌彼此相对，双臂完全伸直，哑铃位于肩膀的正上方（a）。
3. 降低哑铃，在该过程中保持双肘向胸腔两侧屈曲靠拢。
4. 当哑铃下降至胸部高度时（b），将它们推举回起始位置（c）。
5. 重复所建议的次数。

a

b

c

完整的锻炼

推举（#16）

- 5组 ×3次重复
- 休息60秒

杠铃过顶推举（#36）

- 5组 ×6次重复
- 休息60秒

哑铃卧推

- 5组 ×8次重复
- 休息60秒

哑铃侧平举（#147）

- 5组 ×10次重复
- 休息2分钟

选项

简易选项 每项训练完成3组。

进阶选项 额外增加1组，每个动作做6组。

整理运动 胸部拉伸，双侧背阔肌拉伸，臀部90度角拉伸。

6-12-25臀肌和腘绳肌

如果一项锻炼的重复范围跨度非常大，涉及力量训练（6次重复）、肌肉增大训练（12次重复）和耐力训练（25次重复），会发生什么？你会进行很好的锻炼，它会让你走路时上气不接下气（进行下面的锻炼，你会累趴下）。

热身运动

最伟大拉伸重复4次，四肢走和燕式平衡重复5次，臀桥重复10次。

特色训练

瑞士球仰卧弯腿

1. 仰卧，脚跟放在瑞士球的顶部。从脚踝到肩膀应该形成一条直线。

2. 脚跟用力压入瑞士球中，向髋关节方向屈曲双腿。在瑞士球靠近躯干的过程中要抬高臀部，从膝盖到肩膀要保持呈一条直线（b）。

3. 在达到活动范围的极限时收缩腘绳肌，然后将瑞士球滚回到起始位置。重复所建议的次数。

完整的锻炼

将下面3项训练作为一个循环训练执行，每项训练之间休息10秒，每轮之间休息100秒。一共重复该循环训练4次。

常规硬拉（#5）

- 6次重复
- 休息10秒

罗马尼亚哑铃硬拉（#267）

- 12次重复
- 休息10秒

瑞士球仰卧弯腿

- 25次重复
- 休息100秒

选项

简易选项 执行瑞士球仰卧弯腿15次。

进阶选项 额外增加一轮，让该循环训练的总轮数达到5轮。

整理运动 双侧背阔肌拉伸，腘绳肌拉伸，小腿拉伸。

111

背部发力

在训练的时候，很容易将原本是为了锻炼背部的动作转变成过度使用手臂的动作。要想在各种划船变化动作和上拉动作中克服这个技术缺陷，就要让肩部保持下垂，挺起胸膛，通过背阔肌和肩胛骨周围的肌肉来开始动作。这将确保你从背部训练中获得想要的效果。

热身运动

四肢走重复5次，四点撑胸椎旋转每侧身体重复6次，猫驼姿势重复10次。

特色训练

胸部支撑哑铃划船

1. 抓住一对哑铃，趴在倾斜45度角的长凳上。
2. 双臂下垂（a），向后收缩肩胛骨，同时向胸腔两肋方向举起哑铃（b）。
3. 在动作的最高点收缩背阔肌，然后返回起始位置。重复所建议的次数。

完整的锻炼

将这3项训练作为一个超级组执行，每个动作之间休息60秒，每轮之间休息2分钟。

负重下巴过杠引体向上（#160）

- 4组 ×4次重复
- 休息60秒

髋关节屈曲坐姿绳索划船（#174）

- 4组 ×4次重复
- 休息60秒

胸部支撑哑铃划船

- 4组 ×12次重复
- 休息2分钟

选项

简易选项 每项训练完成3组。

进阶选项 每项训练完成5组。

整理运动 双侧背阔肌拉伸，三角肌拉伸，腘绳肌拉伸。

跳箱

跳箱是提升爆发力和改善垂直跳跃能力的出色锻炼。然而，很多人选择的箱子太高，这就变成了增强髋关节灵活性（双膝向胸前靠拢以便跳到箱子上）而不是提升跳跃能力。选择的箱子的高度必须让你能够充分发挥自己的跳跃能力，而不要过分强调髋关节的灵活性。从长远看，这将会使你成为更好的运动员。

热身运动

相扑蹲举重复5次，跪姿内收肌拉伸、屈髋肌群拉伸和四点撑胸椎旋转每侧重复6次。

特色训练

杠铃弓箭步下蹲

1. 让装有杠铃片的杠铃横跨在后肩上，就像执行杠铃深蹲动作一样（a）。
2. 右腿向前跨出一大步，同时保持胸部挺直，同时屈曲前后腿，向地面降低身体。
3. 当后腿膝盖接触地面或者距离地面2.5厘米左右时（b），前脚用力蹬地，回到站立姿势。
4. 重复上述动作，这次以左腿向前跨步开始。继续交替双腿进行，直到双腿完成所有的重复次数。

完整的锻炼

跳箱（#198）

- 8组 ×6次重复
- 休息60秒

杠铃弓箭步下蹲

- 8组 ×5次重复/侧
- 休息60秒

a

b

选项

简易选项 将每项训练的组数减少至6组。

进阶选项 将杠铃弓箭步下蹲的重复次数增加至每侧腿8次。

整理运动 站立股四头肌拉伸，臀部90度角拉伸，三角肌拉伸。

113

胸部冲击波

将卧推调整为上斜卧推，以便能够重点锻炼前三角肌和中三角肌（肩膀的前部和顶部），以及锻炼胸部上端肌群和肱三头肌。这有别于传统的卧推。但是要小心，这种姿势在移动比较大的重量时不如水平杠铃卧推那么方便，因此要相应地调整负荷重量。

热身运动

最伟大拉伸每侧重复4次，四肢走重复5次，肩部扫动每侧重复8次。

特色训练

高倾斜杠铃推举

1. 将可调整角度的卧推训练架调成60度角。
2. 开始时，眼睛刚好在杠铃杆的正下方（a）。将杠铃降低至胸部乳头上方（b）。保持双肘向胸腔两肋方向屈曲。
3. 让杠铃触碰到胸部，然后用力它推回到起始位置。重复所建议的次数。

完整的锻炼

执行高倾斜杠铃推举1次重复。根据需要充分休息，然后执行2次重复。根据需要充分休息，然后执行3次重复。以这种方式继续进行，直到达到10次重复。之后，就逐步减少重复次数。从10次重复开始递减。根据需要充分休息，然后执行9次重复。以这种方式继续进行，直到达到1次重复。以大约1RM的60%执行所有组的训练。

高倾斜杠铃推举

- 重复次数先从1次到10次，再从10次到1次
- 根据需要进行休息

选项

简易选项 阶梯训练的重复次数逐步增加至6次，然后逐步递减。

进阶选项 每次重复花3秒将杠铃放下。

整理运动 胸部拉伸，双侧背阔肌拉伸，臀部90度角拉伸。

哥斯拉

在1954年的电影中，怪兽哥斯拉大战摩斯拉和超翔龙这样的恶霸，试图拯救城市免受灭顶之灾。在这个锻炼中，你将要对付前蹲、深蹲和蹬腿，目的是将股四头肌变成凶猛的大怪兽。请准备好吼叫吧！

热身运动

相扑蹲举重复5次，跪姿内收肌拉伸、屈髋肌群拉伸和四点撑胸椎旋转每侧重复6次。

特色训练

坐姿蹬腿

1. 双脚平放在蹬腿踏板上，采用和深蹲一样的姿势。
2. 保持下背部稍微弓起，拔掉插头，然后有节奏地降低踏板（a）。
3. 通过允许大腿超过平行位置实现全范围活动，在整个动作过程中保持臀部始终在座位上。
4. 一旦大腿收缩到最小活动范围，就伸直双腿向外蹬踏板（b）。重复所建议的次数。

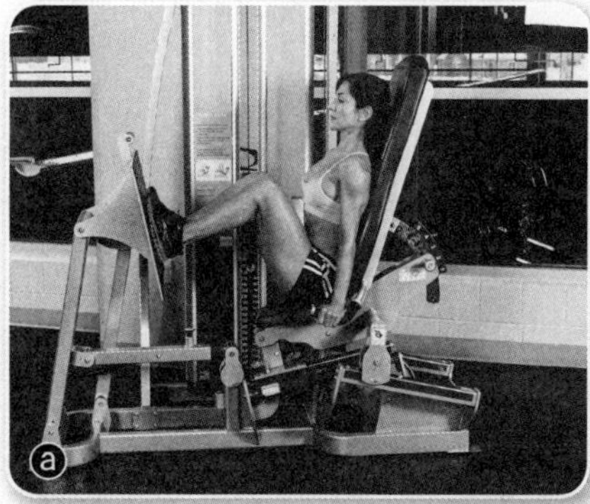

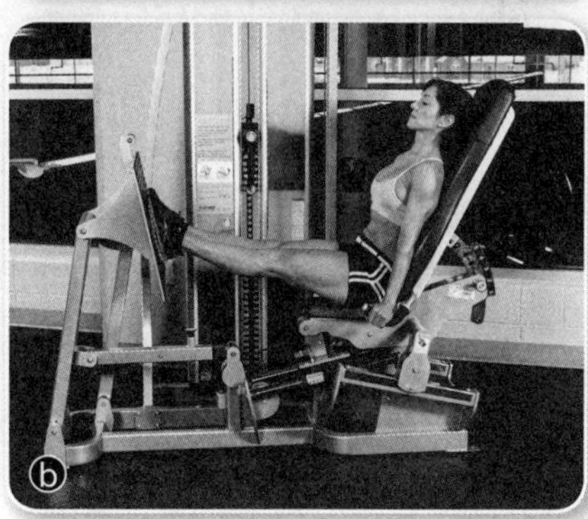

完整的锻炼

完成4轮下面的循环训练。

杠铃前蹲（#44）

- 4次重复
- 休息10秒

杠铃深蹲（#63）

- 4次重复
- 休息10秒

坐姿蹬腿

- 12次重复
- 休息2分钟

选项

简易选项 执行3轮循环训练。

进阶选项 执行4轮循环训练。

整理运动 站立股四头肌拉伸，臀部90度角拉伸，三角肌拉伸。

115

上肢推

无论是因为旅行、假期还是日常琐事，你总会有几天不能去健身房。这并不意味着你不能训练。这个日常训练只需要利用自身的体重就可以有效锻炼肩膀和胸部，不需要任何特殊的训练设备（只需要一根弹力带，一张长凳、沙发或长椅）。

热身运动

相扑蹲举重复5次，跪姿内收肌拉伸、屈髋肌群拉伸和四点撑胸椎旋转每侧重复6次。

特色训练

上斜俯卧撑

1. 面向长凳、椅子或沙发，将双手牢牢放在边缘上，脚趾踩在地板上。从头到脚呈一条直线（a）。
2. 降低身体直到胸部接触长凳、沙发或椅子的边缘（b）。
3. 回到起始位置，重复建议的次数。

完整的锻炼

完成下面的循环训练4轮，在每项训练和每轮之间尽可能少休息。

弹力带俯卧撑（#3）

- 做尽可能多的重复次数，直到没有力气

俯卧撑（#12）

- 做尽可能多的重复次数，直到没有力气

上斜俯卧撑

- 做尽可能多的重复次数，直到没有力气
- 休息2分钟

选项

简易选项 每项训练完成10组。

进阶选项 额外增加1轮循环训练。

整理运动 胸部拉伸，双侧背阔肌拉伸，臀部90度角拉伸。

磨炼胭绳肌

这个锻炼为什么叫磨炼胭绳肌呢？因为你的胭绳肌到时候一定会疼痛不已。做罗马尼亚硬拉训练时，一定要利用髋关节转轴（请参见第1章的内容）。这样做将确保训练的重点是胭绳肌而不是下背部。如果你所在的健身房没有背部伸展训练架，可以在瑞士球上做背部伸展。

热身运动

最伟大拉伸重复4次，四肢走和燕式平衡重复5次，臀桥重复10次。

特色训练

背部伸展

1. 将双脚牢牢放在背部伸展训练架上。
2. 双手交叉放在胸前，双肘弯曲，从腰部屈曲身体（a）。
3. 一旦向下达到最大活动范围，即做反向动作，向上移动上半身，直到从头到脚形成一条直线（b）。在最高点的时候臀部和胭绳肌用力（你的下背部应该不会感觉到压力）。重复所建议的次数。

完整的锻炼

执行该循环训练4轮，每项训练之间休息30秒，每轮训练之间休息90秒。

罗马尼亚哑铃硬拉（#267）

- 10次重复

俯卧弯腿（#168）

- 10次重复

臀部–背肌抬升（#70）

- 10次重复

背部伸展

- 10次重复

选项

简易选项 将俯卧弯腿替换成瑞士球仰卧弯腿（#10）。

进阶选项 在背部伸展过程中将加重药球举过头顶。

整理运动 双侧背阔肌拉伸，胭绳肌拉伸，小腿拉伸。

117

背部冲击波

抓住单杠的哪个部位以及采用什么样的抓握法对将要激活哪些肌群产生重大影响。以相对握法抓住单杠（手掌彼此相对），双手握距与肩同宽，此时针对的是肱二头肌和背阔肌。以旋外握法（手臂远离身体）和更宽的握距抓住单杠时，针对的是中、上背部和前臂。因为宽握距用到的肌肉更少，而且通常情况下也没有那么发达，所以宽握距通常是最有挑战性的姿势。

热身运动

四肢走重复5次，四点撑胸椎旋转每侧身体重复6次，猫驼姿势重复10次。

特色训练

宽握距引体向上

1. 抓住单杠，双手远离肩膀外侧。
2. 以“垂直悬吊”姿势开始每次重复（手臂完全伸直）（a）。
3. 内收肩胛骨，开始向单杠方向牵引身体。要使用中、上背部的肌肉以及背阔肌和肱二头肌。
4. 将胸部提升到单杠位置之后（b），有控制地降低身体回到起始位置。重复所建议的次数。

a

b

完整的锻炼

执行宽握距引体向上1次重复。根据需要充分休息，然后执行2次重复。根据需要充分休息，然后执行3次重复。以这种方式继续进行，直到达到10次重复。之后就逐步减少重复次数。从10次重复开始递减。根据需要充分休息，然后执行9次重复。以这种方式继续进行，直到达到1次重复。

宽握距引体向上

- 重复次数先从1次到10次，再从10次到1次

选项

简易选项 阶梯训练的重复次数逐步增加至6次，然后逐步递减。

进阶选项 在每次重复中花3秒降低身体。

整理运动 双侧背阔肌拉伸，三角肌拉伸，腘绳肌拉伸。

终极深蹲

与任何其他训练相比，深蹲姿势和深蹲深度可能是最个性化的。因为个人的身体结构、力量和舒适体位不同，你需要调整脚的姿势和角度，直到找到最佳点。虽然你应该试着尽可能向下蹲（你将通过深蹲获得运动带来的益处和发达的腿部），但是并不是每个人都有足够的灵活性下蹲到最低位置。你要努力提高踝关节和髋关节的灵活性，如果发现没有取得任何进展，一定要请教有经验的举重运动员或教练，他们能够从你的动作中找到和解决问题。深蹲是非常关键而且有益处的训练，但是如果未能正确执行可能会招致受伤风险。

热身运动

四肢走重复5次，四点撑胸椎旋转每侧身体重复6次，猫驼姿势重复10次。

特色训练

捧杯式深蹲

1. 双臂呈倒V字形握住壶铃的一端，双手护住壶铃的四周边缘（a）。

2. 保持双脚与肩同宽且稍微外翻，挺直胸膛，让壶铃刚好位于锁骨的前方，保持髋关节和膝关节锁定，并向地面降低身体。

3. 有控制地尽可能向下蹲，同时保持挺直的躯干（b）。一旦实现了最大下蹲深度，以反向动作回到起始位置。重复所建议的次数。

a

b

完整的锻炼

完成下面的循环训练4轮。

捧杯式深蹲
- 10次重复
- 休息30秒

杠铃深蹲（#63）
- 8次重复
- 休息30秒

杠铃前蹲（#44）
- 6次重复
- 休息30秒

过顶深蹲（#167）
- 4次重复
- 休息30秒

选项

简易选项 执行3轮循环训练。

进阶选项 给每项训练的每组增加2次重复。

整理运动 双侧背阔肌拉伸，三角肌拉伸，腘绳肌拉伸。

119

下斜杠铃卧推

这个锻炼是给喜欢卧推练习的人准备的（我估计很多人都喜欢）。利用卧推架，它可以让锻炼者从3个不同的角度做杠铃卧推。首先是最有挑战的上斜卧推，然后是水平卧推，最后是下斜卧推。

热身运动

最伟大拉伸每侧重复4次，四肢走重复5次，肩部扫动每侧重复8次。

特色训练

下斜杠铃卧推

1. 在下斜卧推训练架下，双手距离刚好大于肩宽，抓住杠铃，然后将杠铃从杠铃挂钩取下（a）。

2. 下背部保持自然的小幅度屈曲，降低杠铃直到它接触胸部的中间位置。在降低杠铃的过程中，保持双肘向身体两侧屈曲（b）。

3. 用力地将杠铃向上推，直到肘部完全伸展。重复所建议的次数。

a

b

完整的锻炼

执行下面的循环训练5轮，在所有动作中使用相同重量的杠铃。

上斜杠铃卧推（#179）

- 6次重复
- 休息15秒

杠铃卧推（#54）

- 6次重复
- 休息15秒

下斜杠铃卧推

- 12次重复
- 休息2分钟

选项

简易选项 将该循环训练减少至4轮。

进阶选项 将上斜杠铃卧推和杠铃卧推的重复次数增加至8次。

整理运动 胸部拉伸，双侧背阔肌拉伸，臀部90度角拉伸。

强化背阔肌

虽然这里没有替换成引体向上，但是很多人根本无法完成这里的每组多重复次数的下拉锻炼。先从跪姿下拉开始，在你获得足够的引体向上力量之前，它是很好的代替性锻炼。跪姿下拉训练甚至更好（这里的特色训练），因为它更接近模仿引体向上的身体姿势，让髋部配合背阔肌一起发力——这是一种重要的肌肉关系。

热身运动

四肢走重复5次，四点撑胸椎旋转每侧身体重复6次，猫驼姿势重复10次。

特色训练

跪姿下拉

1. 以正握方式抓住滑轮下拉的杠铃杆，双手的握距比肩宽。
2. 双膝跪在座位后方的地面上（a）。
3. 保持胸部挺直，绷紧臀部，将杠铃杆向下拉到锁骨位置（b）。
4. 将杠铃杆放回起始位置，重复建议的次数。

完整的锻炼

A. 下巴过杠引体向上（#73）
- 4组×4次重复
- 休息60秒

B1. 跪姿下拉
- 2组×8～10次重复
- 休息60秒

B2. 交替哑铃划船（#246）
- 2组×6～8次重复
- 休息60秒

B3. 直臂绳索下拉（#139）
- 2组×8～10次重复
- 休息60秒

a

b

选项

简易选项 下巴过杠引体向上每组执行3次重复。

进阶选项 跪姿下拉、交替哑铃划船和直臂绳索下拉各执行3组。

整理运动 双侧背阔肌拉伸，三角肌拉伸，腘绳肌拉伸。

121

高抬腿

如果你在接下来的两天需要步行很长的时间，那么可能需要重新考虑是否做这个锻炼。该锻炼将一系列专注于膝关节屈曲的动作结合起来，等你完成之后，一定会觉得股四头肌被碾压了很长时间，疼痛不已。

热身运动

相扑蹲举重复5次，跪姿内收肌拉伸、屈髋肌群拉伸和四点撑胸椎旋转每侧重复6次。

特色训练

哑铃向上踏步

1. 选择一对哑铃，然后站在阶梯或结实的箱子前面（a）。将左脚放在训练跳箱上。膝盖应该呈90度角（b）。
2. 左脚的脚跟在跳箱上用力蹬伸，使左腿伸直。抬高右脚，将它放在箱子上的左脚的旁边（c）。
3. 右脚回到地面，紧接着左脚也回到地面。这次将右脚踏上箱子顶部，右腿脚跟用力蹬伸。
4. 左脚回到地面，紧接着右脚也回到地面。这就是一个完整的重复。

完整的锻炼

杠铃前蹲（#44）

- 4组 ×6次重复
- 休息90秒

哑铃向上踏步

- 4组 ×10次重复/侧
- 休息60秒

坐姿蹬腿（#114）

- 4组 ×15次重复
- 休息60秒

选项

简易选项 采用捧杯式深蹲（#2）而不是前蹲。

进阶选项 每项训练各增加1组。

整理运动 站立股四头肌拉伸，臀部90度角拉伸，三角肌拉伸。

肩部强化训练

无论你是想获得保龄球运动员的三角肌来撑起T恤，还是想要获得匀称有型的肩膀来撑起裙带，这个肩部强化训练都会满足你的要求。做完锻炼的第二天，如果你在课堂上或者打出租车时举不起手来，请别怪我。

热身运动

最伟大拉伸每侧重复4次，四肢走重复5次，肩部扫动每侧重复8次。

特色训练

哑铃前平举

1. 抓住一对哑铃，双臂垂直，手掌朝向身体，将哑铃放在大腿前面（a）。
2. 同时将两个哑铃举起到肩膀高度。一定要保持双臂伸直（b）。
3. 回到起始位置，重复建议的次数。

完整的锻炼

使用同一对哑铃连续执行所有3个动作。

A. 推举（#16）

- 4组 ×3次重复
- 休息60秒

B1. 上斜哑铃卧推（#210）

- 2组 ×8次重复

B2. 绳索单臂外展（#137）

- 2组 ×8次重复
- 休息45秒

C. 哑铃前平举，哑铃侧平举（#147），坐姿哑铃肩上推举（#209）

- 2组 ×15次重复/动作

a

b

选项

简易选项 最后一个循环训练执行1组。

进阶选项 上斜哑铃卧推和绳索单臂外展各增加1组。

整理运动 胸部拉伸，双侧背阔肌拉伸，臀部90度角拉伸。

123

药球妙用

虽然许多爆发性动作，例如抓举和高翻，需要让杠铃减速，但是药球训练让你可以更加淋漓尽致地释放你的爆发力。这种技术差异优势也能够很好地转换到投掷、跳跃和其他体育活动中。

热身运动

最伟大拉伸每侧重复4次，四肢走重复5次，肩部扫动每侧重复8次。

特色训练

胸前传药球

1. 开始时，身体站立，双脚朝前，双脚之间的距离与髋关节同宽。
2. 将药球（2 ~ 4千克）抱在胸前，双肘向胸腔两肋方向屈曲（a）。
3. 完全伸直双臂，以爆发性的动作将球抛给搭档或者有缓冲垫的墙壁（b）。重复所建议的次数。

a

b

完整的锻炼

完成下面的组合训练6组。

胸前传药球

- 3次重复
- 休息30秒

杠铃卧推（#54）

- 8次重复
- 休息2分钟

选项

简易选项 将杠铃卧推每组的重复次数减少至6次。

进阶选项 将胸前传药球每组的重复次数增加至5次。

整理运动 胸部拉伸，双侧背阔肌拉伸，臀部90度角拉伸。

6-12-25股四头肌

不管你的目标是想要获得完美的股四头肌，让身体变得凹凸有致，还是想要获得一双美腿，以搭配10厘米高的高跟鞋，这个锻炼都会帮助你实现目标。但是要注意：没有人说过获得梦寐以求的双腿是容易的，要做好在该锻炼完成之后的数天内肌肉酸痛的准备。

热身运动

相扑推举重复5次；跪姿内收肌拉伸、屈髋肌群拉伸和四点撑胸椎旋转每侧重复6次。

特色训练

腿部伸展

1. 调整腿部伸展训练机上的后背靠垫，以便坐下时膝关节与机器的转轴对齐（双膝应该刚好与坐垫的边缘对齐）。
2. 保持胸部挺直坐好，小腿接触脚踝垫（a）。
3. 臀部牢牢坐在坐垫上，伸直双腿将杠铃杆抬高，直到膝关节完全伸直锁定（b）。
4. 有控制地将杠铃杆放回开始位置，重复建议的次数。

完整的锻炼

将下面3项训练作为一个循环训练执行，每项训练之间休息10秒，每轮之间休息100秒。一共重复该循环训练4轮。

杠铃前蹲（#44）

- 6次重复
- 休息10秒

杠铃弓箭步下蹲（#112）

- 12次重复
- 休息10秒

腿部伸展

- 25次重复
- 休息100秒

ⓐ

ⓑ

选项

简易选项 执行腿部伸展15次重复。

进阶选项 额外增加1轮，让该循环训练的总轮数达到5轮。

整理运动 站立股四头肌拉伸，臀部90度角拉伸，三角肌拉伸。

125

背部功力

这是侧抬双臂肩部训练还是背部训练呢？都是。向后侧抬双臂当然会动用后三角肌，它通常是肩部用得最少的肌肉。这个动作也用到菱形肌、大圆肌和其他重要的上背部肌肉。该动作的反手握版本（这里的特色训练）还刺激到肩袖，这是对保持肩膀健康非常关键的小肌肉。

热身运动

四肢走重复5次，四点撑胸椎旋转每侧身体重复6次，猫驼姿势重复10次。

特色训练

俯身反握侧平举

1. 抓住一对哑铃，以髋关节为轴向前弯曲身体，直到躯干几乎与地面平行。保持膝关节稍微弯曲。
2. 开始时，哑铃悬垂在肩膀正下方，手掌向前（a）。
3. 向两侧抬起双臂，直到它们与身体齐平（b）。保持躯干的姿势，在抬起过程中不要弯曲手臂。
4. 在控制下将哑铃放回起始位置。重复所建议的次数。

a

b

完整的锻炼

A. 直握引体向上（#237）

- 3组 ×8次重复
- 休息60秒

B1. 站姿绳索抬肘后拉（#127）

- 3组 ×8次重复
- 休息60秒

B2. 俯身反握侧平举

- 3组 ×12次重复
- 休息60秒

选项

简易选项 每个动作完成2组。

进阶选项 每个动作完成4组。

整理运动 双侧背阔肌拉伸，三角肌拉伸，腘绳肌拉伸。

蜘蛛侠

一些训练本身就是很好的力量训练，或者也可以加入动态热身中。蜘蛛侠俯卧撑（这里的特色训练）就是这样的训练。要想在热身的时候使用它，请执行四肢走的双手爬行部分（见第1章“基础准备”），每条腿执行一次蜘蛛侠俯卧撑，然后站起来。以这种方式完成所有剩余的重复次数。

热身运动

最伟大拉伸每侧重复4次，四肢走重复5次，肩部扫动每侧重复8次。

特色训练

蜘蛛侠俯卧撑

1. 首先进入俯卧撑姿势，双手距离稍微比肩宽，双臂伸直，从头到脚呈一条直线。

2. 肘部屈曲，向地面降低身体（保持双肘向胸腔两肋方向收）。在降低身体的同时将左脚从地面上抬起，左腿向侧边摆动，尝试让膝盖碰到肘部（a）。

3. 左腿做相反的动作。左脚到达地面之后，把自己撑起回到起始位置（b）。在另一侧重复该过程（c），继续交替完成所有重复次数。

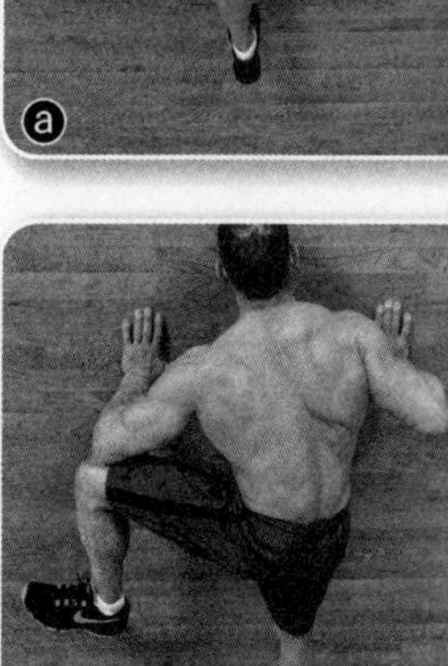
a

完整的锻炼

A. 杠铃卧推（#54）
- 5组×4次重复
- 休息90秒

B1. 上斜哑铃卧推（#210）
- 3组×10次重复
- 休息60秒

B2. 蜘蛛侠俯卧撑
- 3组×8次重复/侧
- 休息60秒

B3. 上拉绳索胸部飞鸟（#157）
- 3组×12次重复
- 休息60秒

b

c

选项

简易选项 执行上斜哑铃卧推、蜘蛛侠俯卧撑和上拉绳索胸部飞鸟各2组。

进阶选项 上斜哑铃卧推、蜘蛛侠俯卧撑和上拉绳索胸部飞鸟的每组各增加2次重复。

整理运动 胸部拉伸，双侧背阔肌拉伸，臀部90度角拉伸。

127

直面困境

肩部健康和改善身体姿势是许多训练计划最容易忽视的两个方面。保持肩关节功能正常和避免受伤无疑对推举动作十分关键，例如卧推。改善身体姿势的同时，身体组成也会很快得到改变。站姿绳索抬肘后拉是这里的特色训练，它在训练伸展肩部、降低姿势的同时加强肩袖和上背部的肌肉系统，从而有助于解决这两个问题。

热身运动

四肢走重复5次，四点撑胸椎旋转每侧身体重复6次，猫驼姿势重复10次。

特色训练

站姿绳索抬肘后拉

1. 将缆绳训练机的缆绳手柄系在刚好低于额头的位置。
2. 身体平行站立，以正握方式抓住绳子的两端（a）。
3. 保持双肘抬高，肩膀下垂，向面部拉绳子，直到它到达肩部上方的耳朵高度位置（b）。上臂应该与地面平行。
4. 伸直手臂将绳子放回起始位置。重复所建议的次数。

完整的锻炼

完成下面的循环训练4轮。

宽握距引体向上（#117）

- 8次重复
- 休息60秒

站姿绳索抬肘后拉

- 12次重复
- 休息60秒

髋关节屈曲坐姿绳索划船（#174）

- 15次重复
- 休息60秒

选项

简易选项 完成3组该循环训练。

进阶选项 宽握距引体向上增加至10次重复。

整理运动 双侧背阔肌拉伸，三角肌拉伸，腘绳肌拉伸。

百变深蹲

除了是非常优秀的腿部训练之外，深蹲还是对新陈代谢最苛刻的训练之一。所以，我们为什么不将深蹲的各种变化版本结合起来，形成一个起高强度的锻炼？这里的锻炼正是达到这样的目的，它将爆发力、力量和这个关键的动作模式结合在一起。

热身运动

相扑蹲举重复5次；跪姿内收肌拉伸、屈髋肌群拉伸和四点撑胸椎旋转每侧重复6次。

特色训练

囚徒下蹲跳

1. 十指交叉放在头后面。头部保持正直（a）。
2. 向后屈髋屈膝，直到进入完全下蹲姿势（b）。
3. 做反向动作并从地面跳起（c）。落地时膝关节微微屈曲，紧接着进入下一次重复。重复所建议的次数。

完整的锻炼

完成下面的循环训练4轮。

囚徒下蹲跳

- 10次重复

杠铃深蹲（#63）

- 10次重复

前脚抬高杠铃分腿蹲（#140）

- 10次重复

囚徒下蹲跳

- 10次重复
- 休息3分钟

a

b

c

选项

简易选项 每个深蹲变化版本执行5次重复。

进阶选项 做囚徒下蹲跳时，将未装杠铃片的杠铃杆放在颈后肩上。

整理运动 站立股四头肌拉伸，臀部90度角拉伸，三角肌拉伸。

129

阿诺德

阿诺德推举以传奇健美先生阿诺德·施瓦辛格的名字命名。通过在开始位置将哑铃放在前肩上，以及更加强调前三角肌和胸膛上部的肌肉，阿诺德推举增加了哑铃过顶肩上推举的活动范围。鉴于阿诺德被认为拥有健美史上最优越的胸部和肩部线条，因此将这个动作加入你的锻炼中是绝对值得的。

热身运动

最伟大拉伸每侧重复4次，四肢走重复5次，肩部扫动每侧重复8次。

特色训练

坐姿阿诺德推举

1. 直立坐在可调节的长凳上。抓住一对哑铃，将它放在肩膀正前方，手掌朝向身体（a）。
2. 向外旋转双手（直到它们所指的方向远离身体），然后将哑铃举过头顶（b）。
3. 将哑铃完全举起在头顶，直到双肘完全伸展。在最高位置时，肱二头肌应该在耳朵附近。
4. 将哑铃降低到最低位置（确保在最低位置转动双手）。重复所建议的次数。

完整的锻炼

A. 上斜哑铃卧推（#210）
- 4组 ×6次重复
- 休息90秒

B1. 坐姿阿诺德推举
- 3组 ×10次重复
- 休息60秒

B2. 哑铃侧平举（#147）
- 3组 ×10次重复
- 休息60秒

选项

简易选项 执行上斜哑铃卧推3组。

进阶选项 哑铃侧平举和坐姿阿诺德推举各加1组。

整理运动 胸部拉伸，双侧背阔肌拉伸，臀部90度角拉伸。

向上踏步

虽然向上踏步是伸展膝关节的训练（开始时膝关节是屈曲的，然后伸直），看起来可能类似于腿部伸展或蹬腿，但是实际上它被归类为髋关节伸展训练。因此，在该训练中不要强调伸直膝关节，而是强调向上伸展髋关节，让后部动力链获得很多益处。股四头肌会参与进来吗？当然。但是不要降低腘绳肌和臀肌在该动作中的分量。

热身运动

最伟大拉伸每侧重复4次，四肢走和燕式平衡重复5次，臀桥重复10次。

特色训练

杠铃单腿向上踏步

1. 将杠铃横跨在后肩上，站在长凳或箱子的右前方，将左脚踏上去（a）。
2. 保持胸部挺直，左脚跟用力蹬箱，完全伸直膝关节（右脚应保持在箱子的外侧）（b）。
3. 有控制地降低身体，直到右脚回到地面（左脚仍然在箱子上）。一侧腿完成所有重复次数之后再换另一侧腿。

完整的锻炼

A. 杠铃前蹲（#44）
- 4组 ×3次重复
- 休息90秒

B1. 杠铃单腿向上踏步
- 3组 ×6次重复/侧
- 休息30秒

B2. 腿部伸展（#124）
- 3组 ×10次重复
- 休息30秒

B3. 反向伸髋（#263）
- 3组 ×12次重复
- 休息30秒

a

b

选项

简易选项 将杠铃单腿向上踏步、腿部伸展和反向伸髋的组数减少至6组。

进阶选项 每项训练增加2组。

整理运动 双侧背阔肌拉伸，三角肌拉伸，腘绳肌拉伸。

131

手臂力量

由于某些原因，在今天的功能性健身领域，手臂训练的“名声”很不好。然而，手臂的力量和大小在各种各样的体育运动（想想美式橄榄球的前锋）、其他举重（所有人在硬拉中都会使用很大的握力）和日常生活（例如拉着行李箱通过机场）中都非常有用。这个锻炼将复合动作（例如下巴过杠引体向上和窄握距卧推）和隔离动作结合起来，从而让手臂获得巨大的力量。

热身运动

最伟大拉伸每侧重复4次，四肢走重复5次，肩部扫动每侧重复8次。

特色训练

窄握距卧推

1. 在卧推训练机上举起杠铃。眼睛刚好在杠铃杆的正下方，双脚、臀部、上背部和头部贴在长凳上。
2. 双手的握距略小于肩宽（a）。
3. 降低杠铃至胸部的中间位置，保持双肘向胸腔两肋方向屈曲内收。
4. 用力将杠铃推举到起始位置，重复建议的次数。

a

b

完整的锻炼

A1. 下巴过杠引体向上（#73）

- 3组 ×8次重复
- 休息60秒

A2. 窄握距卧推

- 3组 ×8次重复
- 休息60秒

B1. 三位置曲杆弯举（#151）

- 3组 ×10次重复
- 休息60秒

B2. 下斜曲杆肱三头肌伸展（#145）

- 3组 ×10次重复
- 休息60秒

选项

简易选项 用跪姿下拉（#120）或者引体向上辅助机器代替下巴过杠引体向上。

进阶选项 通过使用加重背心或者悬重皮带来给下巴过杠引体向上增加额外的重量。

整理运动 双侧背阔肌拉伸，三角肌拉伸，腘绳肌拉伸。

死亡初现

通过削减肌肉拉长–缩短周期（在主动拉长肌肉之后马上收缩该肌肉，该动作通常与跳跃和其他增强式训练有关），这里的特色训练“无反向跳跃”完全依赖所储备的肌张力来发出力量。虽然这可以帮助你发展爆发力，但是它将限制你跳跃的高度和长度。因此，要相应地做出改变，例如采用更矮的箱子。

热身运动

相扑蹲举重复5次，跪姿内收肌拉伸、屈髋肌群拉伸和四点撑胸椎旋转每侧重复6次。

特色训练

无反向跳跃

1. 将两个高度不同的箱子放在大约相距1米远的地方（距离取决于你的身高）。
2. 坐在比较矮的箱子的边缘上，保持胸部挺直，双脚平放在身体前方，膝盖屈曲90度角（a）。
3. 身体向前摆动，不要因此产生任何动能。双脚用力蹬伸地面，向上跳到比较高的箱子上（b）。
4. 落足时双膝微屈（c）。从箱子上走下来，并重复建议的次数。

a

b

c

完整的锻炼

A. 无反向跳跃
- 4组×6次重复

B1. 杠铃前蹲（#44）
- 3组×4 ~ 6次重复
- 休息90秒

B2. 前脚抬高杠铃分腿蹲（#140）
- 3组×6 ~ 8次重复
- 休息90秒

B3. 坐姿蹬腿（#114）
- 3组×8 ~ 10次重复
- 休息90秒

选项

简易选项 执行杠铃前蹲、前腿抬高杠铃分腿蹲和坐姿蹬腿各2组。

进阶选项 执行杠铃前蹲、前腿抬高杠铃分腿蹲和坐姿蹬腿各4组。

整理运动 站立股四头肌拉伸，臀部90度角拉伸，三角肌拉伸。

胸部锻炼

对于增大肌肉（增加肌肉），训练量，即锻炼的总量，是重中之重。

在同一次训练中反复使用不同的动作来锻炼相同的肌群并不是增加力量的最佳方法，当然如果你的目标是增加肌肉，那么使用多项训练来锻炼相同的肌群是不二之选。

热身运动

最伟大拉伸每侧重复4次，四肢走重复5次，肩部扫动每侧重复8次。

特色训练

下斜哑铃飞鸟

1. 抓住一对哑铃，脸部朝上躺在下斜的长凳上。
2. 将哑铃举在胸部上方，手掌彼此相对，肘部应该稍微弯曲（a）。
3. 稍微向肩膀方向慢慢降低哑铃，直到哑铃与肩膀呈一条直线（b）。在整个举起哑铃的过程中，保持肘部的屈曲角度不变。
4. 将哑铃举到起始位置，重复建议的次数。

完整的锻炼

A. 杠铃卧推（#54）
- 4组×8次重复
- 休息90秒

B1. 从高到低绳索飞鸟（#62）
- 2组×10次重复
- 休息30秒

B2. 下斜哑铃飞鸟、哑铃胸部飞鸟
- 2组×12次重复
- 休息30秒

B3. 弹力带俯卧撑（#3）
- 2组×20次重复
- 休息30秒

选项

简易选项 将俯卧撑（#12）替换为弹力带俯卧撑。

进阶选项 从高到低绳索飞鸟每组增加2次重复，弹力带俯卧撑每组增加5次重复。

整理运动 胸部拉伸，双侧背阔肌拉伸，臀部90度角拉伸。

134

向后倾斜

增加上半身的整体力量的关键方法之一就是让背部中段的小肌肉更加发达。

虽然背阔肌和斜方肌上束完成了大部分工作，但是菱形肌、三角肌后束、斜方肌中束、斜方肌下束在上拉训练中对于实现全范围活动非常重要，而且在推举训练中形成结实的“架子”。这里的特色训练“倾斜下巴过杠引体向上”是在离心阶段（下降阶段）锻炼这些通常比较薄弱的肌肉的好方法。

热身运动

四肢走重复5次，四点撑胸椎旋转每侧身体重复6次，猫驼姿势重复10次。

特色训练

倾斜下巴过杠引体向上

1. 以掌心向上的抓握法抓住单杠（手掌心朝向身体方向），双手握距与肩同宽（a）。

2. 向下收缩肩胛骨，将身体向单杠方向拉，试图让胸部接触单杠。

3. 达到最高位置之后，身体向后倾斜，相对于单杠形成夹角更小的姿势（b）。

4. 在将身体下降至起始位置的过程中，保持该姿势（c）。重复所建议的次数。

完整的锻炼

完成下面的循环训练4轮。

倾斜下巴过杠引体向上

- 8次重复
- 休息60秒

髋关节屈曲坐姿绳索划船（#174）

- 10次重复
- 休息90秒

直臂绳索下拉（#139）

- 12次重复
- 休息90秒

选项

简易选项 将倾斜下巴过杠引体向上替换为下巴过杠引体向上（#73）或者跪姿下拉（#120）。

进阶选项 给倾斜下巴过杠引体向上增加额外负荷。

整理运动 双侧背阔肌拉伸，三角肌拉伸，腘绳肌拉伸。

135

轰炸三头肌

谈到减脂营养饮食，对大多数人来说问题不是吃什么类型的食物，而是怎么准备这些食物，以便在吃饭的时候能够吃到它们。每周腾出几个晚上（例如星期日晚上和星期三晚上）来准备饭菜，这样就可以带食物到学校或公司里去，这对正在减肥的人而言十分有用。事实上，如果你主要的目标是减肥，每周花两天晚上时间来准备和吃优质餐很可能比将这两天晚上用来锻炼更重要。所以，每周要停止训练两个晚上，利用该时间来准备一些帮助你达到目标的饭菜。

热身运动

四肢走重复5次，四点撑胸椎旋转每侧身体重复6次，猫驼姿势重复10次。

特色训练

单臂绳索下压

1. 给高拉绳索训练机系上一个D形手柄。以旋内握法抓住手柄（掌心朝地面）。躯干稍微前倾，前腿膝关节微微屈曲（a）。
2. 保持上臂锁定在胸腔一侧，伸展肘部，直到手臂伸直（b）。在最后位置绷紧肱三头肌。
3. 将前臂向上移动，直到它与地面平行。在一侧完成所有重复次数之后再切换到另一侧。

完整的锻炼

A. 地面杠铃卧推（#166）

- 4组×6次重复
- 休息90秒

B1. 单臂绳索下压

- 3组×10次重复/侧
- 休息45秒

B2. 下斜曲杆肱三头肌伸展（#145）

- 3组×10次重复
- 休息45秒

ⓐ

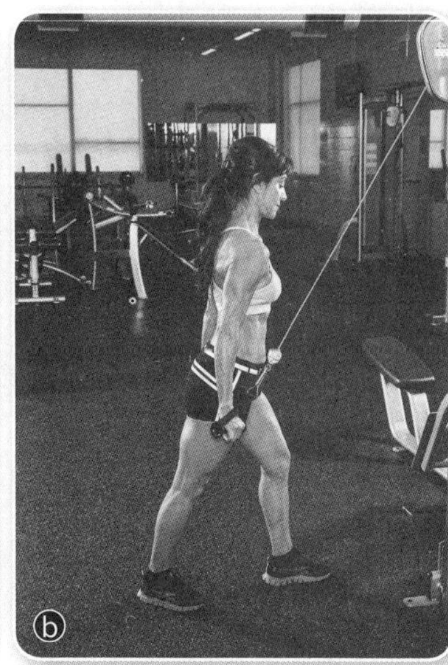
ⓑ

选项

简易选项 执行单臂绳索下压和下斜曲杆肱三头肌伸展各2组。

进阶选项 单臂绳索下压和下斜曲杆肱三头肌伸展各增加1组。

整理运动 双侧背阔肌拉伸，三角肌拉伸，腘绳肌拉伸。

小腿狂舞

虽然遵守训练设备上标示的安全事项非常重要，但是你偶尔会发现有些设备具有多种用途。在这里的特色训练“小腿三头肌蹬伸”中，你将使用腿部推举训练机器来让小腿三头肌超负荷工作，给腓肠肌施加真正的压力。所以，虽然不希望你在所选择的训练和设备上过于发挥想象力，但是适度发挥你的想象力是有好处的，可以想到新的方式来训练肌肉。

热身运动

最伟大拉伸重复4次，四肢走和燕式平衡重复5次，臀桥重复10次。

特色训练

小腿三头肌蹬伸

1. 坐在腿部推举训练机器上，仅将足前部放在底部的踏板上（脚跟应该在踏板之外）保持背屈的姿势。伸直双腿，让踏板脱离关卡，并保持双腿锁定（a）。

2. 不要屈曲膝盖，脚趾向前伸，以伸展小腿肌群（b），控制2秒。

3. 让踏板慢慢降低，直到感觉到小腿肌群有强烈的拉扯感，暂停2秒。

4. 继续屈曲和伸展，完成所有重复次数。然后重新卡住踏板。

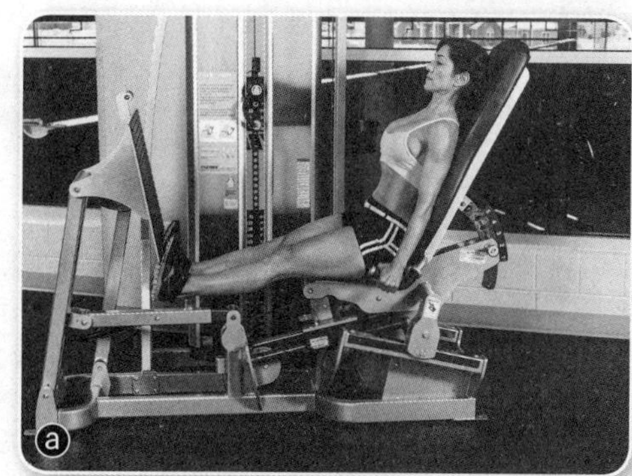
a

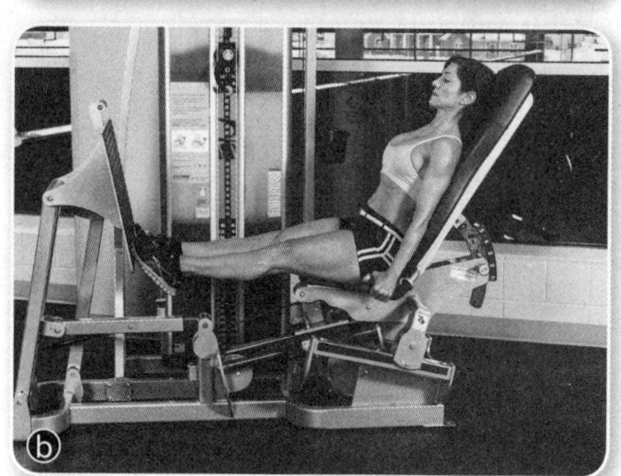
b

完整的锻炼

A. 杠铃前蹲（#44）
- 4组 ×6次重复
- 休息90秒

B1. 小腿三头肌蹬伸
- 3组 ×10次重复
- 休息45秒

B2. 坐姿提踵（#154）
- 3组 ×10次重复
- 休息45秒

选项

简易选项 执行小腿三头肌蹬伸和坐姿提踵各2组。

进阶选项 小腿三头肌蹬伸和坐姿提踵各增加1组。

整理运动 站立股四头肌拉伸，臀部90度角拉伸，三角肌拉伸。

137

肩负重任

最有争议、经常讨论的训练之一就是直立划船。支持者认为它能够很好地增加肩膀肌肉，而且是奥林匹克举重要求的上拉动作的引导。反对者认为直立划船很容易导致肩膀受伤。那么，谁是正确的？客观来看，双方的观点都有其正确的一面（除了关于奥林匹克举重的部分，该部分完全相反）。不同的人有不同的肩峰类型（肩关节的一个骨结构），有些人做直立划船没有任何问题，而有些人做该动作会导致肩关节撞击综合征。因为有三分之二的人的肩峰不适合做该动作，否则会引起疼痛，所以安全总比后悔好。还有很多其他动作可以帮助加强肩部的力量和增强肩部的肌肉，例如绳索单臂外展。

热身运动

最伟大拉伸每侧重复4次，四肢走重复5次，肩部扫动每侧重复8次。

特色训练

绳索单臂外展

1. 给低拉训练器系上一个D形手柄。身体站立，让身体的左侧面向配重片，右手左臀部的正前方抓住手柄（a）。

2. 肘部稍微屈曲，向上横跨身体拉手柄，直到肩膀已经向外旋转到最大幅度（b）。

3. 让绳索回到起始位置。在一侧完成所有重复次数之后再切换到另一侧。

a

b

完整的锻炼

A. 推举（#16）
- 4组 ×4次重复
- 休息90秒

B1. 坐姿哑铃肩上推举（#209）
- 3组 ×8次重复
- 休息45秒

B2. 绳索单臂外展
- 3组 ×8次重复/侧
- 休息45秒

B3. 站姿绳索抬肘后拉（#127）
- 3组 ×10次重复
- 休息45秒

选项

简易选项 执行坐姿哑铃肩上推举、绳索单臂外展和站姿绳索抬肘后拉各2组。

进阶选项 执行坐姿哑铃肩上推举、绳索单臂外展和站姿绳索抬肘后拉至30秒。

整理运动 胸部拉伸，双侧背阔肌拉伸，臀部90度拉伸。

2分钟蹬腿

你可以在2分钟内得到很好的锻炼吗？如果你每天只锻炼2分钟，而且每天都是这样，那肯定不行。然而，我向你保证，如果你全力投入这个锻炼中，那么在接下来的2天里你将很难从椅子上站起来。这个2分钟的蹬腿动作曾经是为下坡滑雪者设计的，它模拟了下坡滑行的各种要求。而对你而言，2分钟蹬腿只不过是力量、耐力、毅力和胆量的考验之一。目标是以大约1RM的60%完成至少50次重复。做完之后，我保证你要花2分钟以上的时间才能恢复。这项训练也非常适合安排在腿部训练结束前。

热身运动

相扑蹲举重复5次；跪姿内收肌拉伸、屈髋肌群拉伸和四点撑胸椎旋转每侧重复6次。

特色训练

坐姿蹬腿

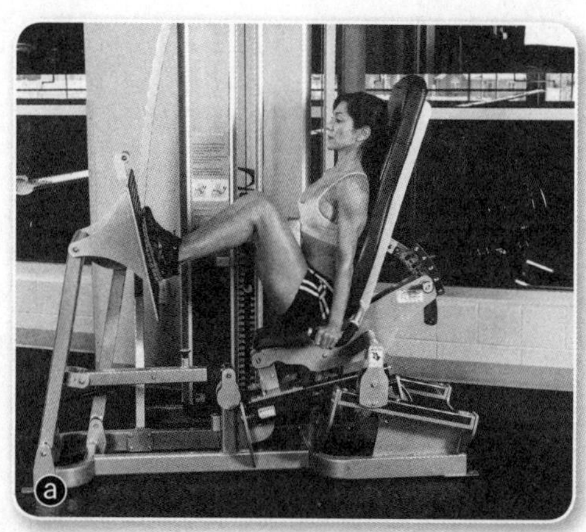
a

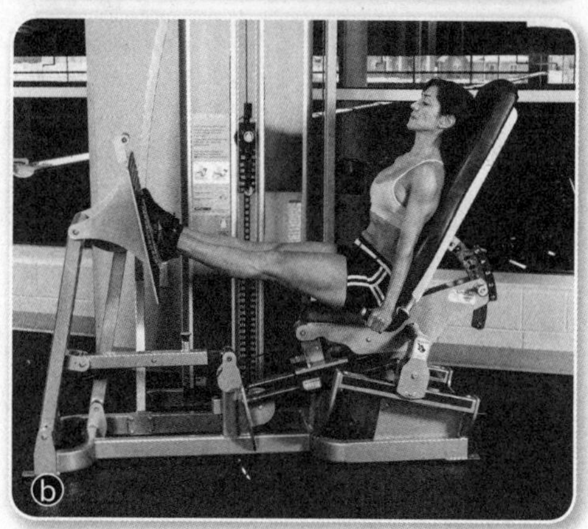
b

1. 坐在蹬腿训练机上，保持胸部挺直，头部靠在垫子上，保持下背部稍微弓起。
2. 打开安全锁定机关，降低踏板，直到达到最大活动范围（a）。将它蹬回起始位置，完成1次重复（b）。
3. 在该动作中，你的脚的位置将决定所锻炼的肌肉。双脚距离比较窄且放在踏板靠下位置，将让股四头肌得到更多锻炼；双脚距离比较宽且放在踏板靠上位置，将让臀肌得到更多锻炼。

完整的锻炼

将坐姿蹬腿的负荷设置为大约1RM的60%，然后在2分钟内尽可能执行更多的重复次数。

坐姿蹬腿

- 2分钟 × 尽可能多的重复次数

选项

简易选项 使用1RM的50%。

进阶选项 使用1RM的70%。

整理运动 站立股四头肌拉伸，臀部90度拉伸，三角肌拉伸。

139

25-6-12背部锻炼

后部动力链（你自己在镜子中不能看到的肌肉）是产生世界级运动表现的肌肉。这个锻炼将背部的主要肌群的力量、大小和耐力结合在一起，让你为球场、跑道和游泳池中发生的一切挑战做好准备。

热身运动

四肢走重复5次，四点撑胸椎旋转每侧身体重复6次，猫驼姿势重复10次。

特色训练

直臂绳索下拉

1. 给高拉缆绳训练机系上一个一字形手柄。
2. 以正握方式抓住手柄，双手握距与肩同宽。膝关节应该稍微屈曲，躯干稍微向前倾斜（a）。
3. 开始时，双臂放在肩膀高度。保持双臂伸直，向下拉手柄，直到它到达大腿的中间位置（b）。收缩背阔肌，让手柄回到起始位置。重复所建议的次数。

完整的锻炼

将下面3项训练作为一个循环训练执行，每项训练之间休息10秒，每轮之间休息100秒。一共重复该循环训练4轮。

引体向上（#231）

- 6次重复
- 休息10秒

髋关节屈曲坐姿绳索划船（#174）

- 12次重复
- 休息10秒

直臂绳索下拉

- 25次重复
- 休息100秒

ⓐ

ⓑ

选项

简易选项 将引体向上替换为跪姿下拉（#120），并执行直臂绳索下拉15次重复。

进阶选项 额外增加1轮，让该循环训练的总轮数达到5轮。

整理运动 双侧背阔肌拉伸，三角肌拉伸，腘绳肌拉伸。

最大重量硬拉

几乎对每个举重运动员而言，不管是老手还是新手，也不管是男性还是女性，他们尝试在硬拉中拉起的最大重量就是他们所碰到的最大重量。硬拉需要几个主要肌群的协调工作，包括小腿三头肌、腘绳肌、臀肌、下背部和上背部肌肉、前臂肌肉以及斜方肌。虽然让所有这些主要工作肌群作为一个整体准确协作很困难，但是你能够利用这些肌肉的能力让你可以提起更大的重量。因此，一旦你觉得对该动作模式有信心，就不要害怕给杠铃增加重量，然后将它从地面提起。

热身运动

最伟大拉伸每侧重复4次，四肢走和燕式平衡重复5次，臀桥重复10次。

特色训练

前脚抬高杠铃分腿蹲

1. 开始时，将杠铃横跨在后肩上，就像在杠铃深蹲中所做的一样。
2. 采取分腿站立姿势，将前脚放在8厘米高的箱子或台阶上（a）。
3. 保持胸部挺直，双肘放在杠铃杆下方，双膝屈曲降低身体，直到后面的膝盖接触地面或者距离地面2.5厘米（b）。在整个动作过程中，前面的小腿应该保持垂直。
4. 前脚用力蹬伸，呈直立姿势，回到起始位置。在一侧完成所有重复次数之后再换到另一侧。

完整的锻炼

增加每组硬拉所使用的重量，直到最后一组达到最大重量。

A. 常规硬拉（#5）
- 5组 ×5次、3次、1次、1次、1次重复
- 休息90秒

B1. 坐姿蹬腿（#114）
- 2组 ×10次重复
- 休息60秒

B2. 前脚抬高杠铃分腿蹲
- 2组 ×10次重复（每侧腿5次）
- 休息60秒

B3. 坐姿提踵（#154）
- 2组 ×10次重复
- 休息60秒

选项

简易选项 取消硬拉的最后一个单次重复。

进阶选项 给常规硬拉增加两个最大重量的单次重复。

整理运动 双侧背阔肌拉伸，腘绳肌拉伸，小腿拉伸。

幸运 7

当然，如果在抽奖机上看到3个7一字排开，你可就幸运了。但是在这个锻炼中，3个7带你给只有疼痛的胸肌和肱三头肌。通过不断地让相同的肌群超负荷工作——虽然每组的重复次数较少，但是你的胸肌与肱三头肌将会变得特别疲惫。

热身运动

最伟大拉伸每侧重复4次，四肢走重复5次，肩部扫动每侧重复8次。

特色训练

双臂屈伸

1. 使用双臂屈伸把手的时候，双手距离应该与肩同宽。

2. 向上跃起让双臂伸直，保持躯干挺直，头部朝前（a）。

3. 降低身体，让双肘屈曲并内收到身体后方。保持眼睛向前看。当二头肌触碰到前臂时，就达到了最低位置（在最低位置时屈曲的肘部必须能够夹住一支铅笔）（b）。

4. 向上推回起始位置，重复建议的次数。

a

b

完整的锻炼

这个锻炼作为递减阶梯执行。执行7次双臂屈伸，紧接着执行7次俯卧撑。然后不休息，马上执行6次双臂屈伸，紧接着是6次俯卧撑。按照这种次数递减的方式进行，直到达到1次重复。

双臂屈伸

- 7组，各组完成的重复次数依次为7次、6次、5次、4次、3次、2次、1次

俯卧撑（#12）

- 7组，各组完成的重复次数依次为7次、6次、5次、4次、3次、2次、1次

选项

简易选项 从每个动作5次重复开始这个阶梯训练。

进阶选项 从每个动作10次重复开始这个阶梯训练。

整理运动 胸部拉伸，双侧背阔肌拉伸，臀部90度角拉伸。

划船比赛

在执行某些动作时，例如绳索划船、站姿绳索抬肘后拉或者俯卧撑时，要避免可怕的下巴前倾，即倾向于向前伸出下巴。因为眼睛是所有空间关系的关键，很多人会向前伸出下巴以努力减少训练的活动范围（即，他们在做俯卧撑时会让脸部更加靠近地面，因为这看起来他们更接近全范围活动）。然而，这不仅限制全范围活动，而且会让脖子的肌肉过度工作，形成不良的姿势和较差的稳定性。在这些训练中要专注于让脊椎保持自然的姿势，只有这样才能从训练中获得更多的好处。

热身运动

四肢走重复5次，四点撑胸椎旋转每侧身体重复6次，猫驼姿势重复10次。

特色训练

绳索交替坐姿划船

1. 给坐式划船训练机的缆绳装上手柄。以相对握的方式抓住手柄，将双脚放在踏板上，膝盖稍微屈曲，肩胛骨收缩，保持胸部挺直（a）。

2. 用右臂将缆绳拉到身体的胸腔一侧，确保不要伸展髋关节或者转动躯干（b）。

3. 在终点位置暂停，接触到背阔肌之后才将手柄放回到起始位置（在放回过程中固定住髋关节）。在另一侧完成一次重复（c）。

完整的锻炼

A. 下巴过杠引体向上（#73）
- 4组 × 尽可能多的重复次数
- 休息90秒

B1. 直臂绳索下拉（#139）
- 4组 × 10次重复
- 休息45秒

B2. 绳索交替坐姿划船
- 4组 × 10次重复/侧
- 休息45秒

C. 划船（#212）
- 500米

选项

简易选项 B组中的训练每项执行3组。

进阶选项 休息90秒，然后重复500米的划船动作。

整理运动 双侧背阔肌拉伸，三角肌拉伸，腘绳肌拉伸。

143

腿部冲击波

如果你足够幸运，在一个使用非标准的、可替代设备的健身房训练，你将会受益良多，因为可以利用这些设备来给训练增加一些变化动作。例如，辅助深蹲杆、粗手柄和雪橇等，不仅可以提供独特的刺激，还可以给锻炼增加多样性。不要害怕抓起独特的训练设备，你可以偶尔将它们加入锻炼中。

热身运动

相扑蹲举重复5次；跪姿内收肌拉伸、屈髋肌群拉伸和四点撑胸椎旋转每侧重复6次。

特色训练

侧弓箭步

1. 开始时，身体站直，双脚与髋同宽（a）。

2. 将右脚踏出到侧边（距离为臀部宽度的两倍），右膝屈曲，沿着右臀降低身体。左腿应保持伸直，双脚应该指向外侧（b）。

3. 用力蹬伸右脚，回到开始位置。

4. 在右侧完成所有重复次数之后再切换到左侧。

完整的锻炼

执行杠铃深蹲1次重复。根据需要充分休息，然后执行第2次重复。根据需要充分休息，然后执行第3次重复。以这种方式继续进行，直到达到10次重复。之后就逐步减少重复次数，从10次重复开始递减。根据需要充分休息，然后执行第9次重复。以这种方式继续进行，直到达到1次重复。以大约1RM的60%执行所有组。

A. 杠铃深蹲（#63）

- 重复次数先从1次到10次，再从10次到1次
- 根据需要休息

B. 侧弓箭步

- 2组 × 8次重复/侧
- 休息60秒

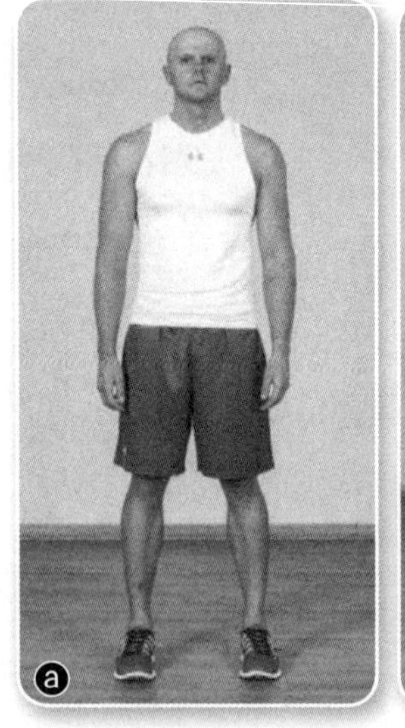
a

b

选项

简易选项 阶梯训练的重复次数逐步增加至6次，然后逐步递减。

简易选项 每次重复花3秒将杠铃放下。

整理运动 站立股四头肌拉伸，臀部90度角拉伸，三角肌拉伸。

大力三角肌

毫不夸张地说，肩关节是参与上半身动作的最为关键、最为复杂的关节之一。因此，照顾好你的肩膀至关重要，方法是加入充足的灵活性训练，根据需要做更多组的热身运动，以及加强对较小的肩袖肌和较大的三角肌的锻炼。在肩部灵活性和稳定性之间找到平衡点是避免受伤的关键。

热身运动

最伟大拉伸每侧重复4次，四肢走重复5次，肩部扫动每侧重复8次。

特色训练

弓箭步跪姿壶铃单臂过顶推举

1. 采取弓箭步跪姿势，左脚和右膝在地面上（可能需要使用垫子）。左腿膝关节应该呈90度，左脚位于左侧正前方。

2. 右手握住一个壶铃，壶铃放置在肩膀的外侧（a）。

3. 保持肘部贴紧身体，绷紧腹肌，将壶铃举过头顶（b）。

4. 将壶铃放回起始位置。在右侧完成所有重复次数之后，切换弓箭步跪姿势（这次左膝在地面上），然后左臂将壶铃举起。

完整的锻炼

A. 杠铃过顶推举（#36）
- 5组 ×4次重复
- 休息2分钟

B1. 弓箭步跪姿壶铃单臂过顶推举
- 3组 ×8次重复/侧
- 休息60秒

B2. 哑铃侧平举（#147）
- 3组 ×8次重复
- 休息60秒

a

b

选项

简易选项 执行弓箭步跪姿壶铃单臂过顶推举和哑铃侧平举各3组。

进阶选项 在侧抬双臂的最高点加入2秒暂停。

整理运动 胸部拉伸，双侧背阔肌拉伸，臀部90度角拉伸。

危险的武器

让我们面对事实：在你第一次走进健身房时，你的主要目标之一就是获得一双结实、强壮的手臂。通过安排一些最为有效的肱二头肌和肱三头肌训练超级组（这两项训练交替进行，切换时短暂休息），该训练将帮助你进一步增大双臂围度，同时短暂的休息有助于提供足够的动力。

热身运动

最伟大拉伸每侧重复4次，四肢走重复5次，肩部扫动每侧重复8次。

特色训练

下斜曲杆肱三头肌伸展

1. 躺在下斜的长凳上，给曲杆装杠铃片时需有训练搭档在旁。

2. 抓住曲杆，双手距离与肩同宽，双臂在胸膛上方完全伸直（a）。

3. 保持上臂不动，屈曲肘部，向额头方向降低曲杆。

4. 到达最低位置之后（b），做反向动作，将曲杆向上推直到双臂锁定。重复所建议的次数。

a

b

完整的锻炼

A1. 下巴过杠引体向上（#73）

- 3组 ×8次重复
- 休息30秒

A2. 哑铃交替锤式弯举（#230）

- 3组 ×12次重复/侧
- 休息30秒

B1. 双臂屈伸（#141）

- 3组 ×8次重复
- 休息30秒

B2. 下斜曲杆肱三头肌伸展

- 3组 ×12次重复
- 休息30秒

选项

简易选项 用跪姿下拉（#120）或者引体向上辅助机器代替下巴过杠引体向上。

进阶选项 通过使用加重背心或者悬重皮带来给下巴过杠引体向上和双臂屈伸增加额外的重量。

整理运动 胸部拉伸，双侧背阔肌拉伸，臀部90度角拉伸。

弹力带跑步

弹力带是热身运动或者循环训练的出色工具。一些动作，例如屈膝侧向弹力带行走（这里的特色训练），能够很好地锻炼到传统的复合动作无法锻炼到的肌肉，例如臀中肌。如果在锻炼组结束之后，你感觉到臀部两侧像是着了火一样，那么你就做对了！

热身运动

相扑蹲举重复5次，跪姿内收肌拉伸、屈髋肌群拉伸和四点撑胸椎旋转每侧重复6次。

特色训练

屈膝侧向弹力带行走

1. 将弹力带套在双腿上，刚好在膝盖位置以上。
2. 身体呈半蹲姿势，两个膝盖向外移动。保持胸部挺直，双脚朝前（a）。
3. 尽量减少上半身的任何动作，左脚蹬地并抬起，开始向右侧移动（b）。在移动的过程中不要抬高臀部。
4. 向右完成了所有重复次数之后，向左侧移动并重复相同次数。

完整的锻炼

A. 杠铃前蹲（#44）
- 6组×4次重复
- 休息90秒

B1. 俄式向上踏步（#9）
- 2组×8次重复/侧
- 休息60秒

B2. 髋关节滑动内收（#156）
- 2组×10次重复
- 休息60秒

B3. 屈膝侧向弹力带行走
- 2组×10次重复/侧
- 休息60秒

a

b

选项

简易选项 执行杠铃前蹲4组。

进阶选项 俄式向上踏步、髋关节滑动内收和屈膝侧向弹力带行走各增加1组。

整理运动 站立股四头肌拉伸，臀部90度角拉伸，三角肌拉伸。

147

肩部负重锻炼

和很多其他肌群不一样，三角肌（肩膀上的肌肉）由多种肌肉纤维类型组成。这意味着它们既能够很好地响应较少重复次数的爆发力和力量动作，又能够很好地响应高重复次数训练组，后者通常与增大肌肉和增加耐力有关。所以，如果你想要有结实、大个的肩膀，一定要变化重复次数的范围。

热身运动

最伟大拉伸每侧重复4次，四肢走重复5次，肩部扫动每侧重复8次。

特色训练

哑铃侧平举

1. 抓住一对哑铃，双臂垂直在身体两侧，手掌彼此相对（a）。
2. 保持双臂伸直，将哑铃从身体两侧抬起，直到它们到达肩膀的高度（b）。
3. 将哑铃放回到起始位置，重复建议的次数。

完整的锻炼

杠铃过顶推举（#36）

- 4组 ×4次重复
- 休息60秒

哑铃侧平举

- 4组 ×12次重复
- 休息2分钟

a

b

选项

简易选项 每项训练完成3组。

进阶选项 每项训练完成5组。

整理运动 胸部拉伸，双侧背阔肌拉伸，臀部90度角拉伸。

伸髋训练

反向屈膝伸髋类似于反向腹背训练（#263）。和反向腹背训练一样，反向屈膝伸髋是针对臀大肌和腘绳肌的出色锻炼方式。如果在反向腹背训练或者臀部-股后肌群抬升的过程中，你感到下背部而不是臀部有压力，那么反向屈膝伸髋可能是很好的代替训练，因为它使背部处于锁定位置，让你可以更专注于所训练的肌肉。顺便说一句，不要因为这项训练让隔离腘绳肌变得容易而将它看成很容易的训练，否则你就上当了。

热身运动

最伟大拉伸重复4次，四肢走和燕式平衡重复5次，臀桥重复10次。

特色训练

反向屈膝伸髋

1. 面部朝下趴在罗马椅或长凳的边缘。躯干应该接触长凳，但是臀部应该从长凳的边缘垂下。
2. 抓住长凳，双腿向身后伸直（b）。
3. 保持背部锁定不动，膝关节屈曲90度角。
4. 将双腿伸回起始位置，并重复建议的次数。

a

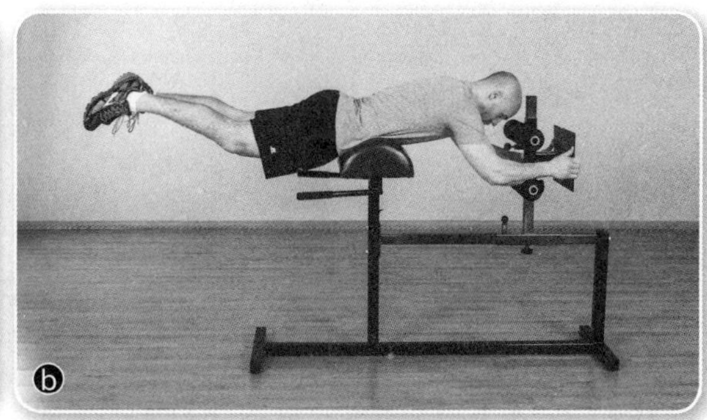
b

完整的锻炼

A. 相扑硬拉（#82）
- 4组×3次重复
- 休息90秒

B1. 俯卧弯腿（#168）
- 3组×8次重复
- 休息30秒

B2. 哑铃向上踏步（#121）
- 3组×8次重复/侧
- 休息30秒

B3. 反向屈膝伸髋
- 3组×12次重复
- 休息30秒

选项

简易选项 执行俯卧弯腿、哑铃向上踏步和反向屈膝伸髋各2组。

进阶选项 俯卧弯腿、哑铃向上踏步和反向屈膝伸髋各增加2次重复。

整理运动 双侧背阔肌拉伸，腘绳肌拉伸，小腿拉伸。

149

增强肱二头肌

与完整的反握或者旋内握弯举相比，站立佐特曼哑铃弯举（这里的特色训练）可以让你在举重的离心阶段（降低部分）超负荷工作，它是非常出色的哑铃弯举变化动作，不仅可以增强肱二头肌，还可以增加前臂的力量。

热身运动

最伟大拉伸每侧重复4次，四肢走重复5次，肩部扫动每侧重复8次。

特色训练

站立佐特曼哑铃弯举

1. 开始时，身体站立，双脚与髋同宽，两个哑铃分别悬于身体两侧。双臂垂直，手掌朝前（掌心向上）（a）。
2. 将哑铃弯举到肩膀位置（b）。
3. 在动作的最高点，转动双手，让手掌朝前（内旋）。
4. 将哑铃降低回到原来的位置（c）。重复所建议的次数。

完整的锻炼

A. 下巴过杠引体向上（#73）
- 4组×6次重复
- 休息90秒

B1. 站立佐特曼哑铃弯举
- 3组×10次重复
- 休息60秒

B2. 站姿单臂绳索弯举（#183）
- 3组×10次重复
- 休息60秒

a

b

c

选项

简易选项 用跪姿下拉（#120）或者引体向上辅助机器代替下巴过杠引体向上。

进阶选项 执行5组下巴过杠引体向上，4组站立佐特曼哑铃弯举和站姿单臂绳索弯曲。

整理运动 胸部拉伸，双侧背阔肌拉伸，臀部90度角拉伸。

阶梯深蹲

你是不是害怕伤到下背部一直不敢做深蹲？这里有一个好点子，告诉你让脊椎如何保持自然姿势或者稍微弓起，让你免于受伤。将杠铃杆从架子上取下，双脚各后退一步。现在，想象有人用冰块接触你的下背部。这样想应该会让你立即弓起下背部，胸部向前探。在整个动作过程中保持这个上半身姿势，应该就能远离伤害了。

热身运动

相扑蹲举重复5次，跪姿内收肌拉伸、屈髋肌群拉伸和四点撑胸椎旋转每侧重复6次。

特色训练

杠铃深蹲

1. 双脚与肩同宽站立，走到深蹲架上的杠铃下方，把杠铃置于颈后肩上。每只脚向后退一步（a）。
2. 下背部保持自然姿势或者稍微弓起，屈髋，开始屈膝。
3. 保持整个脚底平放在地上，继续降低身体到尽可能低的位置（髋关节两侧的折痕至少要低于膝盖）（b）。
4. 当你的动作达到最大幅度之后，双脚用力蹬伸呈站立姿势，回到起始位置。

完整的锻炼

以递减阶梯的方式完成10组杠铃深蹲。第1组完成10次重复，第2组完成9次重复，第3组8次，以此类推，直到达到1次重复。

每组之间休息1分钟，然后尝试利用你1RM的70%左右。

杠铃深蹲

- 10组，各组完成的重复次数依次为10次、9次、8次、7次、6次、5次、4次、3次、2次、1次
- 每组之间休息60秒

选项

简易选项 以7次重复开始做递减阶梯训练，直到达到1次重复。

进阶选项 完成递减阶梯训练之后，做递增阶梯，从1次重复开始一直做到10次重复。

整理运动 站立股四头肌拉伸，臀部90度角拉伸，三角肌拉伸。

151

隔离训练

在今天的功能性健身领域，单关节训练（例如肱二头肌弯举和腿部伸展）的地位已经被削弱了。虽然深蹲、硬拉、推举和引体向上应该构成你的训练计划的主体，但是如果你的目标是变得更强壮、肌肉围度变得更大，那么加入单关节训练也没有什么错。事实上，如果你想要更大的肱二头肌、小腿三头肌或者腘绳肌，那么加入一些单关节训练是实现目标的高效方式。

热身运动

最伟大拉伸每侧重复4次，四肢走重复5次，肩部扫动每侧重复8次。

特色训练

三位置曲杆弯举

1. 抓住曲杆，双手距离与肩同宽。保持胸部挺直，双臂自然下垂（a）。
2. 将曲杆举起到一半，直到前臂平行于地面（b）。将曲杆放回起始位置。
3. 向上弯举曲杆，直到曲杆到达下巴位置（c）。将曲杆下放到一半，直到前臂平行于地面。
4. 将曲杆弯举到最高位置。
5. 将曲杆降低回起始位置。这是1次重复。

a

b

c

完整的锻炼

完成下面的循环训练3轮。

窄握距下巴过杠引体向上（#1）

- 8次重复
- 休息60秒

三位置曲杆弯举

- 10次重复
- 休息60秒

偏移抓握法上斜哑铃肱二头肌弯举（#243）

- 12次重复
- 休息60秒

选项

简易选项 将窄握距下巴过杠引体向上替换为跪姿下拉（#120）。

进阶选项 额外增加1轮该循环训练。

整理运动 胸部拉伸，双侧背阔肌拉伸，臀部90度角拉伸。

特殊力量

在做投掷药球或奥林匹克举重这样的训练时，爆发性地执行动作是正确的。然而，控制举重的节奏也是有好处的，特别是在离心或者降低阶段。这样做可以增加肌肉力量（增大肌肉围度），同时可以预防运动损伤。所以在训练中，我们可以注意有控制地通过杠铃、哑铃、壶铃或身体进行离心训练。

热身运动

相扑蹲举重复6次，四点撑胸椎旋转每侧重复6次，臀桥重复8次，猫驼姿势重复10次。

特色训练

哑铃交替向后弓箭步

1. 抓住一对哑铃，保持胸部挺直，双脚并拢站立（a）。
2. 上半身保持直立姿势，右脚向后跨一大步。
3. 降低身体，直到右膝盖接触或者靠近地面（b）。
4. 用力蹬前腿（左脚），回到开始位置。重复该过程，左腿向后跨一大步（c）。继续交替进行，直到完成所有的重复次数。

完整的锻炼

A. 杠铃前蹲（#44）
- 4组 ×4次重复
- 休息2分钟

B1. 哑铃交替向后弓箭步
- 3组 ×8次重复/侧
- 休息60秒

B2. 坐姿蹬腿（#114）
- 3组 ×8次重复
- 休息60秒

选项

简易选项 执行哑铃交替向后弓箭步和坐姿蹬腿各2组。

进阶选项 在哑铃交替向后弓箭步的每次重复的最低位置加入2秒暂停。

整理运动 站立股四头肌拉伸，臀部90度角拉伸，双侧背阔肌拉伸。

153

直至力竭

在任何举重中测试锻炼者的1RM都含有一点点艺术和科学的成分。通过适当的热身组来帮助锻炼者达到最大的举起重量而且又没有超负荷，这是一个微妙的平衡点。因此，如果直接尝试最多重量组，就会让身体过度工作。安全起见，在通向尝试最大重量的过程中，尽量做更多组动作，每组的重复次数更少（例如每组3次或更少），即使前面的重量感觉很轻。这将确保锻炼者的肌肉和神经系统做好充分准备。

热身运动

最伟大拉伸每侧重复4次，四肢走重复5次，肩部扫动每侧重复8次。

特色训练

杠铃卧推

1. 躺在水平的卧推训练架上，让头部、肩胛骨之间的部位和臀部贴在长凳上，双脚平放在地面上。调整头的位置，让眼睛刚好在杠铃杆的正下方（a）。

2. 将杠铃从架子上放下，肩胛骨靠拢在一起，让杠铃降低到胸部的中间位置（b）。在降低阶段，保持双肘向胸腔两肋方向收。

3. 当杠铃杆接触胸部之后，将它举起回到开始位置并锁定。重复所建议的次数。

a

b

完整的锻炼

杠铃卧推

- 第1组：1RM的85%，完成5次复复
- 第2组：1RM的75%，完成6次重复
- 第3组：1RM的65%，完成7次重复
- 第4组：1RM的55%，完成尽可能多的重复次数

选项

简易选项 每组将1RM减少5%。

进阶选项 在第1组开始之前，先通过杠铃卧推达到1RM。

整理运动 双侧背阔肌拉伸，三角肌拉伸，腘绳肌拉伸。

强化小腿

虽然基因会影响所有肌肉生长的潜力，但是没有其他任何一块肌肉像小腿三头肌那样受到基因的严重影响。但是，不要让这个借口阻止你尝试发展小腿三头肌。你要频繁地通过各种各样的伸展腿部和屈曲膝关节训练来锻炼小腿三头肌。

热身运动

最伟大拉伸重复4次，四肢走和燕式平衡重复5次，臀桥重复10次。

特色训练

坐姿提踵

1. 坐在坐姿提踵训练架上，脚掌放在脚垫板上，保持背部和胸部挺直。
2. 解除机器的锁定机关，让脚跟在活动范围允许的情况下尽可能向地面靠近，从而让小腿肚产生拉力（a）。
3. 尽可能抬高脚趾，最大限度地收缩小腿肚肌肉（b）。注意：虽然你可以将手放在手柄上，但是不要用双臂将配重片拉起。重复所建议的次数。

ⓐ

ⓑ

完整的锻炼

A. 常规硬拉（#5）
- 5组 ×4次重复
- 休息90秒

B1. 杠铃弓箭步下蹲（#112）
- 3组 ×8次重复/侧
- 休息60秒

B2. 坐姿蹬腿（#114）
- 3组 ×10次重复
- 休息60秒

B3. 坐姿提踵
- 3组 ×25次重复
- 休息60秒

选项

简易选项 执行杠铃弓箭步下蹲、坐姿蹬腿和坐姿提踵各2组。

进阶选项 执行杠铃弓箭步下蹲、坐姿蹬腿和坐姿提踵各4组。

整理运动 双侧背阔肌拉伸，腘绳肌拉伸，小腿拉伸。

155

扭身

你希望在锻炼期间让更多核心区肌肉被激活吗？只需要让更少的身体部位接触座椅、长凳、垫子、训练机器甚至地面，以减少支撑。不管进行什么样的抗阻训练，站立时双脚之间的距离越近（或者在适当的时候单脚站立），核心区的激活效果越好。想要一个很好的例子吗？尝试在长凳上做坐立肩上推举，首先在背部有支撑的长凳上做，然后换一个背部没有支撑的长凳做。你会注意到在没有支撑的长凳上做坐立肩上推举时，身体要做大量工作来保持稳定。

热身运动

最伟大拉伸每侧重复4次，四肢走重复5次，肩部扫动每侧重复8次。

特色训练

哑铃转体肩上推举

1. 身体站直，将两个哑铃握在肩膀高度。双肘应该向胸腔两肋方向屈曲内收（a）。
2. 以右脚的脚掌为支点流畅地将躯干转向左侧，然后将哑铃举过头顶（b）。
3. 转动躯干回到起始位置，并将哑铃降低到肩膀高度。
4. 在另一侧重复该动作。继续交替进行，直到完成所有重复次数。

完整的锻炼

A. 推举（#16）
- 5组 × 3次重复
- 休息90秒

B1. 哑铃转体肩上推举
- 2组 × 8次重复/侧
- 休息30秒

B2. 俯冲俯卧撑（#190）
- 2组 × 10次重复
- 休息30秒

B3. 绳索单臂外展（#137）
- 2组 × 12重复次数
- 休息30秒

选项

简易选项 将推举的组数减少至3组。

进阶选项 哑铃转体肩上推举、俯冲俯卧撑和绳索单臂外展各增加1组。

整理运动 胸部拉伸，双侧背阔肌拉伸，臀部90度角拉伸。

疯狂内收肌

内收肌群（大腿内侧的肌肉）可能是整个身体中最容易被忽视和低估的肌群。内收肌群在髋关节和膝关节作用下发挥作用，而且直接参与侧向运动（从一侧到另一侧），以及在深蹲和硬拉等训练中起到协同作用。以复合和隔离的方式训练这些肌肉是值得的，例如杠铃深蹲和这里的特色训练——髋关节滑动内收。

热身运动

相扑蹲举重复6次，四点撑胸椎旋转每侧重复6次，臀桥重复8次，猫驼姿势重复10次。

特色训练

髋关节滑动内收

1. 跪在地上，在每个膝盖下放一块纸板或一条毛巾（a）。
2. 保持躯干直立，臀部位于身体的正下方，然后尽可能向两侧移动膝盖（b）。
3. 在短暂停顿之后，双膝内收。重复所建议的次数。

完整的锻炼

A. 杠铃深蹲（#63）
- 5组 × 3次重复
- 休息90秒

B1. 侧弓箭步（#143）
- 2组 × 8次重复/侧
- 休息60秒

B2. 髋关节滑动内收
- 2组 × 10次重复
- 休息60秒

B3. 罗马尼亚哑铃硬拉（#267）
- 2组 × 12次重复
- 休息60秒

a

b

选项

简易选项 执行杠铃深蹲3组。

进阶选项 侧弓箭步、髋关节滑动内收和罗马尼亚哑铃硬拉各增加1组。

整理运动 站立股四头肌拉伸，臀部90度角拉伸，双侧背阔肌拉伸。

157

撞胸庆祝

没有什么比两块强壮的胸肌更能反映出锻炼身体的效果。不过，说实话，大多数健身爱好者都倾向于做推的动作，例如卧推，而不怎么喜欢做拉的动作，例如引体向上或者坐立划船。这种做法可能导致肌肉不平衡，让你看起来就像一个“山顶洞人”。所以一定要做到推动作和拉动作的平衡发展。

热身运动

最伟大拉伸每侧重复4次，四肢走重复5次，肩部扫动每侧重复8次。

特色训练

上拉绳索胸部飞鸟

1. 开始时，给缆绳训练机两端的缆绳分别系上一个D形手柄。将缆绳的高度设置为刚好在臀部的下方。
2. 站在两根绳索之间，双手分别抓住D形手柄，双臂伸出，位于身体两侧（a）。
3. 肘部稍微屈曲，双臂同时向上移动。在动作结束前，双手应该在胸前伸出（b）。
4. 回到起始位置，重复建议的次数。

a

b

完整的锻炼

A. 杠铃卧推（#54）
- 4组 × 6次重复
- 每组之间休息90秒

B1. 上拉绳索胸部飞鸟
- 2组 × 10 ~ 12次重复
- 不休息直接进入下一个训练

B2. 上斜哑铃卧推（#210）
- 2组 × 10 ~ 12次重复
- 休息45秒，回到上拉绳索胸部飞鸟

C. 俯卧撑（#12）
- 1组 × 尽可能多的重复次数

选项

简易选项 执行杠铃卧推3组。

进阶选项 执行从上拉绳索胸部飞鸟和上斜哑铃卧推各3组，执行最大重复次数俯卧撑2组。

整理运动 胸部拉伸，双侧背阔肌拉伸，臀部90度角拉伸。

就地解决

坚决不要让出差或旅行等破坏了你的正常健身计划。事实上，在旅途中保持规律的训练计划有助于更快地适应新的环境，特别是旅行到不同时区的地方时。所以，在外地出差时，首先要找当地的健身房、酒店的健身中心或者去外面跑步。这样做将帮助你在异地旅行时感到更加富有成效、放松和习惯。

热身运动

四肢走重复5次，四点撑胸椎旋转每侧身体重复6次，猫驼姿势重复10次。

特色训练

大力神弯举

1. 给门框式缆绳训练机的上部滑轮的缆绳系上两个D形手柄。站在两个手柄的中间，双手各抓住一个手柄，手掌朝上，手臂伸展，肘部微屈（a）。

2. 保持上臂平行于地面，将两个手臂向耳朵方向屈曲（b）。不要让肘部向前插出。

3. 绷紧两侧的肱二头肌，然后回到起始位置。重复所建议的次数。

a

b

完整的锻炼

A. 窄握距下巴过杠引体向上（#1）
- 4组 × 8次重复
- 休息60秒

B1. 哑铃交替锤式弯举（#230）
- 3组 × 12次重复
- 休息30秒

B2. 大力神弯举
- 3组 × 12次重复
- 休息30秒

选项

简易选项 执行窄握距下巴过杠引体向上3组。

进阶选项 将每组窄握距下巴过杠引体向上的重复次数增加至12次。

整理运动 双侧背阔肌拉伸，三角肌拉伸，腘绳肌拉伸。

159

分腿训练

你可能有标准的健身房、完美的训练计划和优秀的健身搭档，但是如果你没有在训练中投入合理的精力，你将一无所获。事实上，与中途退出完美训练计划的人相比，在破旧的健身房执行有缺陷训练计划的人会取得更大的效果。所以，不要担心杠铃的品牌、所播放的音乐，或者健身房多么拥挤。你只需要把精力和资源集中在每组训练的每一个动作中，就将收获意想不到的成果。

热身运动

四肢走重复5次，四点撑胸椎旋转每侧身体重复6次，猫驼姿势重复10次。

特色训练

绳索分腿蹲

1. 用左手抓住与缆绳训练机的低滑轮相连接的D形手柄。以分腿姿势站立，右脚在前面，保持躯干挺直。确保缆绳有拉力（a）。

2. 向前移动右膝盖，向地面降低身体。保持后腿伸直（b）。

3. 一旦腘绳肌触与小腿三头肌相接触，前腿蹬伸，回到起始位置。

4. 在一侧完成所有建议的重复次数之后再换另一侧。

完整的锻炼

A. 杠铃前蹲（#44）
- 5组 × 3次重复
- 休息90秒

B1. 绳索分腿蹲
- 3组 × 8次重复/侧
- 休息60秒

B2. 俯卧弯腿（#168）
- 3组 × 8次重复/侧
- 休息60秒

选项

简易选项 执行绳索分腿蹲和俯卧弯腿各2组。

进阶选项 绳索分腿蹲和俯卧弯腿各增加至4组。

整理运动 双侧背阔肌拉伸，三角肌拉伸，腘绳肌拉伸。

终极引体向上

虽然发展引体向上和下巴过杠引体向上力量对很多人而言很困难，但是只要完成多次重复，你就能够实现这个目标。如果你做这些动作存在困难，那么就从下巴过杠引体向上开始（手掌朝向身体），因为这是最简单的引体向上版本。你也可以跃起抓住单杠，然后做慢速离心动作（降低阶段），这也可以发展拉力。最后，虽然要发展肌肉使用滑轮下拉代替是合理的，但是它所需的力量实际上小于将身体向上拉过单杠。所以，不要长期依赖于使用其他锻炼代替该锻炼。还是自己亲自做引体向上吧！

热身运动

四肢走重复5次，四点撑胸椎旋转每侧身体重复6次，猫驼姿势重复10次。

特色训练

负重下巴过杆引体向上

1. 用悬重皮带或者在双膝或双踝之间放一个哑铃来增加重量。
2. 反握抓住单杠，双手握距与肩同宽。
3. 从垂直悬吊开始（手臂要伸直）(a)，向下收缩肩胛骨开始运动。
4. 朝身体的后方向下拉双肘，肘部弯曲将胸膛向上拉。
5. 一旦下巴超过单杠，就有控制地回到起始位置。重复所建议的次数。

完整的锻炼

对于加负荷宽握距引体向上，首先从你能够舒适地完成3次或4次重复的重量开始。执行1次重复后休息60秒，第2组增加重量；以这种方式继续进行（在可能的情况下每组增加重量），直到完成5个单次重复。使用之前做5组宽握距引体向上所用的重量，执行加负荷自然握距下巴过杠引体向上，每组4次重复，一共做5组。

当你完成这些所有5组动作之后，使用相同的重量完成所有5组加负荷下巴过杠引体向上，每组6次重复。例如，如果加负荷宽握距引体向上分别使用35磅（约16千克）、55磅（约25千克）、65磅（约29千克）、75磅（约34千克）和80磅（约36千克），那么加负荷相对握距下巴过杠引体向上和加负荷下巴过杠引体向上的各组也使用这些重量（但是重复次数增加）。

宽握距引体向上（#117）

- 使用的重量和加负荷下巴过杠引体向上所用的重量一样
- 5组，每组完成1次重复
- 休息60秒

ⓐ

ⓑ

160

直握引体向上（#237）

- 使用的重量和负重下巴过杠引体向上所用的重量一样
- 5组，每组完成4次重复
- 休息60秒

负重下巴过杠引体向上

- 5组，每组完成6次重复
- 休息60秒

选项

简易选项 在不增加重量的情况下执行所有组数和重复次数。

进阶选项 直握下巴过杠引体向上和负重下巴过杠引体向上每组增加2次重复。

整理运动 双侧背阔肌拉伸，三角肌拉伸，腘绳肌拉伸。

发出挑战

很多人缺乏在前蹲过程中保持正确的肩部支撑姿势所需的灵活性（见该特色训练的步骤1中的描述）。这是经常被误判为腕关节缺乏灵活性，而根本问题通常是背阔肌过于紧张。如果让上臂与地面平行的姿势让你感觉困难，请尝试让背阔肌做泡沫轴训练，看看能否改善支撑姿势。

热身运动

相扑蹲举重复5次，跪姿内收肌拉伸、屈髋肌群拉伸和四点撑胸椎旋转每侧重复6次。

特色训练

暂停前蹲

1. 从深蹲架上抓起杠铃，双手位置刚好在肩膀外侧。让杠铃杆位于前肩上，手臂围绕杠铃杆转动，直到上臂平行于地面（该姿势通常称作训练架姿势）(a)。

2. 解除臀部锁定，向后屈曲髋关节并屈曲膝关节，慢慢下降进入深蹲姿势。

3. 一旦达到最大活动范围（尝试让髋关节外侧折痕低于膝盖高度），暂停完整的3秒（b）。

4. 暂停结束之后，双脚用力蹬伸站起，保持双肘处于较高位置，且保持胸部挺直，回到开始位置。重复所建议的次数。

完整的锻炼

开始时，以1RM的50%做暂停前蹲，重复3次。增加2.5千克重量，并完成3次重复。继续增加2.5千克重量，直到无法完成3次重复。每组之间休息不超过60秒。

暂停前蹲

- 每组重复3次，完成规定的组数

选项

简易选项 每分钟执行暂停前蹲，重复2次。

进阶选项 将暂停时间增加至4秒。

整理运动 站立股四头肌拉伸，臀部90度角拉伸，三角肌拉伸。

162

原来如此

锻炼者普遍倾向于仅在训练新陈代谢阶段严格遵守休息时间，目的是保持较高的心率。这是错误的。确保在增长肌肉和增加力量阶段遵循规定的休息时间也同样非常重要，因为这样才能确保取得最佳的训练效果。底线：无论在做什么样的训练，都要依据时间安排，严格遵守休息时间。

热身运动

最伟大拉伸每侧重复4次，四肢走重复5次，肩部扫动每侧重复8次。

特色训练

上斜哑铃交替卧推

1. 将长凳设置为向上倾斜30度角。抓住一对哑铃，脸部朝上躺在长凳上。

2. 双手相对握（手掌彼此相对）将哑铃举起在肩膀的正上方（a）。

3. 降低左手的哑铃，屈曲左肘向胸腔靠拢，同时保持右手的哑铃完全伸直并锁定（b）。

4. 将左手的哑铃举起回到起始位置。降低右手的哑铃，保持左臂完全伸直并锁定（c）。继续交替进行，直到完成所有的重复次数。

完整的锻炼

A. 杠铃卧推（#54）
- 5组 ×4次重复
- 休息2分钟

B1. 上斜哑铃交替卧推
- 3组 ×8次重复/侧
- 休息60秒

B2. 绳索胸部飞鸟（#181）
- 3组 ×8次重复
- 休息60秒

选项

简易选项 执行上斜哑铃交替卧推和绳索胸部飞鸟各2组。

进阶选项 在哑铃交替卧推每次重复的最低位置处加入1秒暂停。

整理运动 胸部拉伸，双侧背阔肌拉伸，臀部90度角拉伸。

随身携带

携带训练是非常奇妙的训练，因为它们可以将重量加在身体的不同部位（身体两侧、肩膀、头顶上方、单臂和双臂），而且可以促进锻炼的核心激活和新陈代谢需求。这个锻炼将很大重量的双向农夫走和碾压核心的哑铃单臂上举走结合在一起，将挑战你的腹斜肌和肩部的稳定性。

热身运动

相扑蹲举重复5次，跪姿内收肌拉伸、屈髋肌群拉伸和四点撑胸椎旋转每侧重复6次。

特色训练

哑铃单臂上举走

1. 左臂在头顶举起哑铃，直到手臂伸直锁定。确保哑铃在肩膀的正上方，而且肱二头肌与耳朵对齐。
2. 保持胸部挺直和手臂处于伸直锁定位置，向前行走，克制住向一边倾斜的倾向。
3. 在走完规定的距离之后，放下哑铃，换另一只手，在另一侧重复。

完整的锻炼

在做农夫走时，可以使用哑铃、壶铃或者农夫走手柄来增加重量。使用等于体重的负荷。对于哑铃单臂上举走，使用等于体重的25%的重量。

农夫走（#187）

- 8组 × 40米
- 休息60秒

哑铃单臂上举走

- 8组 × 50米/侧
- 休息60秒

选项

简易选项 利用体重的75%（或者更少）的重量做农夫走。

进阶选项 利用体重的50%的重量做哑铃单臂上举走。

整理运动 站立股四头肌拉伸，臀部90度角拉伸，三角肌拉伸。

164

抬高训练

要想增加这项训练的挑战性，不要寻求更大的重量、更多的重复次数或者缩短休息时间，而是在其他方面做调整。可调整的因素包括改变手的姿势、抬起脚、单侧训练或者增加不稳定性，这样可以以完全不同的方式测试你的肌肉，迫使你做一些积极的适应。一旦牢固掌握基础动作，就可以在原来的基础上做些改变，以增加训练难度。

热身运动

四肢走重复5次，四点撑胸椎旋转每侧身体重复6次，猫驼姿势重复10次。

特色训练

仰卧单腿挺髋

1. 面部朝上躺在地上，左膝盖弯曲，左脚踩在长凳、台阶或者泡沫轴上。双手十指交叉拉住右膝盖下方，让右腿保持弯曲（a）。

2. 保持这个姿势，向上抬起臀部，直到从肩膀到膝盖形成一条直线。

3. 在活动范围的最高处收缩臀部，然后缓慢降低至起始位置。在一侧完成所有重复次数之后再换另一侧。

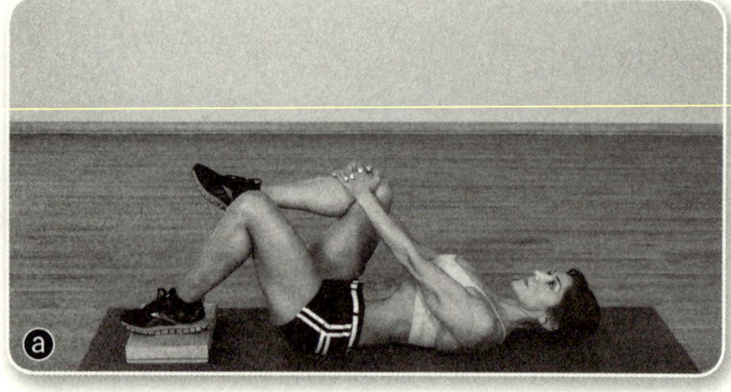

完整的锻炼

A. 六角杠铃硬拉（#8）
- 6组 ×6次重复
- 休息90秒

B1. 侧弓箭步（#143）
- 2组 ×8次重复/侧
- 休息60秒

B2. 脚跟高抬深蹲（#96）
- 2组 ×10次重复
- 休息60秒

B3. 仰卧单腿挺髋
- 2组 ×12次重复/侧
- 休息60秒

选项

简易选项 执行六角杠铃硬拉4组。

进阶选项 侧弓箭步、脚跟高抬深蹲和仰卧单腿挺髋各增加1组。

整理运动 双侧背阔肌拉伸，三角肌拉伸，腘绳肌拉伸。

增强式推举

上半身增强式训练很少，很难选择。但是增强式俯卧撑是个例外，它可以训练上半身的爆发力。要想从该锻炼中获得最大效果，需要双臂用力从地面撑起，而且保持尽可能长的悬空时间，但也别忘了聪明地训练。将重复次数降至最少，而且要使用优秀的技术来获得最大的训练效果和降低损伤风险。

热身运动

最伟大拉伸每侧重复4次，四肢走重复5次，肩部扫动每侧重复8次。

特色训练

增强式俯卧撑

a

1. 以俯卧撑姿势开始，双手直接位于肩膀正下方的地面上，从头到脚呈一条直线（a）。
2. 将身体降低到地面，保持肘部贴近身体两侧。
3. 当胸部下降至距离地面大约5厘米时（b），改变方向，爆发性地将身体从地面推起（c）。
4. 着地时肘部稍弯曲，并立即开始下一次重复。

b

c

完整的锻炼

完成下面的成对训练6轮。

增强式俯卧撑

- 3次重复
- 休息30秒

上斜杠铃卧推（#179）

- 8次重复
- 休息2分钟

选项

简易选项 将上斜杠铃卧推减少至每组6次。

进阶选项 将总轮数增加至8轮。

整理运动 胸部拉伸，双侧背阔肌拉伸，臀部90度角拉伸。

166

手臂训练

你是不是希望这个夏天穿T恤时露出两只健美的胳膊？而且在做完这个肱二头肌和肱三头肌锻炼之后，你也可能去展览会当模特了。这个肱二头肌和肱三头肌锻炼会让你的手臂热血沸腾，工作量如此大以至于在锻炼结束的当天你抬胳膊都有困难。

热身运动

四肢走重复5次，四点撑胸椎旋转每侧身体重复6次，猫驼姿势重复10次。

特色训练

地面杠铃卧推

1. 将深蹲架上的杠铃设置为略低于膝盖水平。
2. 躺在地面上，眼睛刚好在杠铃杆的正下方（a）。
3. 将杠铃从架子上取下，降低杠铃直到两侧的肱三头肌接触地面（b）。暂停一下，然后将杠铃举起回到锁定位置。重复所建议的次数。

a

b

完整的锻炼

A1. 地面杠铃卧推
- 3组×10次重复
- 休息60秒

A2. 下斜曲杆肱三头肌伸展（#145）
- 3组×10次重复
- 休息60秒

B1. 站姿单臂绳索弯举（#183）
- 2组×10次重复
- 休息60秒

B2. 哑铃交替锤式弯举（#230）
- 2组×10次重复
- 休息60秒

C1. 站姿单臂绳索弯举（#183）
- 1组×50次重复
- 休息60秒

C2. 肱三头肌绳索下拉（#64）
- 1组×50次重复

选项

简易选项 将站姿单臂绳索弯举和肱三头肌绳索下拉的重复次数减少至25次。

进阶选项 将站姿单臂绳索弯举和肱三头肌绳索下拉的重复次数增加至75次。

整理运动 双侧背阔肌拉伸，三角肌拉伸，腘绳肌拉伸。

机械减重深蹲

大多数减重组要求执行一定的重复次数，接着减轻重量，再完成更多的重复次数，以便增加总工作量。机械减重组采用类似的原则，但是它不减少重量，而是将一项训练的3种变化版本结合起来，从技术上最难的变化版本开始，以最简单的变化版本结束。

热身运动

相扑蹲举重复5次，跪姿内收肌拉伸、屈髋肌群拉伸和四点撑胸椎旋转每侧重复6次。

特色训练

过顶深蹲

1. 首先将杠铃放在背上，双手采用抓举抓握法（握距比肩宽）。将杠铃垂直举起，在最高点锁定肘部（a）。
2. 保持胸部挺直，向后屈曲髋关节与膝关节进入深蹲姿势（b）。
3. 在整个过程中，保持杠铃杆在头部上方或者稍微在头部后方。
4. 一旦达到最低位置，就重新回到站立姿势。重复所建议的次数。

完整的锻炼

执行下面的循环训练5轮，在所有动作中使用相同重量的杠铃。

过顶深蹲

- 6次重复
- 休息15秒

杠铃前蹲（#44）

- 6次重复
- 休息15秒

杠铃深蹲（#63）

- 12次重复
- 休息2分钟

a

b

选项

简易选项 将该循环训练减少至4轮。

进阶选项 过顶深蹲和前蹲的重复次数增加至8次。

整理运动 站立股四头肌拉伸，臀部90度角拉伸，三角肌拉伸。

168

腘绳肌训练

俯卧弯腿是在训练机器上完成的动作，它针对大腿后部的肌肉。这项训练通过屈曲膝关节来锻炼腘绳肌，该动作在负荷下进行非常困难。适当的腘绳肌力量至关重要，因为它降低了股四头肌过劳损伤的概率，从而降低了膝关节和其他下半身部位损伤的概率。

热身运动

最伟大拉伸每侧重复4次，四肢走和燕式平衡重复5次，臀桥重复10次。

特色训练

俯卧弯腿

1. 趴在屈曲腘绳肌训练架上，膝盖在长凳边缘外（a）。

2. 脚跟在负重垫下方，髋部紧压长凳，脚跟向上勾起垫子，直到垫子接触大腿的背面（b）。

3. 有控制地慢慢将负重垫放回起始位置。重复所建议的次数。

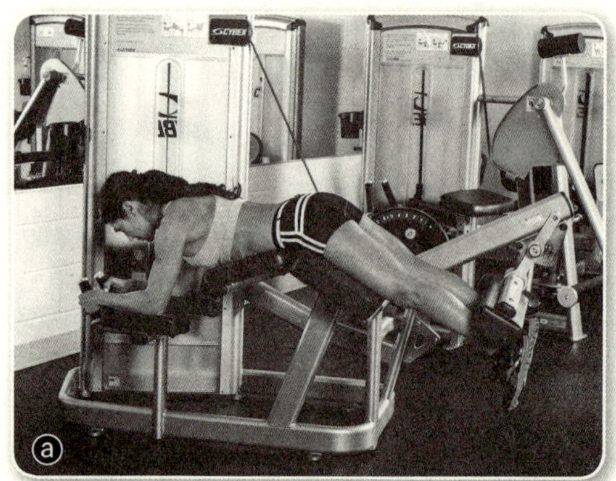

a

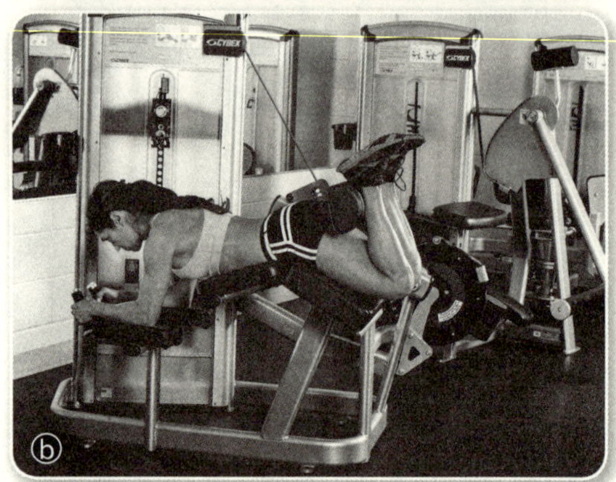

b

完整的锻炼

完成下面的循环训练4轮。

常规硬拉（#5）

- 4次重复
- 休息60秒

俯卧弯腿

- 4次重复
- 休息60秒

背部伸展（#116）

- 12次重复
- 休息2分钟

选项

简易选项 执行该循环训练3轮。

进阶选项 执行5轮循环训练。

整理运动 双侧背阔肌拉伸，腘绳肌拉伸，小腿拉伸。

胸肌之争

对于某些训练能否改变胸肌上束和胸肌下束，一直存在大量争议。事实上，并没有胸肌上束和胸肌下束之分，所谓胸肌其实是一个肌群。然而，某些训练可以锻炼到上束胸肌的肌肉纤维，例如上斜卧推和从高到低缆绳飞鸟，而有些训练可以锻炼到下束胸肌，例如下斜卧推和双臂屈伸。这里的训练针对的是上束胸肌，目的是促进锁骨和肩膀周围肌肉的发展。

热身运动

最伟大拉伸每侧重复4次，四肢走重复5次，肩部扫动每侧重复8次。

特色训练

交叉俯卧撑

1. 进入俯卧撑姿势（双手放在地面上，距离略宽于肩膀，从头到脚呈一条直线）。将左手放在地面上，右手放在一个8厘米高的箱子或者20千克的杠铃片上。
2. 向地面降低躯干，保持肘部向身体两侧插出（a）。
3. 以爆发性的动作向上推，让双手离开地面。
4. 右手落在地面上，而左手落在箱子或者杠铃片上（b）。
5. 再次向地面降低躯干，保持肘部向身体两侧插出（c），以爆发性的动作向上推，让双手离开地面，之后使左手落在地面上，右手落在箱子或者杠铃片上。继续交替进行，直到完成所有的重复次数。

a

b

c

完整的锻炼

A. 杠铃卧推（#54）
- 5组 ×3次重复
- 休息90秒

B1. 上斜哑铃卧推（#210）
- 4组 ×8次重复
- 休息30秒

B2. 交叉俯卧撑
- 4组 ×8次重复
- 休息30秒

B3. 上拉绳索胸部飞鸟（#157）
- 4组 ×12次重复
- 休息30秒

选项

简易选项 上斜哑铃卧推、交叉俯卧撑和上拉绳索胸部飞鸟减少至6组。

进阶选项 上斜哑铃卧推、交叉俯卧撑和上拉绳索胸部飞鸟各增加2次重复。

整理运动 胸部拉伸，双侧背阔肌拉伸，臀部90度角拉伸。

170

速度滑冰

这个锻炼中的跳跃以埃里克·海登的名字命名，他是来自美国的冬奥会速度滑冰金牌得主。跳跃本身就是速滑运动员用来锻炼自己前进侧向动作的增强式动作。我们无论是在日常生活中还是在训练中，都倾向于尽量少用侧向动作（从一侧到另一侧的动作），所以尽管这些跳跃动作可能极具挑战性，但是对发展下半身的爆发力非常有效。刚开始时，要固定跳跃每次落地的位置，然后随着不断进步再采用更加连贯的落地–跳跃技术。

热身运动

相扑蹲举重复5次，跪姿内收肌拉伸、屈髋肌群拉伸和四点撑胸椎旋转每侧重复6次。

特色训练

海登跳跃

1. 身体站直，膝关节屈曲，稍微将右脚抬离地面（a）。
2. 左脚前内侧发力将你推向右侧（向右侧跳跃），尽可能跳得更高、更远（b）。
3. 以右脚的前部落地，右膝盖屈曲（c）。左脚不要接触地面，推动身体向左侧跳跃，尽可能跳得更高、更远。在落地时要主动屈髋屈膝来降低身体重心保持身体稳定。
4. 以这种方式交替进行，直到每侧完成所有的重复次数。

a

b

c

完整的锻炼

A. 海登跳跃
- 5组×6次重复/侧

B1. 杠铃深蹲（#63）
- 3组×4～6次重复
- 休息90秒

B2. 保加利亚分腿深蹲（#200）

- 3组×6～8次重复/侧
- 休息90秒

B3. 坐姿蹬腿（#114）

- 3组×8～10次重复
- 休息90秒

选项

简易选项 执行杠铃深蹲、保加利亚分腿深蹲和坐姿蹬腿各2组。

进阶选项 执行杠铃深蹲、保加利亚分腿深蹲和坐姿蹬腿各4组。

整理运动 站立股四头肌拉伸，臀部90度角拉伸，双侧背阔肌拉伸。

171

高难度直腿

在执行某些动作的向心部分（提起阶段），例如罗马尼亚式硬拉训练或者单腿罗马尼亚硬拉（这里的特色训练），很容易过度使用下背部来举起重物。为了防止出现这种情况，在向前移动臀部回到起始位置之前，可以考虑绷紧臀部。如果臀部参与工作，它将减轻下背部的压力，让你在整个锻炼中更安全，而且变得更强壮。

热身运动

四肢走重复5次，四点撑胸椎旋转每侧身体重复6次，猫驼姿势重复10次。

特色训练

单腿罗马尼亚硬拉

1. 以正握方式抓住杠铃，双手位置刚好在肩膀外侧。双臂应该伸直，肘部锁定。
2. 保持膝关节稍微屈曲，左腿向后伸（a），向地面降低躯干（b）。在整个动作过程中，想着将左脚跟向后、向天花板方向伸。
3. 当杠铃达到小腿中部时，做反向动作，回到开始位置。
4. 在一侧完成所有重复次数之后再换另一侧。

a

b

完整的锻炼

A. 六角杠铃硬拉（#8）

- 4组 ×8次重复

B1. 单腿罗马尼亚硬拉

- 3组 ×8次重复/侧

B2. 臀部-背肌抬升（#70）

- 3组 ×8次重复

选项

简易选项 执行六角杠铃硬拉3组。

进阶选项 单腿罗马尼亚硬拉和臀部-背肌抬升各增加1组。

整理运动 双侧背阔肌拉伸，三角肌拉伸，腘绳肌拉伸。

扇动翅膀

在做针对胸部的训练时，将绳索胸部飞鸟包含在你的训练计划中是很不错的主意。

就胸肌单独训练而言，它比很多推举训练都好，而且通常对肩关节和肘关节更安全。绳索胸部飞鸟还允许你使用多种角度，包括从低到高、从高到低、平行和平躺。

热身运动

最伟大拉伸每侧重复4次，四肢走重复5次，肩部扫动每侧重复8次。

特色训练

仰卧绳索胸部飞鸟

1. 将一张水平长凳放在两侧配重片的中间偏前位置。将绳索下降到底部，然后给每侧绳索系上一个D形手柄。

2. 每只手各握住一个手柄，坐在长凳远离训练机的一端，然后躺下（避免绳索的力量拉动身体在长凳上滑动）。

3. 将双臂伸出在头顶，形成一个巨大的V形（a）。肘部稍微弯曲，将双臂向上合拢，直到双手位于肚脐上方（b）。

4. 回到起始位置，重复建议的次数。

ⓐ

ⓑ

完整的锻炼

上斜哑铃卧推（#210）

- 5组 ×8次重复
- 休息60秒

仰卧绳索胸部飞鸟

- 5组 ×15次重复
- 休息60秒

选项

简易选项 每项训练完成3组。

进阶选项 加入第3项训练，即做俯卧撑（#12）20次，然后休息60秒，再返回到上斜哑铃卧推。

整理运动 胸部拉伸，双侧背阔肌拉伸，臀部90度角拉伸。

173

前肩负重

健身潮流不断兴起和消失。虽然有些健身训练是有效的，但是更多只不过是噱头，充满营销炒作的意味。偶尔尝试不同的训练方法和营养计划是有好处的，但是健身计划的基本组成应该是久经考验的训练，且经过多年的实践证明。让训练计划有一个很好的基础，然后一切训练都建立在这上面，从长远来看会取得更好的结果。

热身运动

相扑蹲举重复5次，跪姿内收肌拉伸、屈髋肌群拉伸和四点撑胸椎旋转每侧重复6次。

特色训练

杠铃前蹲

1. 将杠铃放在深蹲架刚好低于锁骨的位置上。

2. 走到杠铃杆下方，让杠铃位于前三角肌（前肩）上，然后用肩举抓握法抓住杠铃，肘部高抬，上臂平行于地面。将杠铃杆从架子上取下，每只脚向后退一步（a）。

3. 收紧上半身，屈髋，屈曲膝关节，向地面降低身体，尝试尽可能下蹲，同时保持杠铃在双脚中间的上方（更多关于深蹲的正确技术，请参阅第1章内容）（b）。

4. 一旦到达最底部，做反向动作站起来。重复所建议的次数。

完整的锻炼

这是一个以杠铃前蹲为重点的总重量锻炼。在整个锻炼过程中，你一共将要举起4100千克重量。在锻炼中你可以使用任意重量，而且每组都可以根据自己的意愿完成尽可能多的重复次数。例如，如果你将45千克的杠铃举起10组，每组重复9次，那么你一共举起了4100千克重量（$10 \times 9 \times 45 \approx 4100$）。目标是在尽可能短的时间内举起4100千克重量。

杠铃前蹲

- 在尽可能短的时间内举起总共4100千克重量。

选项

简易选项 在整个锻炼中举起的总重量为3200千克。

进阶选项 在少于50次重复次数内举起的重量达到4100千克。

整理运动 站立股四头肌拉伸，臀部90度角拉伸，三角肌拉伸。

肌肉才是王道

人类的天性都是寻找最有利的姿势来完成任务，但是就增加肌肉而言，将自己置于不利姿势反而更有好处，这样可以用到更多的运动单元或者或不同的肌群。在这个锻炼中，你将执行髋关节屈曲坐姿划船，这与人在做拉伸动作时伸展髋关节以获得一些动能的自然倾向刚好相反。通过扭转这一倾向，你的背部中段的肌肉将发生大幅度的收缩。需要注意的是，这种机械力学劣势以牺牲所能使用的负荷为代价，所以要相应地调整所使用的重量。

热身运动

四肢走重复5次，四点撑胸椎旋转每侧身体重复6次，猫驼姿势重复10次。

特色训练

髋关节屈曲坐姿绳索划船

1. 给坐姿缆绳划船训练机系上你最喜欢的杠铃杆或者手柄，然后以正握方式抓住它。
2. 保持胸部挺直，稍微屈曲膝关节，斜方肌上束收缩，开始向胸骨方向拉手柄。
3. 在拉的过程中，稍微向前屈曲髋关节，让躯干更接近手柄。
4. 在拉伸动作结束时，躯干应该屈曲大约20度角，手柄应该在胸腔肋骨的底部，双肘应该在身体后方。
5. 伸直双臂，做反向动作，让躯干回到自然姿势。重复所建议的次数。

完整的锻炼

完成下面的循环训练4轮。

宽握距引体向上（#117）

- 4组 ×8次重复
- 休息60秒

髋关节屈曲坐姿绳索划船

- 4组 ×10次重复
- 休息90秒

悬吊带Y字伸展（#75）

- 4组 ×12次重复
- 休息90秒

选项

简易选项 将宽握距引体向上替换为跪姿下拉（#120）。

进阶选项 给宽握距引体向上增加额外负荷。

整理运动 双侧背阔肌拉伸，三角肌拉伸，腘绳肌拉伸。

175

波浪式负荷

波浪式负荷训练方法允许不同的训练组增加重量，同时保持比较高的总训练量（所完成的工作）。我们可以通过许多方法来利用波浪式负荷，不过下面这个锻炼所使用的方法对增加力量和肌肉而言可能是最有效的。

热身运动

相扑蹲举重复5次，跪姿内收肌拉伸、屈髋肌群拉伸和四点撑胸椎旋转每侧重复6次。

特色训练

侧桥

1. 身体右侧着地。
2. 将右胳膊肘放在肩膀的正下方，左脚放在右脚的前面（左脚的脚跟应该刚好接触右脚的脚趾）。
3. 撑起身体，从头到脚呈一条直线，只有右手肘部、右手前臂和双脚接触地面。
4. 保持该姿势预定的时间，然后以身体的另一侧重复该过程。

完整的锻炼

随着前蹲的次数的减少而增加所使用的负荷。在第二轮波浪式负荷中（第4组、第5组和第6组），尝试使用比第1组、第2组和第3组对应的重复次数所用的重量更大的重量。例如，第2组6次重复（第5组）所使用的重量应该要大于第1组6次重复所使用的重量（第2组）。

A. 杠铃前蹲（#44）

- 6组 ×8次、6次、4次、8次、6次、4次重复
- 休息75秒

B1. 侧桥

- 2组 ×30秒/侧
- 休息60秒

B2. 脚趾触杠铃杆（#28）

- 2组 ×20次重复
- 休息60秒

选项

简易选项 执行侧桥15秒/侧，将每组离心仰卧起坐的重复次数增加至12次。

进阶选项 执行侧桥40秒/侧，将每组脚趾触杠铃杆的重复次数增加至25次。

整理运动 站立股四头肌拉伸，臀部90度角拉伸，三角肌拉伸。

肩负重担

在做俯卧撑和俯卧撑变化动作时（例如这里的特色训练倒立肩部推举），保持肩部健康的最好方法之一就是在向地面降低身体的过程中向外旋转两侧肩部。为此，你可以将该动作想象成“将双手钻入地面中”（右手顺时针转动，左手逆时针转动）。实际上你的手不应该动，而是要给手传递一些旋转力。因此产生的扭矩可以形成更稳定的关节姿势，让你能够更加有效地做俯卧撑，同时降低了受伤风险。

热身运动

最伟大拉伸每侧重复4次，四肢走重复5次，肩部扫动每侧重复8次。

特色训练

倒立肩部推举

1. 开始时，采用俯卧撑姿势，双脚踩在长凳或箱子上。
2. 向长凳方向挪动双手，同时向天花板方向抬起臀部，直到躯干几乎垂直于地面。
3. 屈曲双肘，降低身体，直到头部几乎接触到地面（a）。
4. 双手用力推向地板，直到双臂伸直锁定（b）。重复所建议的次数。

完整的锻炼

A1. 推举（#16）
- 3组×6次重复
- 休息60秒

A2. 绳索单臂外展（#137）
- 12次重复/侧
- 休息60秒

B1. 坐姿哑铃肩上推举（#209）
- 3组×6次重复
- 休息60秒

B2. 倒立肩部推举
- 3组×12次重复
- 休息60秒

a

b

选项

简易选项 执行绳索单臂外展和倒立肩部推举各8次重复。

进阶选项 每项训练增加至4组。

整理运动 胸部拉伸，双侧背阔肌拉伸，臀部90度角拉伸。

最强深蹲

深蹲经常被称为训练中的王者，而且实至名归。你很难找到能够以后蹲那样的强度对小腿三头肌、股四头肌、臀部、腹部、下背部和背部中段进行挑战的训练了。而且，像深蹲这样的复合动作为肌肉的生长创造了完美的合成代谢激素环境。因此，请在你的训练计划中加入深蹲，你一定会发现全身的肌肉都变强壮了。

热身运动

相扑蹲举重复5次，跪姿内收肌拉伸、屈髋肌群拉伸和四点撑胸椎旋转每侧重复6次。

特色训练

杠铃深蹲

1. 将杠铃放在深蹲架刚好低于锁骨的位置上。

2. 走到杠铃下方，让杠铃位于后肩上，每只脚向后退一步（a）。

3. 收紧上半身，屈髋，屈曲膝关节，向地面降低身体，尝试尽可能下蹲，同时保持杠铃在双脚中间的上方（更多关于深蹲的正确技术，请参阅第1章的内容）（b）。

4. 一旦到达最底部，做反向动作站起来。重复所建议的次数。

a

b

完整的锻炼

执行下面的减重组5轮，根据要求减轻每组的重量。

杠铃深蹲

- 8次重复
- 休息30秒

杠铃深蹲（减少20%的重量）

- 8次重复
- 休息30秒

杠铃深蹲（再减少20%的重量）

- 8次重复
- 休息2分钟

选项

简易选项 执行4轮减重组。

进阶选项 每组之间仅减轻10%的重量。

整理运动 站立股四头肌拉伸，臀部90度角拉伸，三角肌拉伸。

178

野蛮对抗

在某些抗阻训练中，你总会遇到抓握力对所举起重量的影响，抓握力从而成为一个限制因素。

硬拉就是一个很好的例子。你可以通过两种方法来解决这个问题。第一种方法是继续致力于改善抓握力，做到能够以双手正握完成尽可能多组的动作。然而，当重量接近最大值时，你可以采用混合抓握法，一只手掌心朝下（掌心朝向你），而另一只手掌心朝上（掌心远离你）。利用混合抓握法确实会降低抓握力对举重的影响，让你可以给杠铃增加更多重量。

热身运动

最伟大拉伸重复4次，四肢走和燕式平衡重复5次，臀桥重复10次。

特色训练

单腿背部伸展

1. 进入背部伸展训练架，将一只脚靠在脚垫下侧。
2. 保持背部平直，以臀部为轴心向地面屈曲躯干，上半身和下半身之间大约呈90度角（a）。
3. 收缩腘绳肌，将躯干抬高回到水平位置，一定要在动作的最高点处使用臀肌发力（这将减轻下背部的压力）（b）。
4. 一侧腿完成所有重复次数之后再换另一侧腿。

完整的锻炼

A. 常规硬拉（#5）
- 5组 ×3次重复
- 休息90秒

B1. 哑铃向上踏步（#121）
- 2组 ×8次重复/侧
- 休息30秒

B2. 俯卧弯腿（#168）
- 2组 ×10次重复
- 休息30秒

B3. 单腿背部伸展
- 2组 ×6次重复/侧
- 休息30秒

选项

简易选项 执行3组常规硬拉。

进阶选项 每项训练增加1组。

整理运动 双侧背阔肌拉伸，腘绳肌拉伸，小腿拉伸。

179

胸部碰撞

在做仰卧推举的任何杠铃版本（水平、上斜、下斜）时，总是从眼睛在杠铃杆下方开始。这样做便于你将杠铃从挂钩上举起，而且让肩部和背阔肌位于很好的推举位置。它还能确保在推举到最高点时不会碰到杠铃挂钩或者训练垫的支柱。

热身运动

最伟大拉伸每侧重复4次，四肢走重复5次，肩部扫动每侧重复8次。

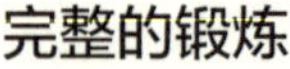
特色训练

上斜杠铃卧推

1. 在向上倾斜仰卧推举训练机上，双手位置刚好在肩膀外侧，抓住杠铃，然后将杠铃从杠铃挂钩上取下（a）。

2. 下背部保持自然的小幅度屈曲，降低杠铃直到它接触胸部的中间位置（b）。在降低杠铃的过程中，保持双肘向身体两侧靠拢。

3. 用力地将杠铃向上推，直到肘部完全伸直锁定。重复所建议的次数。

a

b

完整的锻炼

上斜杠铃卧推

- 4组 ×4次重复
- 休息60秒

哑铃卧推（#109）

- 4组 ×4次重复
- 休息60秒

上拉绳索胸部飞鸟（#157）

- 4组 ×12次重复
- 休息2分钟

选项

简易选项 每项训练完成3组。

进阶选项 每项训练完成5组。

整理运动 胸部拉伸，双侧背阔肌拉伸，臀部90度角拉伸。

转身接投球

你需要做更多旋转动作训练吗？当然。你需要更频繁地训练爆发力吗？当然。你需要将药球投向墙壁或者训练搭档吗？当然。旋转投掷药球（这里的特色训练）提供以上所述的所有训练功能，而且能够改善针对特定体育运动的技术，例如挥拳猛击、击高尔夫球和挥动球棒等。

热身运动

四肢走重复5次，四点撑胸椎旋转每侧身体重复6次，猫驼姿势重复10次。

特色训练

旋转投掷药球

1. 抓起一个药球，站在距离搭档大约1米远的地方，左肩朝向投掷目标。
2. 将球抱在躯干中部，双臂伸直。通过转动髋关节、左脚和肩膀，将球转向左侧，然后把球投递给搭档（a）。
3. 快速向右转动身体，从搭档那里将球取回（b）。
4. 在一侧完成所有重复次数之后再切换到另一侧。

完整的锻炼

A1. 杠铃前蹲（#44）
- 4组 × 6次重复
- 休息75秒

A2. 哑铃向上踏步（#121）
- 4组 × 6次重复/侧
- 休息75秒

B1. 泡沫轴反向仰卧起坐（#229）
- 3组 × 10次重复
- 休息60秒

B2. 旋转投掷药球（#180）
- 3组 × 10次重复
- 休息60秒

a

b

选项

简易选项 执行杠铃前蹲和哑铃向上踏步各3组。

进阶选项 每项训练增加2次重复。

整理运动 双侧背阔肌拉伸，三角肌拉伸，腘绳肌拉伸。

181

6-12-25胸部训练

你第一次走进健身房时，很可能会坐在训练凳上做推举锻炼胸部。但我向你保证，你之前肯定没有以这种方式锻炼过胸肌。通过将不同的力量素质（力量、增大肌肉和耐力）训练合并在一个锻炼中，你会得到一个能量库，让你像超人一样强壮。

热身运动

最伟大拉伸每侧重复4次，四肢走重复5次，肩部扫动每侧重复8次。

特色训练

绳索胸部飞鸟

1. 站在门框式缆绳训练机的中间。缆绳应该调整到胸部的中间高度，而且要分别系上一个D形手柄。

2. 采取分腿站立姿势（一只脚在另一只脚的前面），双臂向身体两侧伸出，肘部稍微屈曲，双手各抓住一个手柄（a）。

3. 肘部锁定，双手向胸部前方收拢，在该动作达到最大限度时绷紧胸肌（可以想象成你尽力去抱一个无形的桶）（b）。

4. 回到起始位置，重复建议的次数。

a

b

完整的锻炼

将下面3项训练作为一个循环训练执行，每项训练之间休息10秒，每轮之间休息100秒。一共重复该循环训练4轮。

杠铃卧推（#54）

- 6次重复
- 休息10秒

上斜哑铃卧推（#210）

- 12次重复
- 休息10秒

绳索胸部飞鸟

- 25次重复
- 休息100秒

选项

简易选项 将绳索胸部飞鸟的重复次数减少至15次。

进阶选项 额外增加1轮，让该循环训练的总轮数达到5轮。

整理运动 胸部拉伸，双侧背阔肌拉伸，臀部90度角拉伸。

拎大皮箱

你刚结束漫长的飞行后下飞机，正在行李传送带旁边等待取行李箱。然后，你看到你的行李箱被传送过来了，鼓鼓的，里面塞满了东西。但是，和其他吃力拖着行李箱行走的人不一样，你轻快地将行李箱从传送带上拎起来，然后直奔目的地。这里的特色训练“杠铃行李箱硬拉”能够帮助你为这样的时刻做好准备。它以贴近日常生活的方式训练你的抓握力、臀肌、腘绳肌和核心，做到学以致用。

热身运动

最伟大拉伸重复4次，四肢走和燕式平衡重复5次，臀桥重复10次。

特色训练

杠铃行李箱硬拉

1. 将装有杠铃片的杠铃放在右脚踝旁边。
2. 保持脊柱处于自然姿势，胸部挺直，眼睛向前看，向右屈曲髋关节与膝关节，直到能够抓到杠铃的中间（a）。
3. 伸展膝关节和髋关节，直到回到站立姿势（b）。
4. 将杠铃放回起始位置，在一侧完成所有重复次数之后再切换到另一侧。

完整的锻炼

A. 杠铃行李箱硬拉
- 4组 ×6次重复/侧
- 休息90秒

B1. 捧杯式深蹲（#2）
- 3组 ×10次重复
- 休息60秒

B2. 坐姿蹬腿（#114）
- 3组 ×10次重复
- 休息60秒

a

b

选项

简易选项 将捧杯式深蹲和坐姿蹬腿减少至2组。

进阶选项 每侧杠铃行李箱硬拉训练增加2次重复。

整理运动 双侧背阔肌拉伸，腘绳肌拉伸，小腿拉伸。

183

肱二头肌弯举

如果你的目标是让手臂变得更粗，那么每个星期训练一两次手臂肯定会有不错的效果。虽然你不应该放弃深蹲、硬拉和其他全身锻炼方案，但是有针对性地锻炼某个肌群仍然是让该肌群增加力量、增加横截面积的最有效、最关键的训练部分。换句话说，深蹲可能会让你的所有肌肉都增大，但是如果想要得到粗壮的双臂，加入一些肱二头肌弯举会达到最好的效果。

热身运动

四肢走重复5次，四点撑胸椎旋转每侧身体重复6次，猫驼姿势重复10次。

特色训练

站姿单臂绳索弯举

1. 给缆绳训练机的低滑轮装上D形手柄。掌心向上抓住手柄，身体站直，手臂伸直，前腿膝关节稍微屈曲（a）。
2. 保持上臂锁定在胸腔一侧，屈曲肘部，直到拳头到达肩膀前方（b），在结束姿势绷紧肱二头肌。
3. 伸直手臂，回到起始姿势。在一侧完成所有重复次数之后再切换到另一侧。

完整的锻炼

A. 窄握距下巴过杠引体向上（#1）

- 4组 ×6次重复
- 休息90秒

B1. 站姿单臂绳索弯举

- 3组 ×10次重复/侧
- 休息45秒

B2. 偏移抓握法上斜哑铃弯举（#243）

- 3组 ×10次重复
- 休息45秒

a

b

选项

简易选项 执行站姿单臂绳索弯举和偏移抓握法上斜哑铃弯举各2组。

进阶选项 站姿单臂绳索弯举和偏移抓握法上斜哑铃弯举各增加1组。

整理运动 双侧背阔肌拉伸，三角肌拉伸，腘绳肌拉伸。

第5章

最艰难的训练

本章内容全部是关于适应性训练的，或者是关于在疲劳的时候执行动作或技能的能力的。

学到这里，你应该熟悉并熟练掌握了所有主要的训练模式。现在是考验你的时候了，看看你在肌肉疲劳、气喘吁吁和汗流浃背的时候，执行所学过的技术能达到什么样的效果。本章的训练需要准确性、决心和勇气。这种类型的训练除了能够直接提升你在球场的运动能力之外，还能够很好地改善身体组成，尤其是快速减少体内脂肪。

184

杠铃肩举

你的妈妈总是告诉你吃完盘里的食物才可以离开餐桌。这句话也适用于举重。在完成整个肩举训练课程之前，你不可以离开举重台。我可以向你保证，这比吃完盘里的西蓝花难多了。

热身运动

最伟大拉伸每侧重复4次，屈髋肌群拉伸和燕式平衡每侧重复4次，肩部扫动每侧重复8次。

特色训练

高翻前蹲

1. 开始时，以正握方式抓住杠铃，双手和双脚的距离略比肩宽（a）。

2. 保持杠铃杆贴近小腿，在将杠铃从地面提起的同时，慢慢向后移动膝关节。

3. 一旦杠铃到达大腿的中间位置，伸展踝关节、膝关节和髋关节，爆发性向上跳起（b）。

4. 果断地将身体降低到杠铃下方，围绕杠铃杆旋转肘部。

5. 你要判断举起杠铃的时间点，以便在下蹲的最低位置将杠铃托起（c）。

6. 托着杠铃站起来，这就是一次完整的重复（d）。重复所建议的次数。

a

b

c

d

完整的锻炼

杠铃杆的每端装一个45磅（约20千克）的杠铃片，将计时器设置为20分钟。

高翻前蹲

- 每分钟完成1次重复，一共做20分钟（一共20次重复）

选项

简易选项 每分钟执行1次重复，一共做15分钟。

进阶选项 每分钟完成2次重复，一共做20分钟。

整理运动 站立股四头肌拉伸，臀部90度角拉伸，双侧背阔肌拉伸。

战胜困难

运动心理学家们早就发现想象有助于提升表现和实现目标。所以你下次遇到训练停滞期，发现自己的时间或者重复次数没有进步时，可以花几分钟来想象你要达到目标。实际上，即使你没有在健身房或者球场，也可以完成想象过程。到了晚上，在睡觉之前，想象你在硬拉中可以举起400磅（约181千克）的重量，比上一次快15秒完成循环训练，或者罚球赢得比赛。想象能够帮助你冲破禁锢。

热身运动

相扑蹲举重复6次，四点撑胸椎旋转每侧重复6次，臀桥重复8次，猫驼姿势重复10次。

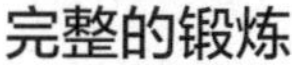

特色训练

臀部–大腿抬升仰卧起坐

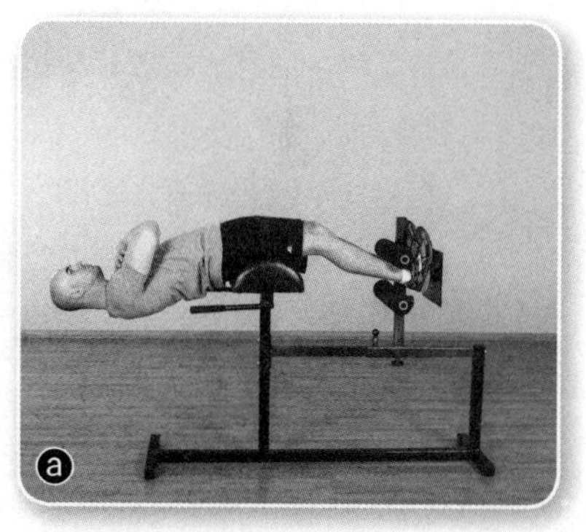

1. 设置臀部–大腿抬升训练架，让垫子在双腿伸直时刚好处于臀部下方。

2. 坐在训练架上，脸部朝天花板方向，双腿伸直（和利用训练机做臀部–大腿抬升刚好相反）。

3. 向后倾斜躯干，直到上半身在平行水平以下（a）。在向后倾斜的过程中，允许膝盖稍微屈曲。

4. 一旦下降达到最大活动范围，就用力坐起来，并伸直双腿（b）。伸手触摸脚趾。重复所建议的次数。

完整的锻炼

完成下面的循环训练3轮。在第1轮的每项训练执行20次重复。在第2轮每项训练执行15次重复。在第3轮每项训练执行10次重复。在尽可能少的时间内完成所有3轮训练，仅在必要的时候休息。

捧杯式深蹲（#2）

直握引体向上（#237）

臀部–大腿抬升仰卧起坐

警告：下背部有问题的人做臀部–大腿抬升仰卧起坐可能存在困难。如果存在这种情况，请改用传统的仰卧起坐。此外，在使用训练架的过程中要格外小心。

选项

简易选项 将每轮的重复次数分别减少至12次、10次和8次。

进阶选项 在循环训练的最后，每项训练再加上包含8次重复的1轮。

整理运动 站立股四头肌拉伸，臀部90度角拉伸，双侧背阔肌拉伸。

186

推-拉-跳

按照时间要求执行循环训练不仅需要力量和耐力，还需要策略。在休息之前，完成尽可能多的重复次数是最好的吗？在一些重复中少用力气，以便坚持到最后，这样做是不是更聪明？在定时循环训练中要尝试利用不同的策略，以确定哪种最适合你。

热身运动

最伟大拉伸每侧重复4次，屈髋肌群拉伸和燕式平衡每侧重复4次，肩部扫动每侧重复8次。

特色训练

垫高脚俯卧撑

1. 开始时，用箱子或者长凳垫高双脚（箱子越高，该训练就越难），双手刚好在肩膀外侧，双臂伸直。从脚踝到肩膀应该形成一条直线（a）。

2. 将身体降低到地面，肘部沿身体两侧向后弯曲（b）。在做该动作的时候不要让臀部下垂或者弓起。

3. 一旦到达最低位置，用力将身体向上推，直到手臂伸直锁定。重复进行。

完整的锻炼

在10分钟内尽可能完成更多轮该循环训练。

垫高脚俯卧撑

- 30次重复

引体向上（#231）

- 15次重复

跳箱（#198）

- 10次重复

选项

简易选项 执行10次垫高脚俯卧撑和10次引体向上。

进阶选项 在12分钟内尽可能地完成更多的组数。

整理运动 腘绳肌拉伸，小腿拉伸，胸部拉伸。

向农夫取经

农夫走（这样命名是因为农夫经常这样提东西走路）是一个简单但十分有效的全身适应性训练方法。它能够很好地锻炼抓握力和发展全身力量，对许多日常活动大有益处（例如提沉重的购物袋或手提箱）。

热身运动

相扑蹲举重复6次，四点撑胸椎旋转每侧重复6次，臀桥重复8次，猫驼姿势重复10次。

特色训练

农夫走

1. 可以使用哑铃、壶铃或者重型手柄来完成该训练。
2. 每只手各握一个哑铃。
3. 身体站立，双臂垂于身体两侧，保持胸部挺直，不要耸肩。
4. 保持这个姿势，以中等速度向前行走规定的距离。

完整的锻炼

完成下面的循环训练4轮，每项训练之间尽可能少休息。

农夫走

- 40米

捧杯式深蹲（#2）

- 10次重复

农夫走

- 40米

哑铃上斜卧推（#210）

- 10次重复

农夫走

- 4组 × 40米

双臂壶铃甩摆（#13）

- 20次重复
- 休息2分钟

选项

简易选项 将农夫走的距离减少至20米。

进阶选项 将农夫走的距离增加至60米。

整理运动 腘绳肌拉伸，小腿拉伸，胸部拉伸。

188

十全十美

完美无瑕的表现才能得到10分。

十全十美曾用来形容波·德瑞克在20世纪70年代著名电影中的美丽。而她走红的年头刚好是十年。然而，在这个锻炼中，10用来表示每组10次重复。这10次重复异常艰难，你必须克服困难才能坚持下来。如果这10次重复对你来说还构不成挑战，那么就尝试在10分钟完成这个考验新陈代谢的锻炼。

一旦成功，你将赢得十全十美的称号。

热身运动

相扑蹲举重复6次，四点撑胸椎旋转每侧重复6次，臀桥重复8次，猫驼姿势重复10次。

特色训练

囚徒深蹲

1. 身体站立，双脚距离在臀部宽度与肩部宽度之间，将双手放在头部后方，双肘指向外侧（a）。
2. 解除膝关节和髋关节锁定，降低身体，尽可能向下深蹲（b）。一定要保持胸部挺直，双手不要向前按压头部。
3. 一旦达到最低位置，就回到站立姿势。重复所建议的次数。

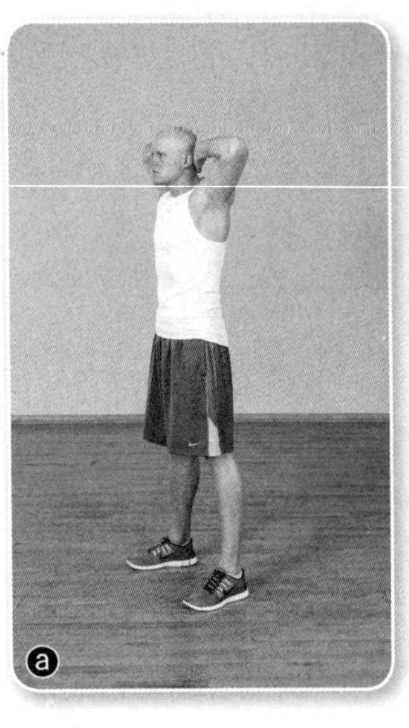
a

b

完整的锻炼

完成下面的循环训练10轮，尽可能少休息。

哑铃前蹲过顶深蹲（#208）

- 10次重复

蛙式仰卧起坐（#27）

- 10次重复

囚徒深蹲

- 10次重复

选项

简易选项 哑铃前蹲过顶深蹲每轮执行5次重复。

进阶选项 整个循环训练额外执行2轮（一共12轮）。

整理运动 站立股四头肌拉伸，臀部90度角拉伸，双侧背阔肌拉伸。

划船推举

尝试在规定的时间内完成尽可能多的重复次数（通常称为密度训练），是减少脂肪和挑战自己的特别好的方式。这个密度循环训练包含蹬腿和胸部支撑哑铃划船，针对的是非冲突性肌群，因此在做完一组训练之后，你还可以精力充沛地完成下一组训练。

热身运动

最伟大拉伸每侧重复4次，屈髋肌群拉伸和燕式平衡每侧重复6次，肩部扫动每侧重复8次。

a

b

特色训练

胸部支撑哑铃划船

1. 将可调整长凳设置为向上倾斜30度角。
2. 抓住一对哑铃，脸部朝下趴在长凳上。头部应该高于双脚。手臂下垂，让哑铃位于肩膀的正下方（a）。
3. 保持双臂贴近身体两侧，双肘向身体后方移动，尽可能向上拉动哑铃（b）。
4. 降低哑铃回到起始位置，重复建议的次数。

完整的锻炼

完成下面的训练，两项训练交替进行，一共执行20分钟，每组和每轮之间尽量少休息。每项训练使用你的正常6RM的60%。

坐姿蹬腿（#114）

- 6次重复

胸部支撑哑铃划船

- 6次重复

选项

简易选项 执行该循环训练15分钟。

进阶选项 每项训练使用6RM的75%。

整理运动 站立股四头肌拉伸，双侧背阔肌拉伸，臀部90度角拉伸。

有效的50

要想完成“有效的50”，你需要每项训练完成5轮，每轮10次重复（每项训练一共完成50次重复，这就是这个锻炼名称的来由）。这些训练都具有需要克服自身重量、没有外部负荷的特点，但是该锻炼将推、拉、蹲和跳结合在一起，在完成之后，你应该疲惫不堪，而且上气不接下气。不要让这个锻炼或者任何其他只使用相当于体重的负荷的锻炼所欺骗。只要一项锻炼设计得刚好合适，那么完成它可能会比你想象的要难。

热身运动

相扑蹲举重复6次，四点撑胸椎旋转每侧重复6次，臀桥重复8次，猫驼姿势重复10次。

特色训练

俯冲俯卧撑

1. 以俯卧撑姿势开始，双手距离刚好比肩宽，身体从头到脚形成一条直线。
2. 双手用力撑地面，臀部向后移动，弓起在空中。双臂和双腿应该保持伸直，而双手应该在头部前方（a）。
3. 弯曲双肘，胸部向地面降低，身体向前移动（b）。
4. 将头部从双臂之间穿出，抬高胸部，保持双腿刚好离开地面（c）。
5. 做反向动作，回到起始位置。重复所建议的次数。

a

b

c

完整的锻炼

完成下面的循环训练5轮，尽可能少休息。

囚徒深蹲（#188）
- 10次重复

俯冲俯卧撑
- 10次重复

分腿跳跃（#14）
- 10次重复（每侧5次）

下巴过杠引体向上（#73）
- 10次重复

选项

简易选项 执行该循环训练3轮。

进阶选项 在整个锻炼中穿加重背心。

整理运动 站立股四头肌拉伸，臀部90度角拉伸，双侧背阔肌拉伸。

核心力量

虽然尝试改善柔韧性没有什么错，但是如果只是为了增加柔韧性而增加柔韧性，那是毫无价值的。你应该试图让自身柔韧性与在健身房、体育运动和日常生活中所需的柔韧性相适应。除此之外，本末倒置可能很有意思，但是没有多大好处。

热身运动

相扑蹲举重复5次，屈髋肌群拉伸、四点撑胸椎旋转和跪姿内收肌拉伸每侧重复6次。

特色训练

宽距离俯卧撑

1. 开始时，四肢着地，从头到脚处于平板撑姿势。双手距离应该为肩宽的两倍（a）。

2. 向地面降低躯干，屈曲双肘，保持它们向身体两侧内收。

3. 在到达最低位置时（b），双手用力推地面让身体上升，伸直双肘直到锁定。臀部、大腿和躯干应该同时上升。重复所建议的次数。

a

b

完整的锻炼

以尽可能快的速度完成下面的循环训练。每项训练之间尽可能少休息，而在每组中根据需要休息。

杠铃深蹲（#63）
- 25次重复

宽距离俯卧撑
- 50次重复

双臂壶铃甩摆（#13）
- 75次重复

宽距离俯卧撑
- 50次重复

杠铃深蹲（#63）
- 25次重复

选项

简易选项 将杠铃深蹲的重复次数减少至15次，宽距离俯卧撑减少至25次，壶铃甩摆减少至50次。

进阶选项 将壶铃甩摆的重复次数增加至100次。

整理运动 站立股四头肌拉伸，臀部90度角拉伸，三角肌拉伸。

192

重锤出击

这个锻炼为什么叫重锤出击呢？因为在头一两轮中你可能觉得不是很难，可以接受。但是，在接下来的几轮中，你将感觉到好像同时遭受左右勾拳的打击。你的腹肌酸痛难受，你的肺部像风箱一样喘气，你在想着什么时候才能熬到最后一轮。但是你要战斗到底，坚持到最后，一定会有刚刚赢得冠军金腰带的感觉。

热身运动

相扑蹲举重复6次，四点撑胸椎旋转每侧重复6次，臀桥重复8次，猫驼姿势重复10次。

特色训练

双臂壶铃抓举

1. 身体站立，每只手各握一个壶铃。双臂应该放在身体两侧。
2. 保持自然的脊椎姿势，绷紧核心肌群，向后屈曲髋关节，将壶铃摆动到身后（a）。
3. 用力伸展髋关节，将双臂在头顶举起，保持双臂伸直锁定（b）。
4. 壶铃应该从拳头上方翻过去，然后靠在手腕背部（一定要让壶铃环绕缓冲落到手腕背部——避免撞击手腕）（c）。
5. 在将双臂下放到身体两侧的过程中，让壶铃越过拳头，然后马上开始下一次重复。

完整的锻炼

在尽可能少的时间内完成10轮下面的循环训练，在必要的时候休息。

双臂壶铃抓举

- 5次重复

弹力带俯卧撑（#3）

- 10次重复

脚趾触杠铃杆（#28）

- 10次重复

a

b

c

选项

简易选项 执行该循环训练6轮。

进阶选项 脚趾触杠铃杆增加5次重复。

整理运动 站立股四头肌拉伸，臀部90度角拉伸，双侧背阔肌拉伸。

跳跃盛宴

开合跳是这里的特色训练，它是增强式训练很好的切入点。它们的冲击性很低，而且很容易完成更多次重复。如果你的跳箱、交换跳、单腿跳和垂直跳跃经验不是很丰富，那么开合跳（和跳绳）是一个很好的选择。

热身运动

相扑蹲举重复6次，四点撑胸椎旋转每侧重复6次，臀桥重复8次，猫驼姿势重复10次。

特色训练

开合跳

1. 从挺直的站立姿势开始（a）。双脚向两侧移动时，双臂伸直，从身体两侧外展抬起，高过头顶。
2. 做反向动作，在将双臂向下放回到身体两侧的同时将双脚靠拢。重复所建议的次数。

完整的锻炼

完成1轮下面的循环训练，尽可能少休息。

开合跳

- 100次重复

囚徒深蹲（#188）

- 75次重复

俯卧撑（#12）

- 50次重复

下巴过杠引体向上（#73）

- 25次重复

a

b

选项

简易选项 将下巴过杠引体向上的重复次数减少至10次。

进阶选项 执行该循环训练2轮。

整理运动 腘绳肌拉伸，小腿拉伸，胸部拉伸。

194
地狱之犬

在完成这个锻炼之后，你会感觉好像被地狱之犬狂追不舍。这个训练将冲刺和俯卧撑结合起来，让身体得不到任何机会真正地充分休息，将严格考验你在疲劳的时候执行训练方案的能力。现在就穿上运动鞋，试一试吧！

热身运动

相扑蹲举重复6次，四点撑胸椎旋转每侧重复6次，臀桥重复8次，猫驼姿势重复10次。

特色训练

俯卧撑

1. 以俯卧平板撑姿势进入地面，双臂伸直，双手距离大于肩宽（a）。

2. 从头到脚呈一条直线，降低身体，直到胸部距离地面5 ~ 8厘米（b）。在下降的过程中，保持双肘向胸腔两肋方向屈曲内收。

3. 用力做反向动作，撑起身体回到起始位置。重复所建议的次数。

a

b

完整的锻炼

交替执行下面两项训练，一共完成10组，每个动作和每轮之间尽可能少休息。

100米冲刺（#41）

- 10组

俯卧撑

- 10组，各组完成的重复次数依次为10次、9次、8次、7次、6次、5次、4次、3次、2次、1次

选项

简易选项 将冲刺减少至50米。

进阶选项 在每次冲刺之间做20个俯卧撑。

整理运动 站立股四头肌拉伸，臀部90度角拉伸，双侧背阔肌拉伸。

高高在上

谈到引体向上、下巴过杠引体向上以及它们的各种变化版本，大多数人都失败在最后的上升动作上。引体向上是这里的特色训练，它在动作的最高点加入一个等距保持（当胸部超过杠铃杆时），以增加该活动范围的力量和信心。你可能做不了多少次重复，但是只要坚持将该动作加入训练或者热身运动中，就会发现自己的拉力提升了。

热身运动

四肢走重复5次，四点撑胸椎旋转每侧身体重复6次，猫驼姿势重复10次。

特色训练

最高点保持下巴过杠引体向上

1. 双手握距与肩同宽，以抓握法抓住单杠（手掌朝向自己），双臂垂直（a）。
2. 收缩肩胛骨牵引身体向单杠移动。保持双膝向后，双肘向下移动到背后，使将胸部与单杠平齐（b）。
3. 保持该最高姿势5秒，然后下降回到起始位置。重复所建议的次数。

完整的锻炼

A. 最高点保持下巴过杠引体向上
- 5组 ×3次重复（保持5秒）
- 休息60秒

B1. 哑铃单臂前蹲推举（#199）
- 4组 ×8次重复/侧
- 休息45秒

B2. 俯卧撑（#12）
- 4组 ×15次重复
- 休息45秒

C. 跑步（#41）
- 1.6千米

ⓐ

ⓑ

选项

简易选项 执行哑铃单臂前蹲推举和俯卧撑各3组。将跑步距离减少至800米。

进阶选项 将最高点保持下巴过杠引体向上的重复次数增加至每组6次。

整理运动 双侧背阔肌拉伸，三角肌拉伸，腘绳肌拉伸。

196

悬挂时间

虽然用杠铃执行奥林匹克风格的举重是许多运动员和训练爱好者的终极目标，但是许多人因为缺乏技术、力量和灵活性而无法成功完成这样的举重。然而，这并不意味着你的训练计划应该去除抓举、高翻和推举。这些举重可以改为壶铃、哑铃（如这里的锻炼）甚至药球版本，既可以模仿重要的动作模式，又没有完整的杠铃版本要求那么高。

热身运动

最伟大拉伸每侧重复4次，屈髋肌群拉伸和燕式平衡每侧重复6次，肩部扫动每侧重复8次。

特色训练

哑铃悬垂高翻

1. 用右手抓住哑铃，双脚站立，与肩同宽。保持胸部挺直，屈曲膝关节，臀部向后移动，直到哑铃刚好在膝盖上方（a）。

2. 以爆发性的动作向前移动髋部，耸起右肩，伸展脚踝，将哑铃举起到肩膀高度（b）。在整个动作过程中要确保哑铃贴近身体。

3. 让肘部紧贴胸腔，右手托住哑铃（c）。将哑铃降低回到起始位置。在一侧完成所有建议的重复次数之后再切换到另一侧。

完整的锻炼

A. 哑铃悬垂高翻
- 5组 ×3次重复/侧
- 休息90秒

B1. 宽握距引体向上（#117）
- 3组 ×8次重复
- 休息60秒

B2. 杠铃弓箭步下蹲（#112）
- 3组 ×6次重复/侧
- 休息60秒

B3. 美式壶铃甩摆（#206）
- 3组 ×12次重复
- 休息60秒

选项

简易选项 执行宽握距引体向上、杠铃弓箭步下蹲和美式壶铃甩摆各2组。

进阶选项 宽握距引体向上、杠铃弓箭步下蹲和美式壶铃甩摆各增加1组。

整理运动 腘绳肌拉伸，小腿拉伸，胸部拉伸。

摆动训练

做循环训练要面临有一些独特的挑战，而且要采取一些策略。你从一开始就竭尽全力吗？你有没有控制节奏，以免在几分钟后就用光力气了？无论使用哪种策略，始终要牢记的是你的肌肉逐渐会变得疲劳，而且你会上气不接下气，这时你会倾向于采用不规范的动作和在次数上自欺欺人。你要尽力改掉这些坏习惯，这样才能坚持到最后，并且获得最佳的训练效果。

热身运动

最伟大拉伸重复4次，四肢走和燕式平衡重复5次，臀桥重复10次。

特色训练

单臂壶铃甩摆

1. 开始时，将壶铃放在脚趾前方。右手向下伸，抓住壶铃的手柄，将它从双腿之间向后摆动，确保以髋关节为轴心（a）。

2. 向前移动臀部，顺势向上摆动壶铃，让它向上摆动至肚脐和肩膀之间的高度（b）。不要依靠手臂壶铃甩摆，所有力量应该来自下半身。

3. 一旦壶铃达到最高点，就向后移动臀部，将壶铃从双腿之间向后摆动。

4. 以右臂完成所有重复次数之后再切换到左臂。如果你有单臂壶铃甩摆经验，那么在每次重复之间交替使用左右臂。

a

b

完整的锻炼

在12分钟内尽可能完成更多轮该循环训练。

俯卧撑（#12）

- 10次重复

单臂壶铃甩摆

- 10次重复/侧

划船（#212）

- 300米

选项

简易选项 在9分钟内尽可能完成更多轮该循环训练。

进阶选项 在15分钟内尽可能完成更多轮该循环训练。

整理运动 双侧背阔肌拉伸，腘绳肌拉伸，小腿拉伸。

桶

在健身房，“桶”可以指两件事：深蹲经常被称为“坐在桶里”，意思是在每次重复中，臀部要尽可能接近地面；另外，在健身房角落里的垃圾箱也被称为“桶”。在特别艰苦的锻炼中，你可能根本吃不下早饭，只能把它倒到垃圾桶里。在这个锻炼中，在深蹲期间，毫无疑问要求你要“坐在桶里”。当然，如果你足够卖命，可能还需要另一个垃圾桶。

热身运动

最伟大拉伸重复4次，四肢走和燕式平衡重复5次，臀桥重复10次。

特色训练

跳箱

1. 站在距离训练跳箱30厘米远处，双脚距离与髋部同宽。
2. 以流畅的动作将双臂摆动到身体后方，同时屈曲膝关节。在该过程中，双臂要保持伸直（a）。
3. 紧接着向前摆动手臂，并跳到箱子上，在此过程中不要出现停顿（b）。
4. 着陆时屈曲膝关节，然后站直身体，锁定膝关节（c）。从箱子上走下来，并重复建议的次数。

完整的锻炼

在12分钟内尽可能多地完成下面的循环训练。利用1RM的50%做硬拉。跳箱练习使用60厘米高的箱子。

跳箱
- 5次重复

常规硬拉（#5）
- 10次重复

俯卧撑（#12）
- 15次重复

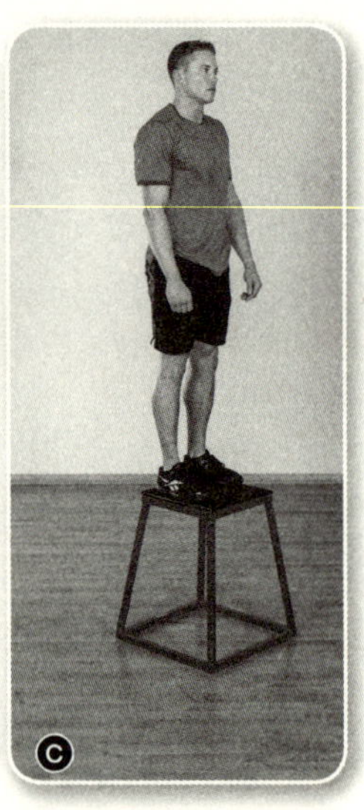

选项

简易选项 执行常规硬拉8次重复。

进阶选项 利用1RM的60%做硬拉。

整理运动 双侧背阔肌拉伸，腘绳肌拉伸，小腿拉伸。

发射火箭

就训练而言，被讨论得最少的方面之一就是在组合动作（例如哑铃单臂前蹲推举）或者全身协调动作（例如引体向上或壶铃甩摆）的执行过程中培养节奏感。能够无缝地从动作的一个阶段过渡到另一个阶段或者从一次重复过渡到下一次重复意味着你将节省能量，以及可以更加轻松地将训练成果转移到特定的体育运动中。所以尽力减少任何磕绊或顿挫，要使动作流畅自然。

热身运动

最伟大拉伸每侧重复4次，屈髋肌群拉伸和燕式平衡每侧重复4次，肩部扫动每侧重复8次。

特色训练

哑铃单臂前蹲推举

1. 左手抓住一个哑铃，身体站立，双脚距离略比肩宽。保持哑铃在肩膀高度，胸部挺直（a），尽可能向下深蹲（b）。

2. 一旦身体到达最低位置，向上伸展髋关节与膝关节，让身体向上运动。身体接近完全笔直时，利用下半身产生的爆发力将哑铃向头顶正上方推起（c）。

3. 将哑铃放回起始位置，然后再下蹲进入下一次重复。在一侧完成所有重复次数之后再切换到另一侧。

完整的锻炼

A. 跳箱（#198）
- 3组 ×6次重复
- 休息60秒

B1. 哑铃单臂前蹲推举
- 3组 ×8次重复/侧
- 休息45秒

B2. 宽握距引体向上（#117）
- 3组 ×8次重复/侧
- 休息45秒

C. 划船（#212）
- 2组 ×500米
- 休息2分钟

a

b

c

选项

简易选项 将宽握距引体向上替换为跪姿下拉（#120）。

进阶选项 额外增加1组划船训练。

整理运动 站立股四头肌拉伸，臀部90度角拉伸，双侧背阔肌拉伸。

200

分腿锻炼

在每个版本的分腿深蹲中，脚抬起的高度和姿势的不同将会影响难度级别。虽然在最难的分腿深蹲版本中，灵活性是最大的挑战，但是根据一般经验，前脚抬高分腿深蹲是最简单的版本，而后脚抬高分腿深蹲（也称为保加利亚分腿深蹲）是最难的版本。当然，在训练计划中加入各种版本的分腿深蹲是有好处的，因为单边训练（一次一侧腿）有助于身体的均衡发展和运动能力的提升。

热身运动

相扑蹲举重复6次，四点撑胸椎旋转每侧重复6次，臀桥重复8次，猫驼姿势重复10次。

特色训练

保加利亚分腿深蹲

1. 采取分腿站立姿势（一只脚在前），将后面那只脚放在长凳或训练跳箱上（a）。

2. 保持胸部挺直，降低身体，直到后膝盖距离地面2.5 ~ 5厘米（b）。

3. 前脚用力蹬地，让身体回到起始位置。

4. 在一侧完成所有重复次数之后再切换到另一侧。

a

b

完整的锻炼

在20分钟内尽可能多地完成下面的成对训练。每组和每轮之间仅在必要的时候休息。

下巴过杠引体向上（#73）

- 6次重复

保加利亚分腿深蹲

- 6次重复/侧

选项

简易选项 将下巴过杠引体向上替换为跪姿下拉（#120）。

进阶选项 给每项训练增加负重。

整理运动 站立股四头肌拉伸，臀部90度角拉伸，双侧背阔肌拉伸。

地狱之旅

有一句名言是这样说的“算得准，管得稳”。在以下的锻炼中，你要计算在特定的时间内可以完成多少次重复。但是因为在定时锻炼中速度是成功的关键因素，所以一定要避免为了完成所有重复次数而采取不规范动作。规范、技术和安全应该总是优先于速度或重量。如果超出自己的能力范围，通常的做法是减去一些重复次数，高质量完成每次重复并避免受伤。

热身运动

四肢走重复5次，四点撑胸椎旋转每侧身体重复6次，猫驼姿势重复10次。

特色训练

悬吊带分腿蹲交换跳

1. 双臂伸直，双手抓住悬吊带的手柄，双腿以分腿姿站立，左脚在前面。

2. 屈曲双膝，向地面降低身体。当后面的膝盖下降至距离地面2.5 ~ 5厘米时（a），快速向上跳起（b）。

3. 双脚腾起，在空中快速切换双脚的位置，让右脚在前、左脚在后（c），确保以后脚的前脚掌着地。

4. 以这种方式交替进行，直到完成所有重复次数。

完整的锻炼

在12分钟内尽可能多地完成下面的循环训练。

跳箱（#198）

- 6次重复

悬吊带分腿蹲交换跳

- 12次重复（每侧6次）

对墙推球（#25）

- 24次重复

俯卧撑（#12）

- 36次重复

选项

简易选项 在9分钟内尽可能完成更多次重复。

进阶选项 执行跳箱10次重复，悬吊带分腿蹲交换跳18次重复。

整理运动 双侧背阔肌拉伸，三角肌拉伸，腘绳肌拉伸。

202

霸王龙

悬吊带和其他悬挂训练机器是自重训练的出色工具。

悬吊带可以帮助你分担一部分体重（让分腿深蹲和倒立划船等动作变得更加容易）或者创造各种更具挑战性的角度，所以非常适合用来改变传统训练和特殊训练的难度级别。和杠铃、壶铃、哑铃、缆绳和沙袋一样，悬挂训练机器也是你的力量训练工具宝库中的另一名得力干将。

热身运动

最伟大拉伸每侧重复4次，屈髋肌群拉伸和燕式平衡每侧重复4次，肩部扫动每侧重复8次。

特色训练

悬吊带低姿划船

1. 双手自然抓握（手掌彼此相对）抓住TRX悬吊带或其他悬挂训练机器。
2. 双脚向锚点方向移动，调整锻炼的难度（a）。双脚越接近锚点，身体的角度就越接近水平线，因此挑战性就越大。
3. 保持手腕锁定，双肘向后划动到身体后方。在整个过程中保持前臂靠近胸腔（b）。
4. 一旦手柄到达胸腔位置，就做反向动作，缓慢降低身体。在整个过程中，保持从肩膀到脚踝呈一条直线。重复所建议的次数。

a　b

完整的锻炼

完成下面的循环训练5轮。

悬吊带分腿蹲交换跳（#201）
- 15次重复
- 休息15秒

悬吊带低姿划船
- 15次重复
- 休息15秒

侧弓箭步（#143）
- 8次重复/侧
- 休息15秒

仰卧绳索胸部飞鸟（#172）
- 15次重复
- 休息90秒

选项

简易选项　执行4轮循环训练。

进阶选项　将每个循环训练之间的休息时间减少至60秒。

整理运动　腘绳肌拉伸，小腿拉伸，胸部拉伸。

推举和弓箭步

俯卧撑是小菜一碟。那么自重弓箭步呢？也很简单。这很好，但是将它们结合起来就是另一回事了。连续执行俯卧撑和弓箭步，中间没有任何休息。在这个锻炼中，两种基础动作模式起到增加肌肉的作用，而且练习之间没有休息也增加了新陈代谢需求，起到很好地燃烧脂肪的作用。

热身运动

最伟大拉伸每侧重复4次，屈髋肌群拉伸和燕式平衡每侧重复6次，肩部扫动每侧重复8次。

特色训练

交替自重弓箭步

1. 双手叉腰（a）。
2. 向前踏出一大步，屈曲膝盖直到后腿膝盖距离地面大约2.5厘米（两条腿都应该呈90度角弯曲）（b）。
3. 前脚用力蹬地，直到身体回到起始位置（c）。
4. 双腿交替进行，直到完成所有的重复次数（d）。

a

b

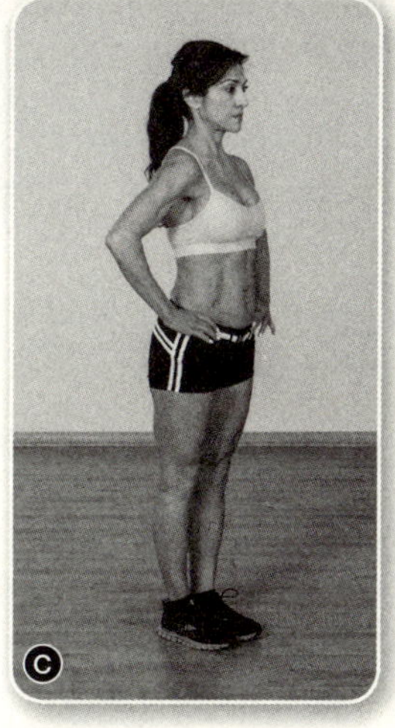
c

d

完整的锻炼

完成下面的训练组合共10轮，每项训练和每轮之间尽可能少休息。

交替自重弓箭步

- 10次重复/侧
- 尽可能少休息

俯卧撑（#12）

- 10次重复

选项

简易选项 交替自重弓箭步仅执行5次重复。

进阶选项 将弹力带俯卧撑（#3）替代为俯卧撑。

整理运动 腘绳肌拉伸，小腿拉伸，胸部拉伸。

204

全身投入

要想应对这么艰难的锻炼，你必须全身投入。你只有两条路可走，一是在训练中愿意接受这么苛刻的锻炼并努力战胜它，二是你被送往精神病医院，因为你疯了，竟然敢尝试这么难的锻炼。不管怎么样，请你做好准备，让上半身、下半身的力量和耐力，以及你坚韧不拔的精神，接受严酷的考验，直到锻炼结束。

热身运动

相扑蹲举重复6次，四点撑胸椎旋转每侧重复6次，臀桥重复8次，猫驼姿势重复10次。

特色训练

杠铃过顶深蹲

1. 首先将杠铃放在颈后肩上，双手采用抓举抓握法（比肩宽）。将杠铃垂直举起，在最高点锁定肘部（a）。

2. 保持胸部挺直，臀部向后移动，屈曲膝关节进入深蹲姿势（b）。

3. 在整个过程中，保持杠铃杆在头部上方或者稍微在头部后方。

4. 一旦达到最低位置，就重新回到站立姿势。重复所建议的次数。

完整的锻炼

采用重量相当于体重50%的杠铃，在规定时间内完成下面的循环训练，在每组期间和每项训练之间尽可能少休息。

弓箭步过顶推举（#17）
- 5次重复

杠铃过顶深蹲
- 10次重复

杠铃过顶推举（#36）
- 15次重复

杠铃前蹲（#44）
- 20次重复

推举（#16）
- 25次重复

杠铃深蹲（#63）
- 30次重复

挺举（#81）
- 35次重复

选项

简易选项 使用重量相当于体重35% ~ 40%的杠铃。

进阶选项 使用重量相当于体重55% ~ 60%的杠铃。

整理运动 站立股四头肌拉伸，臀部90度角拉伸，三角肌拉伸。

上尉

与精力充沛和无负荷情况相比，在疲劳情况下或者使用极限负荷做训练将存在巨大的差别。仅当在疲劳的时候能够实现正确的动作模式和用力方式或者接受重量挑战时，所获得的健身效果才能转化成体育运动中的能力。很多运动员在热身的时候看起来很棒，但是只有那些在身体疲劳的最后关头能够表现出色的运动员才是真正的胜利者。

热身运动

相扑蹲举重复6次，四点撑胸椎旋转每侧重复6次，臀桥重复8次，猫驼姿势重复10次。

特色训练

悬垂抬膝至肘部

1. 双手反握抓住单杠，双手握距齐肩宽（a）。
2. 向后收缩肩胛骨，开始拉动身体，向前上方移动臀部，膝盖屈曲呈90度角。
3. 继续向前移动臀部，直到膝盖触碰到肘部（b）。
4. 有控制地下降低身体回到起始位置，重复建议的次数。

a

b

完整的锻炼

执行下面的循环训练2轮，在每项训练和每个循环之间尽可能少休息。

杠铃过顶推举（#36）
- 5次重复

悬垂抬膝至肘部
- 10次重复

俯卧撑（#12）
- 20次重复

蛙式仰卧起坐（#27）
- 30次重复

囚徒深蹲（#188）
- 40次重复

跳绳
- 50次重复

选项

简易选项 执行该循环训练1轮。

进阶选项 执行该循环训练3轮。

整理运动 站立股四头肌拉伸，臀部90度角拉伸，双侧背阔肌拉伸。

美式壶铃甩摆

美式壶铃甩摆（这里的特色训练）可以看作混合或者复合动作，一半是壶铃甩摆，一半是抓举。事实上，如果你是奥林匹克举重新手，通过练习美式壶铃甩摆可以帮助你掌握抓举，因为它教你如何以一个流畅的动作动态地将重物从臀部下方举过头顶。

热身运动

相扑蹲举重复6次，四点撑胸椎旋转每侧重复6次，臀桥重复8次，猫驼姿势重复10次。

特色训练

美式壶铃甩摆

1. 将壶铃放在身体前方的地面上。采取挺直的站立姿势，双脚稍微比肩宽或者与肩同宽。
2. 膝盖稍微屈曲，臀部向后移动，双手从上方抓住壶铃。
3. 从双腿之间向后甩摆壶铃，确保它摆到较高位置（接近胯下）(a)。
4. 在向前移动臀部的过程中，稍微弯曲双肘，向上提拉壶铃，在移动的过程中壶铃要贴近身体。
5. 让壶铃的动能驱使它继续向上移动。当壶铃快要达到肩膀高度时，用力向上推动它，直到它几乎在头顶正上方（b）。
6. 做反向动作，让壶铃在重力作用下贴近身体下降，然后进入双腿之间。重复所建议的次数。

完整的锻炼

执行4轮下面的循环训练，在每项训练之间尽可能少休息，每轮之间休息1分钟。

臀部-背肌抬升（#70）
- 10次重复

俯卧撑（#12）
- 15次重复

蛙式仰卧起坐（#27）
- 20次重复

美式壶铃甩摆
- 25次重复

选项

简易选项 执行该循环训练3轮。

进阶选项 每个动作增加5次重复。

整理运动 站立股四头肌拉伸，臀部90度角拉伸，双侧背阔肌拉伸。

准将

在练习新的动作时，首先使用无重大受伤风险的重量来学习动作姿势。一旦学会正确的姿势（例如后蹲的最低姿势和抓举的发力姿势），你就可以在锻炼中运用这些动作了，而且可以提高重量和重复次数。采用较低负荷来学习正确的技术不仅能够保证你的安全，还可以避免因执行不正确的动作而养成坏习惯。

热身运动

最伟大拉伸每侧重复4次，屈髋肌群拉伸和燕式平衡每侧重复6次，肩部扫动每侧重复8次。

特色训练

对墙投球

1. 开始时将一个药球抱在胸前，双手放在球的两侧（a）。

2. 下蹲直到髋关节折痕低于膝盖（你可以在身后放一个药球，以臀部接触到球为参考点）（b）。在下蹲过程中，保持胸部挺直和脊椎的自然姿势。

3. 一旦到达最低位置就站起来，将球投向距离地面3 ~ 4米高的墙壁目标点上（c）。应该连贯地执行该动作。

4. 接住回弹的球，马上进入深蹲姿势。重复所建议的次数。

完整的锻炼

执行2轮下面的循环训练，在每项训练和每个循环之间尽可能少休息。

过顶深蹲（#167）

- 15次重复

俯卧撑（#12）

- 30次重复

对墙投球

- 45次重复

选项

简易选项 执行该循环训练1轮。

进阶选项 执行该循环训练3轮。

整理运动 腘绳肌拉伸，小腿拉伸，胸部拉伸。

208

哑铃的威力

改善身体成分可能是最多人追求的健身目标。毫无疑问，这是一个伟大的目标。变得苗条结实不仅能够改善健康、情绪，而且可以提升力量和信心。然而，在训练的时候你只需要专注于提升运动能力，你变得越来越强壮了吗？越来越快了吗？越来越好了吗？如果你确信每次你走进健身房都有进步，那么你最终会得到你想要的身体状况。你不能控制减了多少体重，但是你可以控制给杠铃增加多少重量。

热身运动

四肢走重复5次，四点撑胸椎旋转每侧身体重复6次，猫驼姿势重复10次。

特色训练

哑铃前蹲过顶推举

1. 抓住一对哑铃，以直握法（双手掌心相对）将它们置于肩膀前方（a）。
2. 屈髋下蹲，保持胸部挺直，而且在整个动作过程中眼睛看前方（b）。
3. 一旦向下移动达到活动范围极限（大腿应该平行于地面或者更接近地面），就做反向运动，将臀部前移。
4. 在回到站立姿势之后，将哑铃举过头顶，直到肘部完全伸展（c）。
5. 重新将哑铃举置于肩膀前方，重复建议的次数。

完整的锻炼

以最快的速度完成4轮下面的循环训练，在每组之间或当中根据需要尽可能少休息。减少每组的重复次数，如下所示。

a

b

c

哑铃前蹲过顶推举

- 各轮完成的重复次数依次为25次、20次、15次、10次

俯卧撑（#12）

- 各轮完成的重复次数依次为25次、20次、15次、10次

美式壶铃甩摆（#206）

- 各轮完成的重复次数依次为25次、20次、15次、10次

蛙式仰卧起坐（#27）

- 各轮完成的重复次数依次为25次、20次、15次、10次

选项

简易选项 将每轮的重复次数分别依次减少至15次、12次、10次和5次。

进阶选项 在每项训练结束前再加上8次重复（即完成5轮训练，每个动作在各轮训练中完成的重复次数依次为25次、20次、15次、10和8次）。

整理运动 双侧背阔肌拉伸，三角肌拉伸，腘绳肌拉伸。

僵尸行走

僵尸走路的典型特征是什么?

膝盖不能充分弯曲，手臂只能举起到肩膀高度，然后摇摇摆摆地沿街走动。在完成这个锻炼之后，你走路就具有这些特点了，因为该锻炼会让你的腘绳肌、臀部肌群和肩部肌群受到极大的挑战。

热身运动

最伟大拉伸重复4次，四肢走和燕式平衡重复5次，臀桥重复10次。

特色训练

坐姿哑铃肩上推举

1. 抓住一对哑铃，坐在长凳上，背部与大腿呈90度角。
2. 以直握法将两个哑铃举到肩膀高度，手掌朝向耳朵（a）。
3. 保持背部平直，将哑铃向上举起，直到肘部完全伸展（b）。
4. 将哑铃下降回到起始姿势，重复建议的次数。

完整的锻炼

执行20分钟下面的循环训练，在两个动作之间交替进行，尽可能少休息。每项训练使用6RM的60%。

常规硬拉（#5）

- 6次重复

坐姿哑铃肩上推举

- 6次重复

选项

简易选项 两个动作都使用6RM的50%。

进阶选项 两个动作都使用6RM的75%。

整理运动 双侧背阔肌拉伸，腘绳肌拉伸，小腿拉伸。

210

深蹲和推举

深蹲和胸部推举是任何健身训练计划的必备项目，它们就像健身领域的巧克力和花生酱——各自都不错，如果结合起来就更好了。该锻炼让你在密度循环训练中交替使用这两个关键动作，这意味着你要在规定的时间内完成尽可能多的组数。

热身运动

最伟大拉伸和四肢走各4次重复；跪姿内收肌拉伸、屈髋肌群拉伸和肩部扫动各8次重复。

特色训练

上斜哑铃卧推

1. 将长凳设置为向上倾斜30度角。
2. 抓住一对哑铃，仰卧在长凳上（a）。双臂在肩膀的正上方伸直（b）。
3. 使用直握法（手掌彼此相对）向胸腔方向降低哑铃，保持双肘向身体屈曲内收（双肘不要外展）。
4. 将哑铃举起。重复建议的次数。

a

b

完整的锻炼

在20分钟内尽可能多地完成下面的训练，而且要尽可能少休息，直到训练结束。每项训练使用6RM的60%。

杠铃深蹲（#63）

- 6次重复

上斜哑铃卧推

- 6次重复/侧

选项

简易选项 在15分钟内尽可能完成更多轮训练。

进阶选项 两个动作都使用6RM的75%。

整理运动 站立股四头肌拉伸，腘绳肌拉伸，胸部拉伸。

彻底颠覆

就增加训练强度而言，常常被忽视的一个方面是矢量角的变化。

在力量训练中所使用的矢量角是一个生物力学术语，用来描述肌肉和所使用的负荷之间的拉力方向。悬挂训练器，例如悬吊带，使用这些矢量角的变化来增加或减少很多动作的难度级别。调整上半身的拉和推动作的矢量角的最简单方法是调整双脚相对于悬挂训练系统的锚点的位置。做拉的动作时移动双脚远离锚点，例如划船动作，会让该动作变得更容易，因为你需要拉起的体重减少了。

热身运动

最伟大拉伸每侧重复4次，屈髋肌群拉伸和燕式平衡每侧重复6次，肩部扫动每侧重复8次。

特色训练

悬吊带过顶推举

1. 将悬挂训练系统的两个手柄互锁在一起，变成单手柄模式。
2. 将一只脚放在手柄中，朝向锚点，并采取俯卧撑姿势。
3. 保持双脚并拢，然后双手朝远离锚点的方向爬行尽可能远的距离，而且在该点能够做俯卧撑（越往后走，双脚位置将变得更高）（a）。
4. 一旦达到这个最高位置，保持从头到脚保持呈一条直线，然后开始做俯卧撑。在向地面降低的过程中，双肘紧靠身体两侧（b）。
5. 用力将身体向上推，重复建议的次数。

完整的锻炼

悬吊带分腿蹲交换跳（#201）

- 12次重复
- 休息15秒

悬吊带过顶推举

- 12次重复
- 休息15秒

悬吊带仰卧弯腿（#65）

- 12次重复
- 休息15秒

悬吊带低姿划船（#202）

- 12次重复
- 休息90秒

ⓐ

ⓑ

警告：悬吊带过顶推举是高级动作，需要上半身有很大的力量。如果你无法安全地执行该训练，请改用俯卧撑或者弹力带俯卧撑。

选项

简易选项 每个动作完成8次重复。

进阶选项 将每项训练的重复次数增加至15次。将每个循环训练之间的休息时间减少至60秒。

整理运动 站立股四头肌拉伸，臀部90度角拉伸，双侧背阔肌拉伸。

准少尉

虽然正确的划船技术看起来非常简单，但是它不容易掌握。有许多用于发展最大爆发力、速度和技术的策略，而且它们各自都可以单独立著论述。然而，你可以通过一些权宜之计来节省时间，例如保持良好的上半身姿势，以下肢为主导，以及确保每次划水动作舒展、有力。高效的技术是万全之策，它可以确保你尽快达到终点。

热身运动

相扑蹲举重复6次，四点撑胸椎旋转每侧重复6次，臀桥重复8次，猫驼姿势重复10次。

特色训练

划船

1. 将双脚牢固地绑在划船训练机上，双手正握住手柄。
2. 伸展髋关节，屈曲膝关节，双臂向前伸。保持胸部挺直，背部平直（a）。
3. 用力伸展髋关节和膝关节，将手柄拉到胸前（b）。依靠双腿和背部的力量将手柄拉向胸前——双臂不应该做太多工作，只需负责引导缆绳和手柄的走向。
4. 快速做反向动作，直到回到起始位置（膝盖弯曲，屈髋，双臂伸直）。重复进行，直到划成规定的距离。

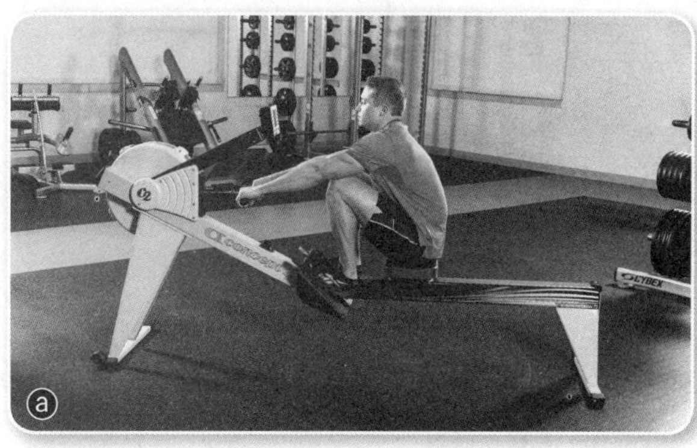

ⓐ

ⓑ

完整的锻炼

执行1轮下面的循环训练，杠铃使用在所有推举动作所用的相同重量。

杠铃过顶推举（#36）

- 12次重复

划船

- 250米

推举（#16）

- 12次重复

划船

- 250米

挺举（#81）

- 12次重复

划船

- 250米

选项

简易选项 将每组划船的距离减少至200米。

进阶选项 将每组划船的距离增加至300米。

整理运动 站立股四头肌拉伸，臀部90度角拉伸，双侧背阔肌拉伸。

爱国者

你已经完成了动态灵活性训练，完成了训练计划中关键训练的热身运动，甚至下载了一些新音乐来为训练鼓劲。那么，是不是可以开始训练了？如果你没有留意训练前、训练期间和训练后的饮食营养，那么答案是否定的。虽然没有一个放之四海而皆准的训练饮食方案，但是如果没有预先安排的饮食计划，那么训练就不会取得最佳效果。底线：正确的训练营养供给和任何其他需要准备的训练步骤一样重要。

热身运动

相扑蹲举重复6次，四点撑胸椎旋转每侧重复6次，臀桥重复8次，猫驼姿势重复10次。

特色训练

窄距俯卧撑

1. 在地面采取四点撑姿势，双手刚好在肩膀下方或者稍微在肩膀内侧（a）。

2. 向地面降低身体，从头到脚保持呈一条直线。保持双肘紧贴胸腔两侧（b）。

3. 当胸部到达距离地面8厘米左右时，双手推地面，将身体向上撑起回到起始位置。重复所建议的次数。

a

b

完整的锻炼

完成下面的循环训练4轮。

下巴过杠引体向上（#73）

- 10次重复

窄距俯卧撑

- 20次重复

蛙式仰卧起坐（#27）

- 30次重复

囚徒深蹲（#188）

- 40次重复
- 休息2分钟

选项

简易选项 执行3轮循环训练，每轮之间休息3分钟。

进阶选项 每轮之间休息1分钟或更少。

整理运动 站立股四头肌拉伸，臀部90度角拉伸，双侧背阔肌拉伸。

214

向上突破

杠铃高翻推举训练是前蹲和过顶推举的完美组合。这个动作锻炼到小腿、股四头肌、核心、肩膀和肱三头肌，而且是对新陈代谢非常苛刻的锻炼，只需几次重复就会让心率飙升。

热身运动

相扑蹲举重复5次，屈髋肌群拉伸、四点撑胸椎旋转和跪姿内收肌拉伸每侧重复6次。

特色训练

杠铃高翻推举

1. 双手正握抓住杠铃，握距略比肩宽，双手正好处于肩膀外侧。双脚应该在杠铃杆下方，保持胸部挺直，胸部刚好在杠铃杆的上方或者后方（a）。

2. 提起杠铃，直到它到达大腿的中间位置。爆发性地向前移动臀部，让杠铃向上移动（b），然后将它托起放在前肩上，也就是前三角肌上（c）。

3. 接着做前蹲——首先屈髋，随后屈曲膝盖，向地面降低身体，同时保持躯干挺直。

4. 一旦到达最低位置，就做反向动作。利用站起来所产生的动能将杠铃举过头顶，直到肘部完全伸展（d）。

5. 将杠铃放回起始位置，重复建议的次数。

a

b

c

d

完整的锻炼

杠铃高翻推举

- 每30秒执行1次重复，一共做20分钟
- 一旦无法完成当前的重复，就结束锻炼

选项

简易选项 每60秒执行1次杠铃高翻推举。

进阶选项 每30秒执行2次杠铃高翻推举。

整理运动 站立股四头肌拉伸，臀部90度角拉伸，三角肌拉伸。

215

接球大师

药球是训练爆发力的好工具，它不需要传统的爆发力锻炼（例如高翻和抓举）所需的技术。药球循环训练通过各种动作模式从多方向、多维度锻炼核心力量。注意，在做这个循环训练时，训练者可以将药球投给训练搭档（首选）或者投到缓冲墙壁上。

热身运动

最伟大拉伸每侧重复4次，屈髋肌群拉伸和燕式平衡每侧重复6次，肩部扫动每侧重复8次。

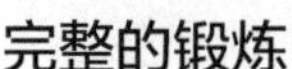

药球拱桥

1. 仰卧在垫上，膝盖屈曲呈90度角，双脚平放在地面上。
2. 双臂稍弯曲，在拱起臀部的同时，双手触摸位于头部后方的药球（a）。
3. 利用存储在臀部的力量用力坐起来，将药球投向搭档或者墙壁（b）。
4. 接住弹回的球，或者让搭档抛回给你。重复所建议的次数。

完整的锻炼

完成4轮下面的循环训练，尽可能少休息。

药球拱桥

- 12次重复

过项砸球（#20）

- 12次重复

旋转投掷药球（#180）

- 6次重复/侧

选项

简易选项 执行3轮循环训练。

进阶选项 执行5轮循环训练。

整理运动 腘绳肌拉伸，小腿拉伸，胸部拉伸。

216

海军上将

将包含不同力量训练类型（一般力量训练、爆发力训练、增肌训练）的各种练习结合在一起是训练身体从容应付任何情况的极佳方式。这个练习的重点在于开发后部动力链，即身体的后部，它负责大部分运动能力。

热身运动

最伟大拉伸每侧重复4次，四肢走重复4次，猫驼姿势和四点撑胸椎旋转各重复10次。

特色训练

直臂绳索下拉

1. 给绳索训练器系上一个一字形手柄。
2. 双臂伸直，将手柄握在肩膀高度。身体站立，膝关节稍微弯曲，髋关节略向前倾斜（a）。
3. 双臂保持伸直向大腿方向移动，切勿弯曲手臂（b）。
4. 手柄在最低位置接触大腿之后，将其放回起始位置。重复所建议的次数。

完整的锻炼

完成下面的循环训练5轮。

杠铃高翻（#52）

- 3次重复
- 休息60秒

常规硬拉（#5）

- 6次重复
- 休息60秒

髋关节屈曲坐姿绳索划船（#174）

- 8次重复
- 休息60秒

直臂绳索下拉

- 10次重复
- 休息2分钟

ⓐ

ⓑ

选项

简易选项 执行4轮循环训练。

进阶选项 额外增加1轮该循环训练。

整理运动 双侧背阔肌拉伸，腘绳肌拉伸，小腿拉伸。

步步高升

这个锻炼将力量、爆发力和耐力结合起来，会给你的运动能力、技术和勇气带来严峻的考验。虽然你的目标是在12分钟内完成尽可能多次重复，但是一定要确保动作规范（尤其是悬垂高翻），这样才能够从中获得最大益处并且避免受伤。

热身运动

最伟大拉伸每侧重复4次，屈髋肌群拉伸和燕式平衡每侧重复6次，肩部扫动每侧重复8次。

特色训练

悬垂举腿

1. 双手正握抓住单杠，双手握距齐肩宽（a）。
2. 向后收缩肩胛骨，并抬高双腿，直到它们平行于地面（b）。双腿尽可能伸直，膝盖和脚跟要并拢。
3. 将双腿放回起始位置，确保在下一次重复开始之前不要摆动。

完整的锻炼

简易选项在12分钟内尽可能完成下面的循环训练更多轮。增加后续各组的重复次数。根据需要休息，但是要记住，目标是在12分钟内尽可能完成更多次重复。

悬垂高翻（#93）

- 从1次重复开始，然后每组增加1次重复（1次、2次、3次、4次等）

双臂屈伸（#141）

- 从2次重复开始，然后每组增加2次重复（2次、4次、6次、8次等）

悬垂举腿

- 从3次重复开始，然后每组增加3次重复（3次、6次、9次、12次等）

ⓐ

ⓑ

选项

简易选项 在8分钟内尽可能完成更多次重复。

进阶选项 在15分钟内尽可能完成更多次重复。

整理运动 腘绳肌拉伸，小腿拉伸，胸部拉伸。

218

最后一跃

大多数情况下，都是在增强式训练完成之后才进行力量训练。这是有原因的。增强式训练需要爆发力和利用拉长–缩短周期，而这两者都必须在因力量训练变得疲劳之前进行练习才能获得最佳效果。然而，在体育运动中通常需要在疲劳的时候产生爆发力。例如，篮球运动员在比赛的最后一节中仍然需要奔跑和跳跃，尽管此时他们可能已经精疲力竭。在该锻炼的中间加入一些无负荷跳跃，训练在疲劳的情况下发挥爆发力的能力。然而，你会发现跳跃是在过顶深蹲之后完成的，因为过顶深蹲通常不会消耗太多腿部力量。在同一个锻炼中同时加入增强式训练和力量训练时，应该牢记这种搭配平衡。

热身运动

四肢走重复5次，四点撑胸椎旋转每侧身体重复6次，猫驼姿势重复10次。

特色训练

双腿跳跃

1. 开始时，双脚与髋部同宽。屈曲膝关节，将双臂摆动到身体后方（a）。
2. 双脚前脚掌用力蹬地，双臂向前摆动，然后以爆发性的动作向前跳出尽可能远的距离（b）。
3. 落地时，稍微屈曲膝盖，用全脚掌着地（c）。
4. 重新回到开始姿势，并重复建议的次数（随着水平的提升，你要连续完成跳跃）。

完整的锻炼

完成下面的循环训练4轮。

过顶深蹲（#167）

- 3次重复
- 休息30秒

双腿跳跃

- 5次重复
- 休息30秒

杠铃深蹲（#63）

- 7次重复
- 休息2分钟

a

b

c

选项

简易选项 每组额外增加30秒休息。

进阶选项 每项训练增加2次重复。

整理运动 双侧背阔肌拉伸，三角肌拉伸，腘绳肌拉伸。

第6章

核心训练

每个人都想拥有6块腹肌。但是还有很多更好的理由来训练你的核心肌群。核心肌群是指腹部、下背部和髋部肌群，负责维持身体姿势、保持稳定性和爆发力的产生。事实上，如果没有核心肌群的帮助，几乎很难完成任何练习或动作。本章并没有严格局限于仰卧起坐，而是利用旋转、抵抗旋转、屈曲、伸展和静态保持训练来真正训练核心肌群，既发展了核心爆发力，又增加了核心稳定性。这才是本章的宗旨。请认真执行完整的核心训练（或者至少每周重点安排一次），你将发现你的各种举重训练成绩都有进步了。你最终可能锻炼出6块梦寐以求的腹肌。

219

焦点

不管是什么样的腹部训练，都会让你变得更苗条或者给你带来6块腹肌，让你昂首阔步走在海滩上炫耀。要想让腹肌凸显出来，就必须减少它们周围的脂肪。为此，最有效做法是解决营养问题。请确保饮食中包含足够量的蛋白质、健康脂肪和大量蔬菜。只有合理的饮食和出色的训练计划相结合，你才能立竿见影地锻炼出6块健美的腹肌。

热身运动

相扑蹲举重复5次，跪姿内收肌拉伸、屈髋肌群拉伸和四点撑胸椎旋转每侧重复6次。

特色训练

站立绳索稳定性下砍

1. 将绳索手柄系到训练器上，绳索下端与胸口齐平。
2. 身体站立，右肩膀垂直于滑轮。双手正握抓住缆绳（a）。
3. 保持双臂伸直，膝关节稍微屈曲，双脚朝前，转动身体直到缆绳到达左臀前方（b）。
4. 有控制地将缆绳放回到起始位置。在一侧完成所有重复次数之后再切换到另一侧。

完整的锻炼

杠铃伸展（#228）

- 4组×8次重复
- 休息30秒

侧桥（#175）

- 4组×20次重复/侧
- 休息30秒

站立绳索稳定性下砍

- 4组×12次重复/侧
- 休息30秒

俯撑登山（#281）

- 4组×25次重复/侧
- 休息30秒

a

b

选项

简易选项 每项训练完成3组。

进阶选项 杠铃伸展增加2次重复，侧桥增加10次重复/侧。

整理运动 站立股四头肌拉伸，臀部90度角拉伸，三角肌拉伸。

挤压泡沫轴

虽然泡沫轴多用于肌筋膜自我放松（一种自我按摩方法，其目的是改善身体组织的结构），但是它在核心训练中可能非常有用。在泡沫轴反向仰卧起坐（#229）或挤压泡沫轴（这里的特色训练）等训练中，你可以暂停使用髋屈肌，根据需要将仰卧起坐的重点放在腹肌上。

热身运动

最伟大拉伸每侧重复4次，四肢走和燕式平衡重复5次，臀桥重复10次。

特色训练

挤压泡沫轴

1. 仰卧在垫上，大腿前侧应该朝向胸部，膝盖弯曲呈90度角。
2. 肘部屈曲呈90度角，上臂朝向大腿的正面，将一个泡沫轴放在双肘和大腿之间。
3. 双肘和大腿用力挤压泡沫轴，尽可能收紧腹肌。
4. 保持一定的时间，然后重复建议的次数。

完整的锻炼

A. 单侧壶铃深蹲（#254）
- 3组 ×8次重复/侧
- 休息90秒

B1. 挤压泡沫轴
- 4组 ×20秒/组
- 休息45秒

B2. 悬垂举腿（#217）
- 4组 ×10次重复
- 休息45秒

选项

简易选项 执行挤压泡沫轴和悬垂举腿各3组。

进阶选项 将挤压泡沫轴增加至每组30秒。

整理运动 双侧背阔肌拉伸，腘绳肌拉伸，小腿拉伸。

221

慢动作

训练有许多不同的种类：健美、举重、运动表现、全面强健、团体健身和单车运动等，不胜枚举。一般来讲，你会倾向于一种或两种训练类型，而且坚持下去。但是不要害怕走出自己熟悉的领域，你可以偶尔尝试不同的训练类型。你要学会欣赏自己不熟悉的事物，也就是给自己的训练添加新成分。不要过度保守，适当的时候要尝试自己没有接触过的不同风格的训练。

热身运动

四肢走重复5次，四点撑胸椎旋转每侧重复6次，猫驼姿势重复10次。

特色训练

双臂交替伸展

1. 以俯卧撑姿势开始，双手位于肩膀正下方，放在滑垫纸片或者毛巾上（a），下降身体。
2. 保持躯干绷紧，不允许臀部下垂，向前伸出一只手，保持手臂伸直（b）。
3. 手臂完全伸直之后，绷紧腹肌，向后滑动双手回到原来的位置。以另一只手重复该过程（c）。

完整的锻炼

A1. 杠铃前蹲（#44）
- 4组×6次重复
- 休息75秒

A2. 哑铃向上踏步（#121）
- 4组×6次重复/侧
- 休息75秒

B1. 药球拱桥（#215）
- 3组×10次重复
- 休息60秒

B2. 双臂交替伸展
- 3组×10次重复
- 休息60秒

选项

简易选项 执行杠铃前蹲和哑铃向上踏步各3组。

进阶选项 每项训练增加2次重复。

整理运动 双侧背阔肌拉伸，三角肌拉伸，腘绳肌拉伸。

臀部下降

腹外斜肌位于腹部两侧，它们有几种功能，包括协助向肋骨方向拉胸部（例如在仰卧起坐中），而且允许整个身体在强力屏气动作（深呼吸然后保持屏息，锻炼躯干的稳定性）期间绷紧躯干的整个中段。然而，同样重要的是，腹外斜肌限制了脊柱可以实现的弯曲和旋转的幅度，这有助于在活跃运动中避免背部受伤。不用说，腹外斜肌的训练应该是优先事项，而这里的侧桥髋触地的设计目标就是确保腹外斜肌保持强壮。

热身运动

相扑蹲举重复6次，四点撑胸椎旋转每侧重复6次，臀桥重复8次，猫驼姿势重复10次。

特色训练

侧桥髋触地

1. 身体右侧着地。
2. 将右胳膊肘放在肩膀的正下方，左脚放在右脚的前面（左脚的脚跟应该刚好接触右脚的脚趾）。
3. 撑起身体，从头到脚形成一条直线，只有右手肘部、右手前臂和双脚接触地面（a）。
4. 让臀部向地面垂下接触地面（b）。当臀部接触到地面时，就抬起来让它回到起始位置。在一侧完成所有建议的重复次数之后再切换到另一侧。

完整的锻炼

这个锻炼使用波浪式负荷方案。随着杠铃过顶推举的次数的减少增加所使用的负荷。在第二轮波浪式负荷中（第4、5和6组），尝试使用比第1、2和3组对应的重复次数所使用的重量更大的重量。例如，第2组6次重复（第5组）所使用的重量应该要大于第1组6次重复所使用的重量（第2组）。

A. 杠铃过顶推举（#36）
- 6组 ×8次、6次、4次、8次、6次、4次重复
- 休息75秒

B1. 侧桥髋触地
- 3组 ×12次重复/侧
- 休息60秒

B2. 悬垂举腿（#217）
- 3组 ×12次重复
- 休息60秒

选项

简易选项 将侧桥髋触地和悬垂举腿的重复次数减少至8次。

进阶选项 将侧桥髋触地和悬垂举腿的重复次数增加至每组15次。

整理运动 站立股四头肌拉伸，臀部90度角拉伸，双侧背阔肌拉伸。

223

V代表胜利

虽然腹直肌（俗称6块腹肌，横穿肌肉的筋腱让它看起来呈块状）只是一块肌肉，但是从多个角度去训练它还是有好处的。V形仰卧起坐（这里的特色训练）的好处是包含从上到下（让胸腔向臀部方向移动）和从下到上（让臀部向胸骨方向移动）的弯曲。如果该锻炼难度过大，你可以把它分成单独的部分，先做标准的仰卧起坐，紧接着再做一组反向仰卧起坐。

热身运动

四肢走重复5次，四点撑胸椎旋转每侧重复6次，猫驼姿势重复10次。

特色训练

V形仰卧起坐

1. 仰卧在地上，双腿和双臂伸直，将双臂举起在头顶上方（a）。

2. 以流畅的动作将双腿和躯干从地面抬高，双臂抬高尝试触摸脚趾。此时只有臀部着地（身体应该看起来像一个V形）（b）。尽量保持脊椎的自然姿势，而且保持头部与身体对齐。

3. 回到起始姿势，并重复建议的次数。

完整的锻炼

A. 相扑硬拉（#82）
- 4组 × 5次重复
- 休息90秒

B1. 悬垂举腿（#217）
- 2组 × 10次重复
- 休息30秒

B2. 离心仰卧起坐（#227）
- 2组 × 10次重复
- 休息30秒

B3. V形仰卧起坐
- 2组 × 10次重复
- 休息30秒

B4. 侧桥（#175）
- 2组 × 30秒/侧
- 休息30秒

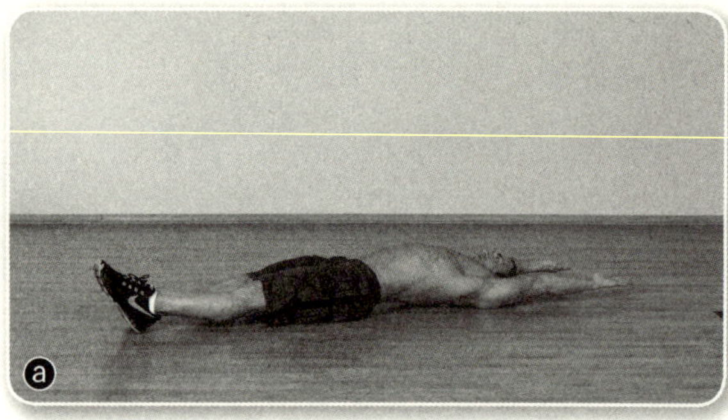

选项

简易选项 去掉2组相扑硬拉。

进阶选项 给B中的训练各增加1组。

整理运动 双侧背阔肌拉伸，三角肌拉伸，腘绳肌拉伸。

屈体

在个别情况下，健身房可能没有你想要的做特定训练的设备。如果缺少的是奥林匹克举重平台、阻力推架或者600磅（约272千克）的拖拉机轮胎这样的训练设备，你可能就没有那么幸运了。但是如果健身房缺少的是一双滑垫（这里的特色训练会用到它们），那么在硬木地板上完全可以用纸垫、小毛巾或者家具垫代替它们，以获得同样的训练效果。只要所选择的代替设备安全和有效，完全没有必要破费购买昂贵的训练设备。

热身运动

相扑蹲举重复6次，四点撑胸椎旋转每侧重复6次，臀桥重复8次，猫驼姿势重复10次。

特色训练

滑垫屈体

1. 采取俯卧撑姿势，双脚分别踩在一块滑垫上（a）。确保保持脊椎的自然姿势，肩膀稍微向外旋。
2. 保持双腿伸直，通过抬高臀部，让双脚向双手的方向滑动，头部随躯干移动至双臂之间（b）。
3. 尽可能屈曲髋关节。当你达到最大活动范围之后，做反向动作，回到俯卧撑姿势。重复所建议的次数。

完整的锻炼

A. 杠铃深蹲（#63）
- 3组 × 10次重复
- 休息60秒

B1. 脚趾触杠铃杆（#28）
- 3组 × 10次重复
- 休息45秒

B2. 滑垫屈体
- 3组 × 10次重复
- 休息45秒

B3. 立卧撑跳（#7）
- 3组 × 10次重复
- 休息45秒

选项

简易选项 每项训练完成8次重复。

进阶选项 每项训练各增加1组。

整理运动 站立股四头肌拉伸，臀部90度角拉伸，双侧背阔肌拉伸。

225

八块腹肌

尽管在举起或降低重物时变化速度会有好处，而且有些训练本身对爆发力的要求非常高，但是几乎每项训练的向心阶段（或者举起阶段）都应以尽可能快的速度完成，不管是移动杠铃还是移动身体。这种尽快完成的意识不仅有助于举起最大的重量，而且加快了运动员在跑道或球场上移动的速度和活跃性。

热身运动

四肢走重复5次，四点撑胸椎旋转每侧身体重复6次，猫驼姿势重复10次。

特色训练

跪姿绳索卷腹

1. 抓住高拉绳索训练机的绳索手柄。面向配重片跪在地上，双肘屈曲，绳索的末端在锁骨位置（a）。
2. 开始时，保持背部平直，胸腔向骨盆方向靠拢。在最后的姿势用力收缩腹肌（b）。
3. 缓慢地回到起始位置。重复所建议的次数。

完整的锻炼

站立绳索稳定性下砍（#219）

- 4组 × 10次重复/侧
- 休息30秒

脚趾触杠铃杆（#28）

- 4组 × 12次重复
- 休息30秒

跪姿绳索卷腹

- 4组 × 12次重复
- 休息30秒

平板撑（见图1.8）

- 4组 × 60秒
- 休息30秒

ⓐ

ⓑ

选项

简易选项 将每个动作减少至3组。

进阶选项 站立绳索稳定性下砍、脚趾触杠铃杆和跪姿绳索卷腹每组各增加2次重复，平板撑的保持时间增加30秒。

整理运动 双侧背阔肌拉伸，三角肌拉伸，腘绳肌拉伸。

T形俯卧撑

在力量训练中存在过度强调某些运动平面的倾向，尤其是矢状面。大多数推、拉和下蹲动作都发生在这个平面上。这个锻炼更注重旋转动作，有助于增强结构平衡和运动能力。建议：不要让你的训练变成一维训练。

热身运动

相扑蹲举重复6次，四点撑胸椎旋转每侧重复6次，臀桥重复8次，猫驼姿势重复10次。

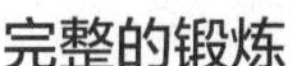

T形俯卧撑

1. 以俯卧撑姿势开始，双手位于肩膀正下方，身体从头到脚形成一条直线（a）。

2. 屈肘，向地面降低身体，保持双肘向胸腔两肋方向收。

3. 活动范围达到最大幅度之后（b），双手用力推地面，抬高身体回到起始位置。

4. 在接近最高位置时，将左手从地面抬起，转动躯干，让左手指向天花板（身体看起来应该像一个侧卧的T字形）（c）。

5. 转动躯干回到平板撑姿势，将左手放回地面。重复俯卧撑，但是这次是将右手指向天花板。继续交替进行，直到完成所有重复次数。

a

b

c

完整的锻炼

完成下面的循环训练5轮。

T形俯卧撑

- 8次重复/侧
- 休息30秒

站立绳索稳定性下砍（#219）

- 8次重复/侧
- 休息30秒

杠铃伸展（#228）

- 15次重复
- 休息60秒

选项

简易选项 将循环训练减少至4轮。

进阶选项 将站立绳索稳定性下砍和杠铃伸展的重复次数增加至12次/侧。

整理运动 站立股四头肌拉伸，臀部90度角拉伸，双侧背阔肌拉伸。

227

离心强化

当你获得一些经验之后，你将意识到你的成功和进步在很大程度上取决于你的精神状态。如果你不相信自己可以多举起1千克，多执行1次重复，或者加快1秒，你很可能就做不到。虽然我们都有不同的基因，但是人类的相同点多于不同点。所以请记住，很多人能够举起比你重的重量或者做得比你好，完全是因为他们有更强大的意志和精神。你的目标应该是相信自己可以缩小这一差距，相信自己比以前更强大。

热身运动

最伟大拉伸每侧重复4次，屈髋肌群拉伸和燕式平衡每侧重复4次，肩部扫动每侧重复8次。

特色训练

离心仰卧起坐

1. 上半身着地，双脚平放，双膝屈曲，双手交叉放在胸前（a）。
2. 抬高躯干至坐立姿势，确保在整个动作过程中脊椎保持自然姿势（b）。
3. 花10秒降低身体回到起始位置。重复所建议的次数。

a

b

完整的锻炼

完成下面的循环训练4轮，在每项训练和每轮训练之间根据需要休息。

脚趾触杠铃杆（#28）

- 12次重复

杠铃伸展（#228）

- 12次重复

离心仰卧起坐

- 12次重复

选项

简易选项 执行3轮循环训练。

进阶选项 将所有3项训练的重复次数增加至每组15次。

整理运动 站立股四头肌拉伸，臀部90度角拉伸，双侧背阔肌拉伸。

搓衣板

在腹部训练中最常见的错误之一就是过度依赖仰卧起坐。核心肌群受益于多平面运动训练，包括从上到下弯曲（仰卧起坐）、从下到上弯曲（举腿）、抵抗旋转（拉绳索）、旋转（砍）以及等距运动（平板撑）。

热身运动

最伟大拉伸每侧重复4次，屈髋肌群拉伸和燕式平衡每侧重复6次，肩部扫动每侧重复8次。

特色训练

杠铃伸展

1. 给杠铃杆两端装上圆形杠铃片。跪下来（可能需要在膝盖下铺垫子），以正握的方式抓住杠铃的杠铃杆（a）。

2. 保持双臂完全伸直，从肩膀到膝盖呈一条直线，向前滚动杠铃杆，身体尽可能伸展（b）。禁止臀部或躯干下垂。

3. 身体伸展到极限之后，做反向动作，向膝盖方向拉回杠铃。重复所建议的次数。

a

b

完整的锻炼

完成下面的循环训练4轮。

悬垂举腿（#217）

- 8次重复
- 休息30秒

杠铃伸展

- 10次重复
- 休息30秒

挤压泡沫轴（#220）

- 30秒
- 休息30秒

选项

简易选项 执行3轮循环训练。

进阶选项 悬垂举腿和杠铃伸展各增加2次重复。

整理运动 腘绳肌拉伸，小腿拉伸，胸部拉伸。

229

泡沫轴的妙用

虽然针对性腹部训练应该是你的整体训练计划的一部分，但是要记住，很多复合动作，例如深蹲、硬拉以及过顶推举和俯卧撑，也能够锻炼核心肌肉。所以，不要因为仰卧起坐、旋转或者平板撑不是某个锻炼的一部分，就擅自认为它们对锻炼核心肌肉没有用。

热身运动

相扑蹲举重复6次，四点撑胸椎旋转每侧重复6次，臀桥重复8次，猫驼姿势重复10次。

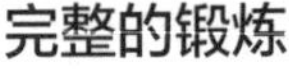
特色训练

泡沫轴反向仰卧起坐

1. 仰卧在地上，将一个泡沫轴牢牢夹在脚踝和腘绳肌之间。将双臂举过头顶，双手抓住一个很重的哑铃、壶铃或药球（a）。

2. 双膝向胸部靠拢，泡沫轴一定要保持在原位上（b）。

3. 在动作的最高点收缩腹肌，然后降低回到起始位置。重复所建议的次数。

a

b

完整的锻炼

A. 杠铃前蹲（#44）
- 5组 ×4次重复
- 休息90秒

B1. 泡沫轴反向仰卧起坐
- 4组 ×10次重复
- 休息45秒

B2. 杠铃伸展（#228）
- 4组 ×10次重复
- 休息45秒

选项

简易选项 执行泡沫轴反向仰卧起坐和杠铃伸展各3组。

进阶选项 将泡沫轴反向仰卧起坐和杠铃伸展的休息时间减少至30秒。

整理运动 站立股四头肌拉伸，臀部90度角拉伸，双侧背阔肌拉伸。

第7章

推拉训练

本章主要介绍非冲突性超级组，即连续执行的各项训练所使用的肌群是完全不同的。采用这种方式训练时，在锻炼一个肌群的同时，让另一个肌群得到休息，从而在减少停训时间的情况下，大大提高锻炼效率。非冲突性训练的一个典型例子是交替使用推和拉动作（例如，屈曲腘绳肌的深蹲和举过头顶的下巴过杠引体向上），因为拉训练和推训练大部分都不会使用相同的主要肌肉。这种训练方法可用于提高力量和增加肌肉围度，不过由于该训练休息较少，因此也可用于减脂。

230

粗壮的手臂

对于本书中的任何一项单边训练（单臂或单腿），都建议你从右侧开始。然而，以非惯用手臂或腿（比较弱那侧）开始任何单边动作是一个极好的主意。这样不仅可以在精力充沛的时候训练比较弱的那侧，而且让该侧能够完成的重复次数与比较强那侧相一致，从而避免形成更加严重的力量不平衡。

热身运动

四肢走重复5次，四点撑胸椎旋转每侧重复6次，猫驼姿势重复10次。

特色训练

哑铃交替锤式弯举

1. 每只手各握一个哑铃。让双臂垂直置于身体两侧，手掌彼此相对（a）。
2. 保持躯干挺直，绷紧腹部，向上屈举右手哑铃，直到它到达右肩膀的高度。保持上臂贴近胸腔，在举起哑铃的过程中，肘部向外移动（b）。
3. 将哑铃放回起始位置，在左侧重复该过程。
4. 以这种方式轮流交换左右臂继续进行，直到完成所有重复次数。

完整的锻炼

A1. 卧推（#166）
- 5组 × 4次重复
- 休息90秒

A2. 负重下巴过杠引体向上（#160）
- 5组 × 4次重复
- 休息90秒

B1. 哑铃交替锤式弯举
- 4组 × 8次重复/侧
- 休息45秒

B2. 下斜曲杆肱三头肌伸展（#145）
- 4组 × 10次重复
- 休息45秒

a

b

选项

简易选项 执行哑铃交替锤式弯举和下斜曲杆肱三头肌伸展各3组。

进阶选项 将哑铃交替锤式弯举和下斜曲杆肱三头肌伸展的休息时间减少至30秒。

整理运动 双侧背阔肌拉伸，三角肌拉伸，腘绳肌拉伸。

推拉Tabata

术语“Tabata”的叫法来自日本科学家、研究员田畑泉。田畑泉对两组运动员进行测试，对比适度高强度训练和高强度间歇训练之间的差异。他的著名方案要求运动员全力执行间歇训练20秒，然后休息恢复10秒，如此重复8次（整个锻炼一共4分钟）。他的研究证明，以这种方式训练可能会同时增加运动员的有氧和无氧适应能力。从此之后，遵循训练20秒、休息10秒方案的间歇训练就以他的名字命名了。

热身运动

四肢走重复5次，四点撑胸椎旋转每侧重复6次，猫驼姿势重复10次。

特色训练

引体向上

1. 双手正握抓住单杠，位置刚好在肩膀外侧。
2. 在开始每次重复之前，双臂要完全伸直（a）。向下收肩胛骨，使用背部和手臂的力量将身体向单杠方向拉。
3. 当胸部接触到单杠时，完成一次重复（b）。降低身体回到起始位置。
4. 在每次重复的过程中，不要利用动能，保持下肢静止。

完整的锻炼

在20秒内完成尽可能多地完成下面两个训练，紧接着休息10秒。一共做8组（4分钟）。

引体向上
- 8组 × 20秒
- 休息10秒
- 休息4分钟

俯卧撑（#12）
- 8组 × 20秒
- 休息10秒

选项

简易选项 每项训练完成4组。

进阶选项 每项训练完成16组。

整理运动 双侧背阔肌拉伸，三角肌拉伸，腘绳肌拉伸。

232

半蹲

半蹲通常不作为最佳训练。然而，在这个锻炼中，我们将利用半蹲来帮助你变得更强壮。与深蹲相似，半蹲让你可以举起更大的重量，而且当你从半蹲回到深蹲时，力量会得到更充分的转移。

热身运动

相扑蹲举重复5次，屈髋肌群拉伸、四点撑胸椎旋转和跪姿内收肌拉伸每侧重复6次。

特色训练

半蹲

1. 将杠铃从架子上取下（a），向后屈髋屈膝下蹲。
2. 降低杠铃进入半蹲姿势（b），一定要保持腹肌绷紧。
3. 回到起始位置，重复建议的次数。

完整的锻炼

使用你常用的3 ~ 5RM深蹲重量的110%来做半蹲的所有练习。先完成半蹲的所有练习，然后再做哑铃分腿深蹲和罗马尼亚杠铃硬拉超级组。

A. 半蹲
- 4组 ×3 ~ 5次重复
- 休息2分钟

B1. 前脚抬高杠铃分腿蹲（#140）
- 4组 ×6 ~ 8次重复
- 不休息直接进入下一个训练

B2. 罗马尼亚杠铃硬拉（#295）
- 4组 ×6 ~ 8次重复
- 休息75秒

a

b

选项

简易选项 使用3 ~ 5RM深蹲重量的80% ~ 95%来做半蹲。

进阶选项 使用3 ~ 5RM深蹲重量的130%来做半蹲。

整理运动 站立股四头肌拉伸，臀部90度角拉伸，三角肌拉伸。

木板

多年来，力量举运动员木板推举（卧推的一种变体，需要在胸前放一块木板，以限制杠铃的活动范围）来改善肱三头肌的发展和锁定。然而，大多数健身房不提供对本训练非常重要的木板，因此，只能改成毛巾卧推（这里的特色训练）。将一块毛巾而不是木板放在胸骨上限制活动范围，这样也可以取得类似的训练效果，而且不需要额外的设备。

热身运动

最伟大拉伸每侧重复4次，四肢走重复5次，肩部扫动每侧重复8次。

特色训练

毛巾卧推

1. 使用平放的卧推训练机，让头部、上背部和臀部贴在长凳上。保持双脚平放在地面上，眼睛刚好在杠铃杆的正下方。将一块折叠的毛巾放在胸骨上（可以使用一条折叠的毛巾或将多块毛巾叠在一起，具体取决于你想要限制的活动范围是多少）(a)。

2. 将杠铃从架子上取下。保持双肘向胸腔方向收，降低杠铃，直到它接触到毛巾（b）。

3. 用力地将杠铃向上推，直到肘部完全伸展。重复所建议的次数。

a

b

完整的锻炼

A1. 毛巾卧推
- 6组 × 4次重复
- 休息90秒

A2. 下巴过杠引体向上（#73）
- 6组 × 4次重复
- 休息90秒

B1. 悬吊带抬肘后拉（#270）
- 2组 × 8次重复
- 休息60秒

B2. 俯身反握侧平举（#125）
- 2组 × 8次重复
- 休息60秒

选项

简易选项 执行毛巾卧推和下巴过杠引体向上各4组。将下巴过杠引体向上替换为跪姿下拉。

进阶选项 在毛巾卧推中使用窄握距抓握法，而且给下巴过杠引体向上加入重量。

整理运动 胸部拉伸，双侧背阔肌拉伸，臀部90度角拉伸。

234

跳出水平

跳跃只不过是反复向前跳的动作（与儿童时期做体能测试时的跳远相似，现在是将几个跳远串联起来而已）。

在以下的锻炼中，跳跃可以单腿进行（以右腿向前跳起，然后以左腿着陆；以左腿向前跳起，然后以右腿着陆。如此重复），也可以双腿进行。跳跃是非常简单、有效但苛刻的增强式训练之一，它让你能够淋漓尽致地展示爆发力。跳跃训练提高你的运动能力，随之而来的是肩举、抓举和深蹲表现也进步了。

热身运动

最伟大拉伸重复4次，四肢走和燕式平衡重复5次，臀桥重复10次。

特色训练

双腿跳跃

1. 开始时，双脚与髋部同宽。屈曲膝关节，将双臂摆动到身体后方（a）。

2. 双脚用力蹬地面，双臂向前摆动，然后以爆发性的动作向前跳出尽可能远的距离（b）。

3. 着陆时，膝关节稍微屈曲，全脚掌着地（c）。

4. 重新回到开始姿势，并重复建议的次数（随着水平的提升，你要连续完成跳跃）。

完整的锻炼

A. 双腿跳跃
- 4组 ×6次重复
- 休息60秒

B1. 六角杠铃硬拉（#8）
- 3组 ×4 ~ 6次重复
- 休息75秒

B2. 杠铃弓箭步下蹲（#112）
- 3组 ×6 ~ 8次重复/侧
- 休息75秒

B3. 坐姿提踵（#154）
- 3组 ×8 ~ 10次重复
- 休息75秒

选项

简易选项 执行六角杠铃硬拉、杠铃弓箭步下蹲和坐姿提踵各2组。

进阶选项 执行六角杠铃硬拉、杠铃弓箭步下蹲和坐姿提踵各5组。

整理运动 双侧背阔肌拉伸，腘绳肌拉伸，小腿拉伸。

擎天臂

复合举重为合成代谢激素环境提供平台。如果你想要产生刺激肌肉生长的激素，那么你的训练计划应该包含有深蹲、硬拉和下巴过杠引体向上等重要的力量训练动作。然而，如果你想要更大的肱二头肌或小腿三头肌，还需要直接训练这些肌群。如果你从来没有做任何针对肱三头肌的动作，就不会有巨大的肱三头肌。

热身运动

最伟大拉伸每侧重复4次，四肢走重复5次，肩部扫动每侧重复8次。

特色训练

杠铃正握二头肌弯举

1. 正握（掌心向下）抓住杠铃，将其提起靠在大腿上（a）。

2. 保持双臂贴紧身体两侧，将杠铃弯举到肩膀高度。在到达动作的最高点的过程中，不要让肘部向前移动（b）。

3. 降低哑铃回到起始位置，重复建议的次数。

完整的锻炼

A1. 窄握距卧推（#131）

- 2组 ×8次重复
- 休息60秒

A2. 下斜曲杆肱三头肌伸展（#145）

- 2组 ×10次重复

- 休息30秒

A3. 肱三头肌绳索下拉（#64）

- 2组×12次重复
- 休息60秒

B1. 下巴过杠引体向上（#73）

- 2组×8次重复
- 休息60秒

B2. 偏移抓握法上斜哑铃肱二头肌弯举（#243）

- 2组×10次重复
- 休息30秒

B3. 杠铃正握二头肌弯举

- 2组×12次重复
- 休息60秒

选项

简易选项 将下巴过杠引体向上替换为跪姿下拉（#120）。

进阶选项 每项训练增加1组。

整理运动 胸部拉伸，双侧背阔肌拉伸，臀部90度角拉伸。

百老汇

增强式训练，例如这个锻炼中的跳远，是发展爆发力（特别是下半身的爆发力）很好的方法。然而，增强式训练要求极高，给关节和组织形成巨大的压力。如果在训练中加入这些类型的动作，请注意它们对身体的要求，以及限制在每个锻炼中执行它们的重复次数。

热身运动

最伟大拉伸重复4次，四肢走和燕式平衡重复5次，臀桥重复10次。

特色训练

跳远

1. 开始时，身体站立，双脚朝前，与髋同宽。
2. 向后主动屈曲髋关节，双臂向后伸放在髋部两侧（a）。
3. 以爆发性的动作尽可能向前跳得更远（b），双脚着地时稍微屈曲髋关节起到缓冲作用（c）。
4. 回到起始位置，重复建议的次数。

完整的锻炼

跳远

- 6组×3次重复
- 休息30秒

罗马尼亚杠铃硬拉（#295）

- 6组×8次重复
- 休息2分钟

a

b

c

选项

简易选项 将罗马尼亚杠铃硬拉每组的重复次数减少至6次。

进阶选项 将跳远的重复次数增加至每组5次。

整理运动 双侧背阔肌拉伸，腘绳肌拉伸，小腿拉伸。

237

轮番出击

很难找到比引体向上（及其变化版本）更有效的上半身上拉训练了。

通过利用背阔肌、肱二头肌、上背部和前臂的肌肉，你真的会从这个动作中获得巨大的好处。它能够长久作为军队和学校等的体能测试标准是有原因的——它可以提高运动表现、加强力量，还可以增加肌肉含量。在这个锻炼中，你将交替执行引体向上和它同样非常出色的搭档——俯卧撑，在增加一项训练每组的重复次数的同时，减少另一项训练每组的重复次数。

热身运动

四肢走重复5次，四点撑胸椎旋转每侧重复6次，猫驼姿势重复10次。

特色训练

直握引体向上

1. 以直握法（手掌彼此相对）抓住单杠。

2. 在开始每次重复之前，双臂要完全伸直（a）。向下收肩胛骨，使用背部和手臂的力量将身体向单杠方向拉。不要利用动能，保持下肢静止。

3. 当胸部接触到单杠时，完成一次重复（b）。降低身体回到起始位置，重复建议的次数。

完整的锻炼

这是一个递增/递减练习。在第1组中，执行直握引体向上10次重复，执行俯卧撑1次重复。在第2组中，执行直握引体向上9次重复，执行俯卧撑2次重复。保持引体向上逐组递减重复次数，而俯卧撑逐组增加重复次数，直到在第10组时，你将完成1次引体向上和10次俯卧撑。

直握引体向上

- 10组，各组完成的重复次数依次为10次、9次、8次、7次、6次、5次、4次、3次、2次、1次

俯卧撑（#12）

- 10组，各组完成的重复次数依次为1次、2次、3次、4次、5次、6次、7次、8次、9次、10次

ⓐ

ⓑ

选项

简易选项 从5次重复开始，执行5组引体向上。

进阶选项 从12次重复开始，执行12组引体向上。

整理运动 双侧背阔肌拉伸，三角肌拉伸，腘绳肌拉伸。

暂停重复次数：罗马尼亚硬拉训练

虽然罗马尼亚硬拉本身是优秀的力量训练方式，但是也可以作为改善传统硬拉技术的出色教学工具。因为该举重从最高姿势开始，所以与将杠铃从地面上举起相比，它避免了许多相关的进入正确姿势的问题。事实上，初始动作模式就是以髋关节为轴，这使得该关键姿势变得一目了然。所以如果在学习硬拉时存在困难，可以尝试从罗马尼亚硬拉开始，它可能就是那块敲门砖。

热身运动

最伟大拉伸重复4次，四肢走和燕式平衡重复5次，臀桥重复10次。

特色训练

罗马尼亚杠铃硬拉暂停

1. 开始时，将杠铃提起靠在大腿上。双脚与臀部同宽，双手以旋内握法抓住杠铃，双手距离与肩同宽（a）。
2. 在整个动作过程中，保持背部平直，杠铃靠近腿部，稍微放松膝关节，然后从髋关节为轴弯曲。
3. 微收下颌，向后移动臀部，从而让腘绳肌形成张力（更多关于深蹲的正确技术，见第1章内容）。
4. 在不增加膝关节屈曲程度或者不屈曲下背部的情况下，只要臀部不可以继续向后移动，就到达了活动范围的最低位置（b）。
5. 在最低位置暂停3秒，然后再向前移动臀部，做反向动作。重复所建议的次数。

完整的锻炼

A. 罗马尼亚杠铃硬拉暂停
- 4组×8次重复
- 休息2分钟

B1. 俯卧弯腿（#168）
- 3组×12次重复
- 休息60秒

B2. 捧杯式深蹲（#2）
- 3组×12次重复
- 休息60秒

a

b

选项

简易选项 将罗马尼亚杠铃硬拉暂停的暂停时间减少至2秒。

进阶选项 将罗马尼亚杠铃硬拉暂停的暂停时间增加至4秒。

整理运动 双侧背阔肌拉伸，腘绳肌拉伸，小腿拉伸。

239

登月

1969年，人类首次踏上月球。如果你能从这个没有地心引力的锻炼中存活下来，你可能会感觉像在九霄云外一样。这个锻炼从爆发力训练开始，然后是一对单边动作（单肢动作），最后以25次“致命”重复结束。准备好升空吧。

热身运动

相扑蹲举重复6次，四点撑胸椎旋转每侧重复6次，臀桥重复8次，猫驼姿势重复10次。

特色训练

单臂哑铃抓举

1. 开始时，双脚站立，与肩同宽，将一个哑铃放在双腿之间。
2. 臀部向后移动，保持胸部挺直，向下移动，用右手抓住壶铃的手柄（a）。
3. 以爆发性动作向上伸展髋关节，保持哑铃贴近身体，耸起右肩膀，将哑铃在头顶举起（b ~ c）。
4. 将哑铃放回起始位置，在一侧完成所有重复次数之后再切换到另一侧。

完整的锻炼

A. 单臂哑铃抓举

- 4组 ×3次重复/侧
- 休息60秒

B1. 交替向后弓箭步（#24）

- 3组 ×8次重复/侧
- 休息60秒

B2. 交替哑铃划船（#246）

- 3组 ×8次重复/侧
- 休息60秒

C. 俯卧撑（#12）

- 1组 ×25次重复

选项

简易选项 将俯卧撑减少至15次重复。

进阶选项 将俯卧撑增加至35次重复。

整理运动 腘绳肌拉伸，小腿拉伸，胸部拉伸。

举步维艰

对于杠铃过顶推举，最具挑战性的动作部分通常是最开始部分——将杠铃从锁骨举到前额。这个锻炼使用半推举（部分推举）来特别强调最轻松的部分，即从前额到双臂完全伸展，让你可以使用更多重量来发展更大的推举力量。

热身运动

最伟大拉伸每侧重复4次，四肢走重复5次，肩部扫动每侧重复8次。

特色训练

半推举

1. 在力量训练架中设置安全杠铃杆，让杠铃处于你坐着时的前额位置。
2. 坐在长凳上（可以使用有靠背的长凳），双手位置刚好在肩膀外侧，以正握法抓住杠铃（a）。
3. 保持脚跟在地面上，躯干绷紧，将杠铃举过头顶，直到肘关节完全伸展（b）。
4. 回到起始位置，重复建议的次数。

完整的锻炼

使用你常用的卧推重量的90% ~ 110%来做半推举的所有训练。先完成半推举的所有训练，然后再做坐姿哑铃过顶推举和反向缆绳飞鸟。

A. 半推举

- 4组 ×3 ~ 5次重复
- 休息2分钟

B1. 坐姿哑铃肩上推举（#209）

- 4组 ×6 ~ 8次重复

B2. 站姿绳索抬肘后拉（#127）

- 4组 ×6 ~ 8次重复
- 休息75秒

ⓐ

ⓑ

选项

简易选项 使用3 ~ 5RM肩上推举重量的80% ~ 95%来做半推举。

进阶选项 使用3 ~ 5RM肩上推举重量的130%来做半推举。

整理运动 胸部拉伸，双侧背阔肌拉伸，臀部90度角拉伸。

241

突破点

如果你正在吃力地做完整的手枪姿势或者单腿深蹲（#245），那么单腿箱子深蹲（这里的特色训练）是提升力量和活动范围的很好的起步工具。随着水平的提升，要使用更矮的箱子。在几周之后，你的踝关节和髋关节应该会有足够的灵活性，而且腿部和核心区域肌群也有足够的力量，让你的臀部能够下蹲到脚跟并站起来。这也有益于双腿深蹲、弓箭步蹲起和奥林匹克举重。因此，绝对值得花时间和精力做该锻炼。

热身运动

最伟大拉伸重复4次，四肢走和燕式平衡重复5次，臀桥重复10次。

特色训练

单腿箱子深蹲

1. 坐在箱子上，背部挺直，保持背部平直。双臂在身体前方伸直，站起来（这样可以帮助确定你与箱子之间的距离）。
2. 将右脚从地面上抬起（a），向后屈曲髋关节，然后坐在箱子上（b）。
3. 保持这个背部挺直姿势，右脚踏地回到站立姿势。在一侧完成所有重复次数之后再切换到另一侧。

完整的锻炼

A. 相扑硬拉（#82）
- 4组 ×6次重复
- 休息90秒

B1. 单腿箱子深蹲
- 3组 ×8次重复/侧
- 休息45秒

B2. 杠铃弓箭步下蹲（#112）
- 3组 ×8次重复/侧
- 休息45秒

a

b

选项

简易选项 执行相扑硬拉3组，单腿箱子深蹲和杠铃弓箭步下蹲各2组。

进阶选项 将单腿箱子深蹲替换为单腿深蹲（#245）。

整理运动 双侧背阔肌拉伸，三角肌拉伸，腘绳肌拉伸。

悬而未决

身体能够非常高效地掌握所练习和重复的技能，它的适应性令人难以置信。因此，对于做了几百次的动作，我们就可以不假思索地完成。然而，有时给身体系统来点迂回战术是件好事，以从来没有试过的方式挑战身体。你可以使用不同的设备来挑战抓握力（例如，使用壶铃代替哑铃），或者以不同的节奏完成训练，这样会刺激你的中枢神经系统，迫使你的身体进入一种高级的适应状态。

热身运动

四肢走重复5次，四点撑胸椎旋转每侧重复6次，猫驼姿势重复10次。

特色训练

抓毛巾下巴过杠引体向上

1. 将两条训练用毛巾挂在单杠上。紧紧地抓住毛巾，每只手一条，然后完全伸直双臂（a）。
2. 将两侧肩胛骨向下靠拢，屈曲双肘，以胸部为导向，将身体向单杠方向拉（b）。
3. 当身体已经向上拉到尽可能高的位置之后，做反向动作，慢慢降低身体回到起始位置。重复所建议的次数。目标是在整组训练中，手没有从毛巾上滑脱。

完整的锻炼

A1. 抓毛巾下巴过杠引体向上
- 3组 ×6次重复
- 休息60秒

A2. 上斜杠铃卧推（#179）
- 3组 ×6次重复
- 休息60秒

B1. 髋关节屈曲坐姿绳索划船（#174）
- 3组 ×10次重复
- 休息45秒

B2. 平板哑铃卧推（#109）
- 3组 ×10次重复
- 休息45秒

ⓐ

ⓑ

选项

简易选项 采用抓毛巾下巴过杠引体向上，每组4次重复。

进阶选项 将抓毛巾下巴过杠引体向上和上斜杠铃卧推增加至每组8次重复。

整理运动 双侧背阔肌拉伸，三角肌拉伸，腘绳肌拉伸。

243

健壮的手臂

你可能会认为哑铃的抓握很简单，认为只要抓住手柄就可以了，是吗？然而，将手放在手柄的什么位置上大有讲究，而且会产生不同的结果。下面以上斜哑铃肱二头肌弯举为例子。如果采用偏移抓握法，即拇指挨着两块哑铃片之一，那么训练的重点就是肱二头肌的短头。向另一侧滑动手，让小指挨着哑铃片，这时你会马上感觉到弯举变得难多了。时不时调整手的位置来获得不同的训练刺激——但是如果采用接近能举起的最大的重量时，就不要这样做了。

热身运动

四肢走重复5次，四点撑胸椎旋转每侧重复6次，猫驼姿势重复10次。

特色训练

偏移抓握法上斜哑铃肱二头肌弯举

1. 将可调整长凳设置为向上倾斜45度。以偏移抓握法抓住一对哑铃（拇指挨着哑铃片）(a)，坐在长凳上，上背部靠在垫子上。
2. 开始时，双臂从肩膀上垂下（b）。
3. 向上屈举哑铃，肘关节不允许向前移动（c）。
4. 在动作的最高点处用力收缩肱二头肌，然后将哑铃放回起始位置。重复所建议的次数。

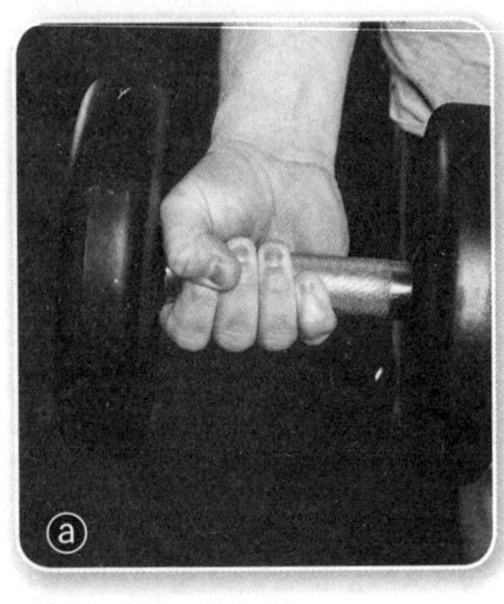
ⓐ

ⓑ

ⓒ

完整的锻炼

完成下面的循环训练4轮。

三位置曲杆弯举（#151）

- 8次重复
- 休息30秒

下斜曲杆肱三头肌伸展（#145）

- 8次重复
- 休息30秒

偏移抓握法上斜哑铃肱二头肌弯举

- 12次重复
- 休息30秒

肱三头肌绳索下拉（#64）

- 12次重复
- 休息30秒

选项

简易选项 执行该循环训练3轮。

进阶选项 执行该循环训练5轮。

整理运动 双侧背阔肌拉伸，三角肌拉伸，腘绳肌拉伸。

244

拼盘套餐

组合训练（将两个通常单独执行的动作合并成一个连续动作）并不总是适合用来增加力量，因为所能使用的重量受限于整个动作的最薄弱环节。例如，在从弯举到过顶推举的过程中，你可能更擅长过顶推举，但是在整个过程中必须使用弯举所能承受的重量。然而，因为在组合训练中会用到大量肌肉，而且每次重复中处于压力下的时间（重复的总时间长度）更长，所以这是非常优秀的新陈代谢训练。

热身运动

最伟大拉伸每侧重复4次，屈髋肌群拉伸和燕式平衡每侧重复6次，肩部扫动每侧重复8次。

特色训练

仰卧背阔肌伸展到三头肌伸展

1. 抓住一对哑铃，仰卧在长凳上。将哑铃从肩膀正上方举起，手掌彼此相对（a）。
2. 上臂保持不动，屈曲双肘降低哑铃，直到前臂平行于地面（b）。
3. 继续降低哑铃至头部下方。你应该感觉到背阔肌有拉扯感（c）。
4. 做反向动作，直到回到起始位置。重复所建议的次数。

完整的锻炼

A. 推举杠铃（#6）

- 4组 ×8次重复
- 休息90秒

B1. 哑铃交替锤式弯举（#230）

- 3组 ×10次重复
- 休息30秒

B2. 仰卧背阔肌伸展到三头肌伸展

- 3组 ×10次重复
- 休息30秒

选项

简易选项 执行哑铃交替锤式弯举和仰卧背阔肌伸展到三头肌伸展各2组。

进阶选项 执行哑铃交替锤式弯举和仰卧背阔肌伸展到三头肌伸展每组各增加2次重复。

整理运动 站立股四头肌拉伸，臀部90度角拉伸，双侧背阔肌拉伸。

手枪姿势

执行单腿深蹲（即手枪姿势）不仅需要力量，还需要适当的核心稳定性、踝关节和髋关节灵活性以及优秀的胸部伸展能力。与许多其他训练相比，单腿深蹲学习起来肯定更难一些，因此刚开始时，可以抓住深蹲架或悬吊带，或者将身体降低坐在比较高的箱子上，以便练习动作模式和发展其他必要的身体素质，然后再尝试完全站立的单腿深蹲。

热身运动

最伟大拉伸重复4次，四肢走和燕式平衡重复5次，臀桥重复10次。

特色训练

单腿深蹲

1. 开始时，双脚与髋同宽。抬起右脚，让右脚的脚跟与左脚的脚趾对齐（a）。

2. 保持背部平直、胸部挺直，然后开始屈曲左膝盖，膝盖屈曲的方向应与左脚第二脚趾的方向相同，同时保持右腿伸直且离开地面。在下降的过程中，将两臂伸出，放在身体前方起平衡作用。

3. 继续下降，直到臀部接触左脚跟（b）。左脚蹬伸地面，开始做反向动作，直到回到站立姿势。在一侧完成所有建议的重复次数之后再切换到另一侧。

a

b

完整的锻炼

A. 常规硬拉（#5）
- 4组 ×6次重复
- 休息90秒

B1. 过顶深蹲（#167）
- 2组 ×12次重复
- 休息60秒

B2. 单腿深蹲
- 2组 ×6次重复/侧
- 休息60秒

B3. 小腿三头肌蹬伸（#136）
- 2组 ×12次重复
- 休息60秒

选项

简易选项 每侧完成单腿深蹲4次重复。

进阶选项 杠铃过顶深蹲、单腿深蹲和小腿三头肌蹬伸各增加1组。

整理运动 双侧背阔肌拉伸，腘绳肌拉伸，小腿拉伸。

246

更好的自己

你可能喜欢在镜子里看自己，但是在做需要弯腰的训练时，最好不要看镜子。在俯身面向地面的时候，如果抬高头部向前看，轻则会减少传递到肌肉的神经信号（就像给软管打了个结），从而削弱自己的能力；重则可能会让你的颈部或背部受伤。所以，你必须在锻炼结束之后再照镜子。

热身运动

四肢走重复5次，四点撑胸椎旋转每侧重复6次，猫驼姿势重复10次。

特色训练

交替哑铃划船

1. 手抓哑铃，以臀部为轴心向前弯曲身体，直到躯干几乎与地面平行。双臂应从肩部垂下且伸直（a）。

2. 保持脊椎的自然姿势，将左手的哑铃向胸腔肋骨方向拉起，保持肘部贴近肋骨。在拉起的过程中，将手从掌心向大腿方向转向掌心向胸腔方向（b）。

3. 在达到活动范围的最高点之后，降低哑铃回到起始位置，然后在左侧重复。在切换到左侧之前，确保右臂是锁定的。继续交替进行，直到完成所有的重复次数。

完整的锻炼

A1. 直握引体向上（#237）
- 4组 × 10次重复
- 休息60秒

A2. 宽距离俯卧撑（#191）
- 4组 × 10次重复
- 休息60秒

B1. 交替哑铃划船
- 3组 × 12次重复/侧
- 休息60秒

B2. 上斜哑铃卧撑（#210）
- 3组 × 12次重复/侧
- 休息60秒

a

b

选项

简易选项 将直握引体向上和宽距离俯卧撑的组数减少至3组。

进阶选项 给直握引体向上增加重量。

整理运动 双侧背阔肌拉伸，三角肌拉伸，腘绳肌拉伸。

结实的肩膀

肩关节是身体上最为复杂的关节之一。肩关节属于球窝关节，有非常大的活动范围，但是这也使它相当容易受伤。所以，虽然我们强烈建议使用各种动作和角度来锻炼肩膀，让它变得健美和强壮有力，但是一定要以安全的方式执行训练，确保使用你可以应付的负荷，以及做适当的灵活性运动（见热身运动部分），以保证肩膀的安全。

热身运动

四肢走重复5次，四点撑胸椎旋转每侧重复6次，猫驼姿势重复10次。

特色训练

坐姿杠铃肩上推举

1. 以正握法抓住杠铃，双手距离刚好大于肩宽，坐在长凳上，保持躯干挺直（尽量不要使用有靠背的长凳）(a)。

2. 保持腹部绷紧，双脚平放在地面上，将杠铃推举到头顶，直到双臂完全伸展，杠铃位于肩膀的正上方(b)。

3. 将杠铃放回到锁骨前面的起始位置，重复建议的次数。

完整的锻炼

A1. 坐姿杠铃肩上推举
- 4组×6次重复
- 休息60秒

A2. 宽握距引体向上（#117）
- 4组×6次重复
- 休息60秒

B1. 绳索单臂外展（#137）
- 2组×10次重复
- 休息60秒

B2. 悬吊带抬肘后拉（#270）
- 2组×10次重复
- 休息60秒

选项

简易选项 将宽握距引体向上替换为跪姿下拉（#120）。

进阶选项 给宽握距引体向上增加额外负荷。将悬吊带抬肘后拉替换为更大负荷的向脸部方向拉伸（#127）。

整理运动 双侧背阔肌拉伸，三角肌拉伸，腘绳肌拉伸。

248

全面训练

根据一般经验，就减少脂肪而言，使用大肌群（股四头肌、背阔肌和胸肌）的全身例行锻炼要比使用小肌群（肱二头肌、肱三头肌和小腿肚）的、以分离动作为重点的局部训练更好。这些局部训练对增加肌肉更有价值。然而，在全年训练计划中同时包含全身和局部例行训练对大多数人都是有好处的。当然，减少脂肪和增加肌肉也非常依赖于适当的营养计划。

热身运动

四肢走重复5次，四点撑胸椎旋转每侧重复6次，猫驼姿势重复10次。

特色训练

六角杠铃罗马尼亚硬拉

1. 踏入六角杠铃，双脚间距略比肩宽，双手抓住中间的提手。
2. 提着六角杠铃站立。保持脊椎的自然姿势，向后屈曲髋关节，保持膝关节稍微屈曲（10度角）(a)。
3. 不要进一步屈曲膝关节，继续向后移动臀部，直到达到最大活动范围（b）。
4. 向前移动臀部，回到站立位置。重复所建议的次数。

完整的锻炼

A1. 六角杠铃罗马尼亚硬拉
- 4组×8次重复
- 休息60秒

A2. 上斜哑铃卧推（#210）
- 4组×8次重复
- 休息60秒

B1. 前脚抬高杠铃分腿蹲（#140）
- 3组×8次重复/侧
- 休息60秒

B2. 交替哑铃划船（#246）
- 3组×8次重复/侧
- 休息60秒

a

b

选项

简易选项 执行六角杠铃罗马尼亚硬拉和上斜哑铃卧推各3组。

进阶选项 前脚抬高杠铃分腿蹲和交替哑铃划船每组各增加2次重复。

整理运动 双侧背阔肌拉伸，三角肌拉伸，腘绳肌拉伸。

暂停重复次数：前蹲

无论何时使用导致力学缺陷的专门技术，例如停顿、大号手柄或者改变站姿，相应地调整重量来补偿这些缺陷是非常重要的。你最不愿意而且最不应该做的事情就是在增加训练难度的同时采用不规范的动作去完成它。不要跟自己较劲儿，在必要的情况下减轻所使用的重量。

热身运动

相扑蹲举重复6次，四点撑胸椎旋转每侧重复6次，臀桥重复8次，猫驼姿势重复10次。

特色训练

前蹲暂停

1. 将杠铃放在深蹲架刚好低于锁骨的位置上。

2. 屈肘正握杠铃，双手位置刚好在肩膀外侧，上臂平行于地面，杠铃置于前三角肌上（a）。

3. 收紧上半身，屈髋，屈曲膝关节，向地面降低身体，尝试尽可能下蹲，同时保持杠铃在双脚中间的上方（更多关于深蹲的正确技术，请参阅第1章“基础准备”）（b）。

4. 达到活动范围的最低位置之后，暂停3秒，然后将杠铃举到起始位置。重复建议的次数。每次都在最低点暂停。

完整的锻炼

A. 前蹲暂停
- 4组×8次重复
- 休息2分钟

B1. 坐姿蹬腿（#114）
- 3组×12次重复
- 休息60秒

B2. 罗马尼亚哑铃硬拉（#267）
- 3组×12次重复
- 休息60秒

a

b

选项

简易选项 将前蹲暂停的暂停时间减少至2秒。

进阶选项 将前蹲暂停的暂停时间增加至4秒。

整理运动 站立股四头肌拉伸，臀部90度角拉伸，双侧背阔肌拉伸。

250

仰卧起坐

仰卧起坐是近来遭到恶意中伤最严重的锻炼之一。在作为民间锻炼必备项目几十年之后，仰卧起坐现在被视为最无用的锻炼，甚至被认为是一种会破坏椎间盘的锻炼。事实是，脊柱前屈（即做仰卧起坐时发生的动作）是日常运动常态。只有以错误的方式做仰卧起坐，或者在训练计划中单独使用仰卧起坐锻炼核心肌群，才会导致问题。要想避免这两个错误，首先要在所有重复次数中保持脊椎位于相对中间的位置，在起来时用双臂拉头部。其次，要加入其他锻炼来平衡训练计划，例如加入伸展、旋转和抵抗旋转动作，这样既可以很好地发展核心肌群，又避免了颈部和背部疼痛风险。

热身运动

四肢走重复5次，四点撑胸椎旋转每侧重复6次，猫驼姿势重复10次。

特色训练

仰卧起坐

1. 坐下，双脚平放在地面上，双膝屈曲，双手放在耳朵后方（不要放在脖子上）(a)。

2. 将躯干抬起至坐立位置，确保在整个动作过程中脊椎保持在中间位置（b）。

3. 有控制地降低身体，回到起始位置。重复所建议的次数。

完整的锻炼

A. 杠铃过顶推举（#36）
- 4组 ×6次重复
- 休息75秒

B1. 宽距离俯卧撑（#191）
- 2组 ×12次重复
- 休息45秒

B2. 宽握距引体向上（#117）
- 2组 ×12次重复
- 休息45秒

B3. 仰卧起坐
- 2组 ×25次重复
- 休息45秒

选项

简易选项 执行杠铃过顶推举3组。

进阶选项 宽握距俯卧撑、宽握距引体向上和仰卧起坐增加1组。

整理运动 双侧背阔肌拉伸，三角肌拉伸，腘绳肌拉伸。

面对痛苦

就训练而言，你应该总是优先考虑完善技术，然后才是增加速度和阻力。这将确保你的安全和发展出稳定的动作模式。你可以这样想：在你学会开车之前，你肯定不会参加高速赛车比赛。

热身运动

四肢走重复5次，四点撑胸椎旋转每侧重复6次，猫驼姿势重复10次。

特色训练

坐姿绳索抬肘后拉

1. 在绳索训练机之前放一个箱子或者放一张长凳。将一根绳索手柄系到滑轮上，并将它调整到眼睛所处的高度（坐在长凳上时）。
2. 以正握法抓住手柄（就好像滑冰时手拿着绳子），保持肩膀压低，手臂伸直（a）。
3. 向耳垂方向拉绳索，保持上臂平行于地面。在活动范围达到极限时，拇指应该朝向身体后方（b）。
4. 将手柄放回起始位置，重复建议的次数。

完整的锻炼

A1. 上斜杠铃卧推（#179）
- 3组 ×8次重复
- 休息60秒

A2. 坐姿绳索抬肘后拉
- 3组 ×8次重复
- 休息60秒

B1. 跪姿下拉（#120）
- 3组 ×10次重复
- 休息45秒

B2. 坐姿哑铃肩上推举（#209）
- 3组 ×10次重复
- 休息45秒

选项

简易选项 B组中的所有训练都执行2组。

进阶选项 B组中的所有训练每组增加2次重复。

整理运动 双侧背阔肌拉伸，三角肌拉伸，腘绳肌拉伸。

252

整体和部分

虽然奥林匹克举重（抓举高翻和挺举）是健身房里技术难度最高的动作，但是它们可以分解成更小的部分。这样一来，不仅降低了学习难度，还可获得相当好的效果。抓举跳跃耸肩（这里的特色训练）将改善抓握力、上背部和腘绳肌力量以及跳跃爆发力。而这一切，都不需要像完整抓举那样完成过顶深蹲。当然，抓举仍提供巨大的好处（全身灵活性和稳定性），但是像抓举跳跃耸肩这样的动作将帮助你开始掌握这些动作模式，而且不需要将杠铃举过头顶。

热身运动

四肢走重复5次，四点撑胸椎旋转每侧重复6次，猫驼姿势重复10次。

特色训练

抓举跳跃耸肩

a

1. 双手正握抓住杠铃，双手握距大约为肩宽的2倍（或者以常用的抓举握法）。
2. 保持背部平直绷紧，屈髋屈膝，直到肩膀与杠铃杆对齐（a）。
3. 向后伸展膝关节，慢慢将杠铃从地面上提起。
4. 当杠铃到达大腿的中间位置时，以爆发性的动作伸展髋关节、膝关节和踝关节（就像在垂直跳跃中一样），将杠铃向上提起（b）。
5. 在脚跟着地之后，将杠铃放回起始位置，重复建议的次数。

b

完整的锻炼

A. 抓举跳跃耸肩
- 5组 ×3次重复
- 休息90秒

B1. 杠铃过顶推举（#36）
- 2组 ×8次重复
- 休息30秒

B2. 捧杯式深蹲（#2）
- 2组 ×10次重复
- 休息30秒

B3. 跪姿下拉（#120）
- 2组 ×12次重复
- 休息30秒

选项

简易选项 将抓举跳跃耸肩的组数减少至4组。

进阶选项 杠铃过顶推举、捧杯式深蹲和跪姿下拉各增加1组。

整理运动 双侧背阔肌拉伸，三角肌拉伸，腘绳肌拉伸。

下拉

仰卧下拉很长时间以来一直被认为是锻炼背阔肌的训练。但是，它也能够有效地锻炼胸肌和三头肌，因为在仰卧下拉动作中，这两个肌群都有参与。在设计胸部和背部锻炼时，例如这里的特色训练，曲杠杠铃仰卧下拉是非常有益的训练，它能够同时针对这两个肌群发挥作用。

热身运动

四肢走重复5次，四点撑胸椎旋转每侧重复6次，猫驼姿势重复10次。

特色训练

曲杆杠铃仰卧下拉

1. 抓住曲杆杠铃，双手距离与肩同宽，平躺在长凳上。将曲杆杠铃举起，让它位于下巴的正上方。这就是起始位置（a）。

2. 保持双臂伸直，向头顶后方降低杠铃，直到大臂差不多平行于地面（b）。

3. 收缩背阔肌，将曲杆杠铃放回起始位置。重复所建议的次数。

a

b

完整的锻炼

A1. 杠铃卧推（#54）
- 4组 ×6次重复
- 休息60秒

A2. 直握引体向上（#237）
- 4组 ×6次重复
- 休息60秒

B1. 绳索胸部飞鸟（#181）
- 3组 ×8 ~ 10次重复
- 休息60秒

B2. 曲杆杠铃仰卧下拉
- 3组 ×8 ~ 10次重复
- 休息60秒

选项

简易选项 执行杠铃卧推和直握引体向上各3组。

进阶选项 给直握引体向上增加重量。

整理运动 双侧背阔肌拉伸，三角肌拉伸，腘绳肌拉伸。

254

树干

理解动作模式和训练会用到哪些肌群对设计优秀的训练计划和根据设备或偏好选择代替训练非常关键。因此，不要一上来就毫无头绪地开始训练，而是想一想将要用到哪些肌群，考虑如果需要，应该有哪些合适的代替训练。

热身运动

相扑蹲举重复6次，四点撑胸椎旋转每侧重复6次，臀桥重复8次，猫驼姿势重复10次。

特色训练

单侧壶铃深蹲

1. 开始时，将壶铃放在身体右侧。手腕应该伸直，而且与前臂呈一条直线，肘部应该靠近胸腔。双脚距离与肩同宽或者刚好在肩膀外侧（a）。

2. 保持胸部挺直和脊椎的自然姿势，屈髋、屈膝进入深蹲姿势（b）。在对抗壶铃的侧向拉力时，要保持身体不向一侧倾斜。

3. 一旦到达最低位置，伸展膝关节，同时向前移动臀部，直到回到起始位置。在一侧完成所有建议的重复次数之后再切换到另一侧。

完整的锻炼

A1. 六角杠铃硬拉（#8）
- 4组 ×8次重复
- 休息60秒

A2. 单侧壶铃深蹲
- 4组 ×8次重复/侧
- 休息60秒

B1. 仰卧弯腿（#168）
- 3组 ×10次重复
- 休息45秒

B2. 哑铃向上踏步（#121）
- 3组 ×10次重复
- 休息45秒

选项

简易选项 执行六角杠铃硬拉和单臂壶铃深蹲各3组。

进阶选项 仰卧弯腿和哑铃向上踏步各增加1组。

整理运动 站立股四头肌拉伸，臀部90度角拉伸，双侧背阔肌拉伸。

暂停重复次数：卧推

在卧推的最低位置暂停3秒（就像在这个训练中一样）有多种作用。首先，暂停消除了牵张反射，在杠铃接触胸部后紧接着将它举起的过程中会产生牵张反射，就像做标准的卧推一样。暂停可以积蓄更多力量，这可能是突破卧推训练停滞的关键。其次，暂停使得训练更有难度，因为它没有利用惯性动能，所以你必须相应地调整所使用的重量。

热身运动

最伟大拉伸每侧重复4次，四肢走重复5次，肩部扫动每侧重复8次。

特色训练

杠铃卧推暂停

1. 开始时，仰卧在长凳上。双脚放在地面上，臀部、肩胛骨之间的部位和头部贴住长凳。眼睛位于杠铃杆的正下方。

2. 双手握距略比肩宽，握住杠铃。降低杠铃，直到它接触胸部的中间位置（a）。

3. 在降低杠铃的过程中，保持双肘向身体两侧屈曲内收（b）。

4. 一旦达到最低位置，暂停3秒，然后再举起杠铃，直到双臂完全伸展。重复所建议的次数。

完整的锻炼

A. 杠铃卧推暂停
- 4组 × 8次重复
- 休息2分钟

B1. 站姿绳索抬肘后拉（#127）
- 3组 × 12次重复
- 休息60秒

B2. 上斜哑铃卧拉（#210）
- 3组 × 12次重复
- 休息60秒

选项

简易选项 将杠铃卧推暂停的暂停时间减少至2秒。

进阶选项 将杠铃卧推暂停的暂停时间增加至4秒。

整理运动 胸部拉伸，双侧背阔肌拉伸，臀部90度角拉伸。

256

混合和匹配

正反抓握法下巴过杠引体向上（这里的特色训练）是被过少使用但效率非常高的训练。它不仅像标准的下巴过杠引体向上或者引体向上那样可以锻炼背部和肱二头肌，而且还可以进一步激活肩部和核心肌群，因为在向单杠牵引身体的过程中需要防止躯干旋转。因此，不要在意其他健身者的好奇目光，将这个很少使用的锻炼加入你的训练计划中。

热身运动

相扑蹲举重复6次，四点撑胸椎旋转每侧重复6次，臀桥重复8次，猫驼姿势重复10次。

特色训练

正反抓握法下巴过杠引体向上

1. 以正反抓握法抓住单杠（一只手采用上手法，另一只手采用下手法），双手握距刚好与肩同宽（a）。
2. 向下收缩肩胛骨，屈曲双肘，将胸部向单杠方向牵引（b）。
3. 降低身体回到起始位置，确保双臂在最低位置时完全伸直，然后才开始下一次重复。
4. 每组交换双手的握法。

完整的锻炼

A. 正反抓握法下巴过杠引体向上

- 4组 × 10次重复
- 休息90秒

B1. 上斜杠铃卧推（#179）

- 3组 × 10次重复
- 休息60秒

B2. 髋关节屈曲坐姿绳索划船（#174）

- 3组 × 10次重复
- 休息45秒

a

b

选项

简易选项 执行上斜杠铃卧推和坐姿绳索划船各2组。

进阶选项 正反抓握法下巴过杠引体向上每组执行尽可能多的次数。

整理运动 站立股四头肌拉伸，臀部90度角拉伸，双侧背阔肌拉伸。

匕首出鞘

前锯肌（在胸腔上方的一块又薄又平的肌肉）位于身体的前部，而围绕肩胛骨的肌肉位于身体的背部。前锯肌对保持良好的姿势非常关键，尤其是在过顶动作中。就像肩胛后缩（#258）对促进肩胛骨周围的力量而言是非常出色的锻炼一样，前锯肌耸肩（这里的特色训练）对加强经常被忽视的前锯肌而言也是非常优秀的锻炼。

热身运动

最伟大拉伸每侧重复4次，四肢走重复5次，肩部扫动每侧重复8次。

特色训练

前锯肌耸肩

1. 抓住双臂屈伸训练机的手柄，保持手臂完全伸展，胸部挺直，头部向前。
2. 不要屈曲手臂，主动将肩膀朝远离耳朵的方向向下压，将身体向上抬高。
3. 保持该姿势3 ~ 5秒，然后回到起始位置。重复所建议的次数。

完整的锻炼

A. 挺举（#81）
- 5组 × 4次重复
- 休息90秒

B1. 上斜哑铃卧推（#210）
- 3组 × 8次重复
- 休息45秒

B2. 前锯肌耸肩
- 3组 × 10次重复
- 休息45秒

B3. 绳索单臂外展（#137）
- 3组 × 12次重复
- 休息45秒

选项

简易选项 执行上斜哑铃卧推、前锯肌耸肩和绳索单臂外展各2组。

进阶选项 将上斜哑铃卧推、前锯肌耸肩和绳索单臂外展的休息时间减少至30秒。

整理运动 胸部拉伸，双侧背阔肌拉伸，臀部90度角拉伸。

258

肩胛骨锻炼

如果只依靠的二头肌力量来开始引体向上，那么就忽略了身体的一些最大、最有效的肌肉，即上背部的肌肉。相反，通过向下收肩胛骨来开始引体向上动作，这甚至在双臂弯曲之前就将胸部向上牵引。这里的特色训练肩胛后缩将开始训练肩胛骨为你做更多工作。如果你发现自己无法保持肩胛骨后缩至少10秒，那么应该专注于多花时间训练上背部。

热身运动

四肢走重复5次，四点撑胸椎旋转每侧重复6次，猫驼姿势重复10次。

特色训练

肩胛后缩

1. 双手正握抓住单杠，双手握距大于肩宽（a）。
2. 保守双臂完全伸展，向下收肩胛骨。此时，在没有弯曲双臂的情况下，胸部应该向单杠方向移动（b）。
3. 保持该姿势30秒。

完整的锻炼

A. 上斜杠铃卧推（#179）
- 5组 ×4次重复
- 休息90秒

B1. 髋关节屈曲坐姿绳索划船（#174）
- 3组 ×8次重复
- 休息30秒

B2. 坐姿哑铃肩上推举（#209）
- 3组 ×10次重复
- 休息30秒

B3. 肩胛后缩
- 3组 ×30秒
- 休息30秒

a

b

选项

简易选项 B组中的所有训练都执行2组。

进阶选项 B组中的所有训练每组增加2次重复。

整理运动 双侧背阔肌拉伸，三角肌拉伸，腘绳肌拉伸。

牢不可破

你的腘绳肌负责两个功能：屈曲膝关节，就像在俯卧弯腿（#168）中一样，以及伸展髋关节，就像在罗马尼亚式硬拉训练中一样（#267）。瑞士球仰卧屈腿（这里的特色训练）将在一个完整的动作中训练腘绳肌这两方面的功能，从而提升肌肉的使用率和训练效率。

热身运动

最伟大拉伸重复4次，四肢走和燕式平衡重复5次，臀桥重复10次。

特色训练

瑞士球仰卧屈腿

1. 仰卧在垫上，脚跟放在瑞士球的顶部。双臂伸出放在身体两侧，手掌心朝上（a）。
2. 向上抬升臀部，直到身体从头到脚形成一条直线（b）。
3. 双脚用力压瑞士球，然后把球滚向身体，让球尽可能接近臀部。总是保持臀部伸展（c）。
4. 做反向动作，将瑞士球向外滚动，直到双腿伸直，然后将臀部降低回到地面上。重复所建议的次数。

a

b

c

完整的锻炼

A1. 相扑硬拉（#82）
- 4组 × 10次重复
- 休息60秒

A2. 脚跟高抬深蹲（#96）
- 4组 × 10次重复
- 休息60秒

B1. 瑞士球仰卧屈腿
- 3组 × 12次重复
- 休息60秒

B2. 离心仰卧起坐（#227）
- 3组 × 12次重复
- 休息60秒

选项

简易选项 将相扑硬拉和脚跟高抬深蹲的组数减少至3组。

进阶选项 将离心仰卧起坐替换为过顶深蹲（#167）。

整理运动 双侧背阔肌拉伸，腘绳肌拉伸，小腿拉伸。

260

单身俱乐部

如果增加力量是你的主要目标之一，那么最好每隔4 ~ 8周就测试一次你的1RM（最大负荷重量）。由于许多力量训练计划都基于使用1RM的特定百分比，所以测试不仅让你了解自己的最大举重重量是多少，还帮助你在针对力量的训练计划中更加准确地挑选重量。

热身运动

最伟大拉伸每侧重复4次，四肢走重复5次，肩部扫动每侧重复8次。

特色训练

半跪姿单臂划船

1. 开始时，面向缆绳训练机，将D形手柄设置在比膝盖高一点的高度。

2. 采取半跪姿势（看起来像弓箭步的最低姿势），左腿在身体后方，左膝跪在地面上，右腿在身体前方，右膝弯曲90度角，右脚平放在地面上。用左手抓住手柄（a）。

3. 保持胸部挺直，向后移动左肘，直到左手靠近胸部肋骨（b）。

4. 伸直左臂，在一侧完成所有重复次数之后再切换到另一侧。

a

b

完整的锻炼

逐步增加每组杠铃卧推所使用的重量，最后一组达到最大重量。

A. 杠铃卧推（#54）

- 5组，各组完成的重复次数依次为5次、3次、1次、1次、1次
- 休息90秒

B1. 坐姿哑铃肩上推举（#209）

- 2组 × 10次重复
- 休息60秒

B2. 半跪姿单臂划船

- 2组 × 10次重复（每侧腿5次）
- 休息60秒

B3. 站立佐特曼哑铃弯举（#149）

- 2组 × 10次重复
- 休息60秒

选项

简易选项 将杠铃卧推的最后一个单次重复去掉。

进阶选项 给杠铃卧推增加两个最大重量的单次重复（一共7组）。

整理运动 胸部拉伸，双侧背阔肌拉伸，臀部90度角拉伸。

第8章

挑战极限的40项训练

你已经学会了动作模式，增强了力量，提高了体能，以及改善了身体的薄弱环节。

现在是时候将它们整合在一起，看看你之前的所有训练能够产生什么样的效果了。这40项锻炼将你到目前为止所完成的所有训练的各个方面结合在一起，它们将带来终极表现。这些锻炼难度极大，当然不适合初学者。所以，系好你的鞋带，做好锻炼后的放松恢复，记住强者才能生存。

261

次数尽可能多：深蹲

AMRAP表示“次数尽可能多”，你将在一定的时间内尽可能完成更多次重复。然而，AMRAP锻炼并不是让你选择不安全的重量和不规范的动作。少做几次重复要比受伤好多了，而且受伤还得暂停训练数天或数周。虽然你希望加快节奏和挑战极限，但是以安全的方式进行也十分重要。

热身运动

相扑蹲举重复5次，屈髋肌群拉伸、四点撑胸椎旋转和跪姿内收肌拉伸每侧重复6次。

特色训练

杠铃深蹲

1. 走到深蹲架上的杠铃下方，双脚站立与肩同宽，让杠铃位于颈后肩上。每只脚先后退一步（a）。

2. 下背部保持自然姿势或者稍微屈曲，屈髋并开始向后移动髋关节。几乎与此同时，屈曲膝关节。

3. 保持双脚放在地面上，继续降低身体，进入尽可能低的位置（髋关节两侧的折痕至少要低于膝盖）（b）。

4. 当你的活动达到最大幅度之后，双脚用力蹬伸站起来，回到起始位置。重复所建议的次数。

完整的锻炼

以你的1RM的65%在12分钟内做尽可能多次杠铃深蹲，确保在每次重复中使用正确的技术。在每次重复中根据需要休息。

杠铃深蹲

- 12分钟 × 尽可能多的次数

选项

简易选项 使用你的1RM的50%，在9分钟内尽可能完成更多次重复。

进阶选项 使用1RM的70%。

整理运动 站立股四头肌拉伸，臀部90度角拉伸，三角肌拉伸。

闪电行动

这些挑战锻炼最好的一点就是给出时间或者重复次数作为进步参考基准。

因此，你最好记录这些锻炼的结果，而且经常查看它们了解自己的进展。正如1RM是力量的一个关键指标，计时锻炼在监测负荷能力上也极为有用。

热身运动

最伟大拉伸每侧重复4次，屈髋肌群拉伸和燕式平衡每侧重复6次，肩部扫动每侧重复8次。

特色训练

下巴过杠引体向上

1. 反握抓住单杠，双手握距与肩同宽。
2. 从垂直悬吊开始（手臂要伸直）（a），向下收肩胛骨开始运动。
3. 朝身体的后方向下拉双肘，肘部屈曲将胸部向上拉（b）。
4. 一旦下巴过了单杠，有控制地回到起始位置。重复所建议的次数。

完整的锻炼

尽可能快地完成4轮下面的循环训练。在杠铃卧推和六角杠铃硬拉中使用相当于自身体重的重量。

杠铃卧推（#54）

- 5次重复

下巴过杠引体向上

- 10次重复

六角杠铃硬拉（#8）

- 15次重复

ⓐ

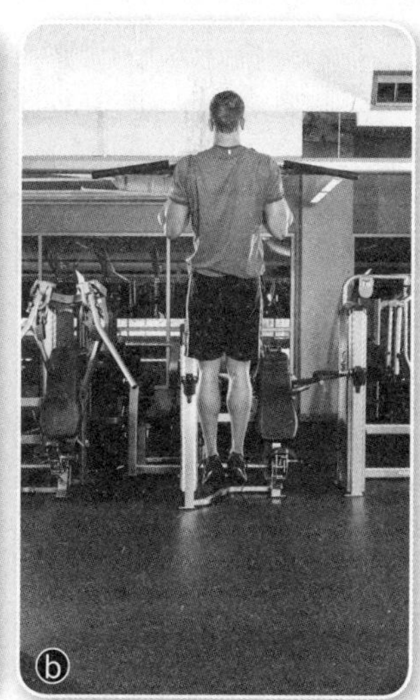

ⓑ

选项

简易选项 在杠铃卧推和六角杠铃硬拉中使用相当于体重50%的重量。将跪姿下拉（#120）替换为下巴过杠引体向上，使用相当于体重的50%的重量。

进阶选项 在杠铃卧推和六角杠铃硬拉中使用相当于体重125%的重量。

整理运动 腘绳肌拉伸，小腿拉伸，胸部拉伸。

263

超级动力

反向伸髋（这里的特色训练）是著名的力量举教练路易·西蒙斯发明的，他目前是美国俄亥俄州大名鼎鼎的Westside Barbell的所有者和经营者。如果你从未听说过西蒙斯，那么多了解他是值得的，因为他在发展最大力量的训练计划设计方面拥有丰富的知识和经验。反向伸髋是增强下半身的后部动力链，尤其是臀肌和腘绳肌的出色训练，同时能够保持下背部稳定且得到支撑，避免其他训练（例如罗马尼亚式硬拉和背部伸展）可能造成的下背部过度活动。

热身运动

最伟大拉伸重复4次，四肢走和燕式平衡重复5次，臀桥重复10次。

特色训练

反向伸髋

1. 趴在反向腹背训练凳上，髋部贴在凳子的一侧边缘上，双手抓住另一侧的扶手（a）。如果没有反向腹背训练凳，就趴在瑞士球上，双手抓住长凳或者深蹲架以获得支撑，双臂完全伸直。
2. 将双腿抬高，直到它们平行于地面（b）。在动作的最高点绷紧臀部，以减轻下背部受到的压力。
3. 将双腿放回起始位置，重复建议的次数。

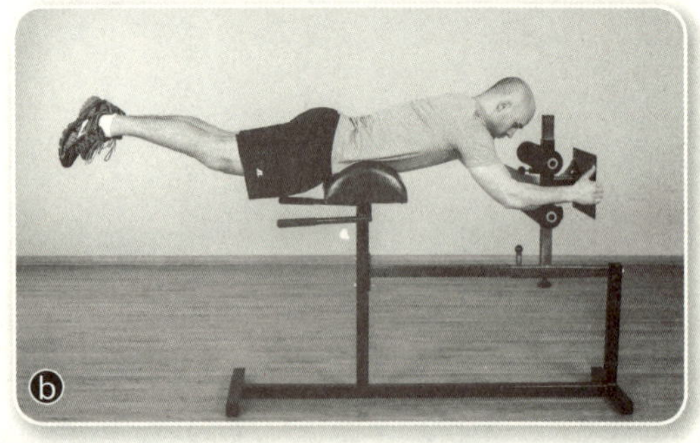

完整的锻炼

完成下面4项训练4轮，尽可能少休息。

跳箱（#198）

- 8次重复

推举杠铃（#6）

- 10次重复

反向伸髋

- 12次重复

200米冲刺（#41）

选项

简易选项 执行该循环训练共2轮。

进阶选项 一共完成6轮循环训练。

整理运动 双侧背阔肌拉伸，腘绳肌拉伸，小腿拉伸。

单项训练挑战：下巴过杠引体向上

你想要健美、厚实的背部吗？你想要波浪般的肱二头肌吗？要想实现这两个目标，没有什么比下巴过杠引体向上更高效了。下巴过杠引体向上是少数几个需要在空间中移动身体（而不是将重物向外推或者向身体方向拉）的上半身锻炼之一。它不仅极大地增加了日常动作的力量，而且还能够增加大量肌肉。

热身运动

四肢走重复5次，四点撑胸椎旋转每侧重复6次，猫驼姿势重复10次。

特色训练

下巴过杠引体向上

1. 开始时，以反握法（手掌向着自己）抓住单杠，双手握距与肩同宽。
2. 在开始每次重复之前，双臂要完全伸直（a）。向下收肩胛骨，使用背部和手臂的力量将身体向单杠方向拉。不要动用动能，下肢保持静止。
3. 当胸部接触到单杠时，完成一次重复（b）。回到起始位置，重复建议的次数。

完整的锻炼

尽可能完成更多组下巴过杠引体向上，每组8次重复，根据需要休息。目标是在规定的时间内（25分钟）完成尽可能多组（和总重复次数）。每组之间根据需要尽可能少休息。

下巴过杠引体向上

- 最多组 ×8次重复 ×25分钟

a

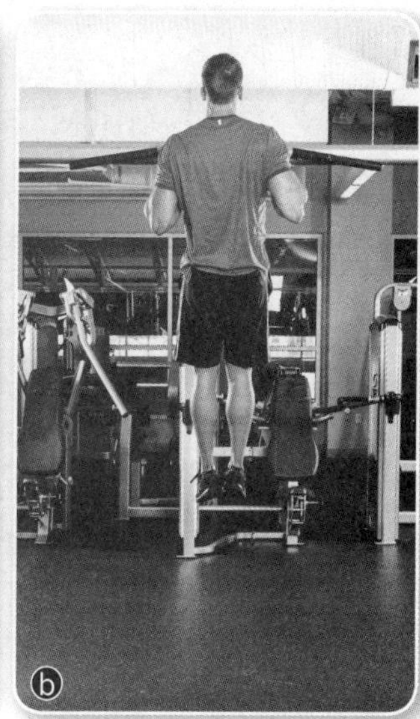
b

选项

简易选项 将锻炼的总时间减少至15分钟。

进阶选项 尝试每90秒完成至少1组，一共做25分钟。

整理运动 双侧背阔肌拉伸，三角肌拉伸，腘绳肌拉伸。

265

先降后升

你的训练目标应该是要多走一步，不管是以高负荷农夫走多走一步，还是在锻炼结束后的一千米跑步中多走一步，或者是朝着自己的目标多走一步。关键是自己不要被胡思乱想吓倒，例如从今天起在未来3个月要实现什么目标，或者要跑5千米。你只需要在今天多走一步。

热身运动

四肢走重复5次，四点撑胸椎旋转每侧重复6次，猫驼姿势重复10次。

特色训练

杠铃卧推

1. 仰卧，让头部、上背部和臀部接触长凳，双脚平放在地面上。开始时，眼睛位于杠铃杆的正下方。
2. 双手正握抓住杠铃，位置刚好在肩膀外侧（a）。
3. 保持双肘向胸腔方向屈曲内收，降低杠铃，直到它接触胸部的中部位置（b）。
4. 将杠铃从胸部举起，直到双臂完全伸展。

完整的锻炼

轮流做下面两项训练，从每组10次重复开始做杠铃卧推，然后逐渐递减到每组1次重复。完成之后，从每组1次重复开始做杠铃前蹲，然后逐渐递增到每组10次重复。使用相当于体重75%的重量做杠铃卧推，使用相当于体重50%的重量做杠铃前蹲。

杠铃卧推

- 10组，各组完成的重复数次依次为10次、9次、8次、7次、6次、5次、4次、3次、2次、1次

杠铃前蹲（#44）

- 10组，各组完成的重复数次依次为1次、2次、3次、4次、5次、6次、7次、8次、9次、10次

选项

简易选项 使用相当于体重50%的重量（或者更少）做杠铃卧推。

进阶选项 使用相当于体重的重量做杠铃卧推。

整理运动 双侧背阔肌拉伸，三角肌拉伸，腘绳肌拉伸。

前蹲Tabata

前蹲在几个关键方面上不同于后蹲。

首先，由于杠铃的位置，前蹲锻炼的重点在股四头肌上。此外，前蹲要求采取更加直立的姿势，因此要求上背部和三角肌后束提供更大的稳定性。个子更高的举重者做前蹲通常力学效率更高，因为杠铃的放置位置让上背部可以做更大幅度的伸展。所有这些因素都表明前蹲是非常有效的练习，对上半身、双腿和核心肌肉都是严峻的挑战。

热身运动

相扑蹲举重复5次，屈髋肌群拉伸、四点撑胸椎旋转和跪姿内收肌拉伸每侧重复6次。

特色训练

杠铃前蹲

1. 让杠铃横跨前三角肌，双手距离刚好大于肩宽，抓住杠铃，双肘抬高，上臂平行于地面（a）。
2. 保持胸部挺直，臀部向后移动，屈曲膝关节，身体下降进入深蹲姿势（b）。
3. 在整个动作过程中，保持胸部抬高和脊椎的自然姿势。
4. 一旦达到最低位置，就回到站立姿势，重复建议的次数。

a

b

完整的锻炼

在20秒内完成尽可能更多次前蹲，然后休息10秒，一共做8组（4分钟）。

杠铃前蹲

- 8组 ×20秒
- 休息10秒

选项

简易选项 完成该动作4组。

进阶选项 完成该动作16组（2轮），每轮之间休息4分钟。

整理运动 站立股四头肌拉伸，臀部90度角拉伸，三角肌拉伸。

267

硬拉循环训练

顾名思义，该训练不适合胆量不过硬的人。硬拉循环训练在书上看起来并不吓人，但实际上要想完成它完全是另一回事。这个锻炼交替执行上半身和下半身的高难度动作，不仅对新陈代谢要求苛刻，而且对力量也是一种考验。

热身运动

相扑蹲举重复6次，四点撑胸椎旋转每侧重复6次，臀桥重复8次，猫驼姿势重复10次。

特色训练

罗马尼亚哑铃硬拉

1. 选择一组哑铃。开始时，身体站直，双臂下垂，手掌朝向身体，将哑铃提到大腿前方（a）。
2. 保持背部处于自然姿势，膝关节微屈，通过向后移动臀部让哑铃沿着大腿下降。在降低哑铃的过程中，不要屈曲膝关节。
3. 只通过向后屈髋来尽可能降低哑铃（不要光通过向前移动胸部来降低哑铃）（b）。你应该会觉得腘绳肌受到一股拉力。
4. 保持哑铃靠近大腿，站起来回到起始位置。重复所建议的次数。

完整的锻炼

以最快的速度完成该循环训练4轮，在每项训练和每轮之间根据需要尽可能少休息。在所有训练中都使用相同的、让你能够完美完成15次重复的重量。

杠铃深蹲（#63）
- 12次重复

下巴过杠引体向上（#73）
- 12次重复

罗马尼亚哑铃硬拉
- 12次重复

坐姿哑铃肩上推举（#209）
- 12次重复

a

b

选项

简易选项 每项训练的重复次数减少至8次。

进阶选项 执行5轮该循环训练。

整理运动 腘绳肌拉伸，小腿拉伸，胸部拉伸。

格伦阶梯训练

该锻炼包含一项名为彭德雷划船（以奥林匹克举重教练格伦·彭德雷的名字命名）的练习，它是由屈髋杠铃划船改编而来的，要求躯干平行于地面，然后再执行每次划船，将杠铃从地面提起。虽然该版本消除了标准的弯腰划船的大部分偷懒行为（随着杠铃越来越重，举重者倾向于站得越来越直），但是它要求腘绳肌有良好的柔韧性和保持下背部自然姿势的能力。如果你不能保持这个姿势，可以替换为标准的弯腰划船。不过，你的下背部以后会感谢你的这个决定。

热身运动

最伟大拉伸每侧重复4次，屈髋肌群拉伸和燕式平衡每侧重复6次，肩部扫动每侧重复8次。

特色训练

彭德雷划船

1. 开始时，将杠铃放在地面上。以髋部为轴心向前弯曲躯干，使之平行于地面，膝盖稍微屈曲。双手抓握杠铃杆的距离比传统的弯腰杠铃划船稍宽（a）。
2. 保持这种姿势，以划船动作爆发性地将杠铃上提到上腹部/下胸部（b）。
3. 将杠铃放回到地面，重复建议的次数。

完整的锻炼

在12分钟内尽可能完成更多轮下面的循环训练。注意，推举每组增加1次重复，彭德雷划船每组增加2次重复，囚徒深蹲每组增加3次重复。根据需要休息，但是要记住，目标是在12分钟内尽可能完成更多次重复。

推举（#16）

- 从1次重复开始，然后每组增加1次重复（1次、2次、3次、4次等）

彭德雷划船

- 从2次重复开始，然后每组增加2次重复（2次、4次、6次、8次等）

囚徒深蹲（#188）

- 从3次重复开始，然后每组增加3次重复（3次、6次、9次、12次等）

a

b

选项

简易选项 在8分钟内尽可能完成更多次重复。

进阶选项 在15分钟内尽可能完成更多次重复。

整理运动 站立股四头肌拉伸，臀部90度角拉伸，双侧背阔肌拉伸。

单项训练挑战：杠铃深蹲

在25分钟内只做一项训练对精神和身体都是一种折磨。这个锻炼要挑战你保持专注的能力，要以高质量完成每一次重复。在完成之后，你的双腿将非常酸痛，脑子将一塌糊涂，你的坚强将被打破。但是当你感到极度疲惫时，你会觉得比完成以前的任何深蹲都更有成就感。

热身运动

相扑蹲举重复5次，屈髋肌群拉伸、四点撑胸椎旋转和跪姿内收肌拉伸每侧重复6次。

特色训练

杠铃深蹲

1. 首先让杠铃横跨颈后肩，双手在肩膀外侧抓住杠铃，双肘用力内收（a）。
2. 保持胸部挺直，屈髋、屈膝进入深蹲姿势（b）。
3. 在整个动作过程中，一定要保持胸部挺直和脊椎的自然姿势。
4. 一旦达到最低位置，就回到站立姿势，并重复建议的次数。

a

b

完整的锻炼

尽可能完成更多组杠铃深蹲，每组8次重复，根据需要休息。目标是在规定的时间内（25分钟）完成尽可能多组（和总重复次数）。

杠铃深蹲

- 最多组 ×8次重复 ×25分钟

选项

简易选项 将锻炼的总时间减少至15分钟。

进阶选项 尝试每90秒完成至少1组，一共做25分钟。

整理运动 站立股四头肌拉伸，臀部90度角拉伸，三角肌拉伸。

游骑兵

游骑兵是美国陆军精锐步兵的成员，他们以训练有素、技术高超著称。虽然你不需要去游骑兵学校挑战这个锻炼，但是与健身房的任何人相比，你将需要更多的毅力、注意力和耐力才能完成它。请选择在精力充沛、训练欲望强烈的一天去健身房做游骑兵训练，因为只有依靠天时地利才能完成它。

热身运动

最伟大拉伸重复4次，四肢走和燕式平衡重复5次，臀桥重复10次。

特色训练

悬吊带抬肘后拉

1. 抓住一对悬吊带手柄，手掌朝向地面。双脚向锚点方向移动，直到身体与地面形成一个45 ~ 75度的角度（a）。
2. 保持双臂伸直且垂直于躯干，屈肘，向下颌方向拉双手（b）。
3. 在到达最高位置之后，收拢上背部和肩胛骨，然后缓慢回到起始位置。重复所建议的次数。

完整的锻炼

1分钟为1组训练时长，从开始训练就进入冲刺状态，尽可能缩短时间。1分钟内一组训练结束后剩余的时间用于休息，直到下一分钟、下一组训练开始。休息3分钟，之后完成其余的3轮循环训练，在每个动作和每个循环之间尽可能少休息。

冲刺（#41）
- 20米
- 每分钟完成1次重复，一共做10分钟

直握引体向上（#237）
- 10次重复

推举杠铃（#6）
- 15次重复

悬吊带抬肘后拉
- 20次重复

立卧撑跳（#7）
- 25次重复

a

b

选项

简易选项 在完成冲刺之后执行2轮该循环训练。

进阶选项 每分钟执行一次冲刺，一共做15分钟。

整理运动 双侧背阔肌拉伸，腘绳肌拉伸，小腿拉伸。

271

全是10

虽然减少热量摄入对减少身体脂肪有帮助，但是热量摄入过低并不好。首先，你将缺乏适当的精力来训练，而且没有足够的营养用于蛋白质合成和肌肉修复。在使用更少的热量时身体同样很有效率，这会损害新陈代谢。如果你吃高品质的食物，觉得有必要减少摄入量以减少身体脂肪，那么从只减少10%的热量开始。这应该足够触发减脂效果，同时仍然保持身体系统平稳运行。

热身运动

四肢走重复5次，四点撑胸椎旋转每侧重复6次，猫驼姿势重复10次。

特色训练

六角杠铃硬拉

1. 站到六角杠铃中间，双脚与肩同宽。
2. 屈髋屈膝下蹲，从中间握住把手，向后收缩肩胛骨（a）。
3. 伸展膝关节且向前移动髋关节，同时举起杠铃。
4. 在杠铃达到最高点时完全伸展髋关节，整个过程完成（b）。
5. 先向后移动臀部再弯曲膝关节做反向动作。在整个过程的各个阶段，保持胸部挺直和脊椎的自然姿势，重复所建议的次数。

a

b

完整的锻炼

在尽可能少的时间内完成下面的循环训练，仅在必要的时候休息。使用相当于体重的重量做六角杠铃硬拉。

六角杠铃硬拉

- 10组，各组完成的重复次数依次为10次、9次、8次、7次、6次、5次、4次、3次、2次、1次

下巴过杠引体向上（#73）

- 10组，各组完成的重复次数依次为10次、9次、8次、7次、6次、5次、4次、3次、2次、1次

蛙式仰卧起坐（#27）

- 10组，各组完成的重复次数依次为10次、9次、8次、7次、6次、5次、4次、3次、2次、1次

选项

简易选项 一共执行7组，每组从7次重复开始，然后逐渐递减到每组1次重复。

进阶选项 使用为体重1.25倍的重量做六角杠铃硬拉。

整理运动 双侧背阔肌拉伸，三角肌拉伸，腘绳肌拉伸。

次数尽可能多：硬拉

日历可能是用来帮助你实现健身目标的、最令人意想不到的工具。预约一次专业摄影，为了参加婚礼穿礼服而锻炼，致力于在特定的日期达到某个水平，或者希望在高中同学聚会时看起来更健美，所有这些都会让你有个目标和动力，让你为了实现目标而勇往直前。

热身运动

最伟大拉伸每侧重复4次，四肢走和燕式平衡重复5次，臀桥重复10次。

特色训练

常规硬拉

1. 走近放在地面上的杠铃，直到杠铃杆距离小腿前方5 ~ 8厘米。双脚距离大约与髋部同宽。
2. 屈髋，抓住杠铃杆，用正握或正反握，双手在双腿两侧。
3. 屈髋下蹲，使小腿接触杠铃杆。保持胸部挺直和脊椎的自然姿势（a）。
4. 同时抬高臀部和肩部站起来，向前移动髋关节直至完全伸展（b）。重复所建议的次数。

a

b

完整的锻炼

以1RM的65%做常规硬拉，尽可能在12分钟内完成更多次重复。确保在每次重复中使用正确的技术。在每次重复中根据需要休息。

常规硬拉

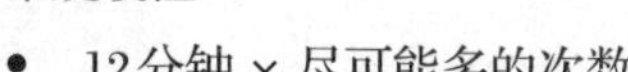

- 12分钟 × 尽可能多的次数

警告：硬拉是非常苛刻的锻炼，如果动作不规范，可能会招致身体受伤。只要不能使用正确的技术继续进行，就结束当前所进行的训练。

选项

简易选项 使用1RM的60%在9分钟内尽可能完成更多次重复。

进阶选项 使用1RM的70%。

整理运动 双侧背阔肌拉伸，腘绳肌拉伸，小腿拉伸。

高级深蹲

虽然柔韧性对改善活动范围和降低受伤风险非常重要，但是过度的柔韧性并不是一件好事。过度的柔韧性会影响到稳定性和力量。它轻则会导致无法很好地完成基础动作模式，重则会让关节受伤。无论在健身房里、在球场上还是在日常生活中，你应该在柔韧性和稳定性之间找到适当的平衡。

热身运动

相扑蹲举重复5次，屈髋肌群拉伸、四点撑胸椎旋转和跪姿内收肌拉伸每侧重复6次。

特色训练

杠铃深蹲

1. 双脚与肩同宽站立，走到深蹲架上的杠铃下方，让杠铃位于颈后肩上。每只脚向后退一步（a）。
2. 下背部保持自然姿势或者稍微弓起，屈髋并开始向后移动髋关节。几乎与此同时，弯曲膝关节。
3. 保持双脚着地，继续降低身体，进入尽可能低的位置（肘部两侧的折痕至少要低于膝盖）（b）。
4. 当你的活动达到最大幅度之后，双脚用力蹬地面站起来，回到起始位置。重复所建议的次数。

完整的锻炼

在杠铃深蹲中使用1RM 50%的重量。每分钟执行2次重复（从每分钟的起点开始，当前组完成之后，本分钟所剩的时间用作休息时间）。每分钟给杠铃增加4.5千克重量。继续增加重量，直到达到无法完成2次重复的重量。

杠铃深蹲

- 做尽可能多的组数

a

b

选项

简易选项 每组的重量增加2.5千克。

进阶选项 每组执行3次重复。

整理运动 站立股四头肌拉伸，臀部90度角拉伸，三角肌拉伸。

单项训练挑战：杠铃卧推

你喜欢卧推吗？如果让你连续25分钟做卧推，你会有什么样的感觉？你的胸部会酸疼，你的肱三头肌会“起火”，而且在离开体育馆时，你可能很难推开门。善意提醒：在完成这个锻炼之后，你将对卧推有一个全新的认识。

热身运动

最伟大拉伸每侧重复4次，四肢走重复5次，肩部扫动每侧重复8次。

特色训练

杠铃卧推

1. 在卧推架上，双手于肩膀外侧抓住杠铃，然后将杠铃从杠铃挂钩上取下。

2. 下背部保持自然的小幅度屈曲（a），降低杠铃直到它接触胸部中间位置（大概在乳头的位置）（b）。在降低杠铃的过程中，保持双肘向身体两侧靠拢；总是保持臀部、上背部和头部贴在长凳上。

3. 用力地将杠铃向上推，直到肘部完全伸展。重复所建议的次数。

完整的锻炼

尽可能完成更多组杠铃卧推，每组8次重复，根据需要尽可能少休息。目标是在规定的时间（25分钟）内完成尽可能多组（和总重复次数）。

杠铃卧推

- 最多组 ×8次重复 ×25分钟

警告： 在做高难度的卧推时，一定要让其他人在一旁保护。

选项

简易选项 将锻炼的总时间减少至15分钟。

进阶选项 尝试每90秒完成至少1组，一共做25分钟。

整理运动 胸部拉伸，双侧背阔肌拉伸，臀部90度角拉伸。

275

自重挑战

自重训练并不总是比针对同一肌群的负重训练更容易。倒立俯卧撑（这里的特色训练）是极具挑战性的自重训练的一个好例子，它不仅要求肩部力量，还要求肩部和核心肌群的稳定性。

热身运动

最伟大拉伸每侧重复4次，屈髋肌群拉伸和燕式平衡每侧重复6次，肩部扫动每侧重复8次。

特色训练

倒立俯卧撑

1. 双手距离比肩宽放在地面上，身体距离墙壁大约10厘米远。
2. 立起双脚进入倒立姿势，双脚靠在墙上（a）。
3. 缓慢地降低身体，直到头顶接触地面（b）。
4. 用力将身体推回起始位置，重复建议的次数。如果你不能达到全范围活动，可以在地面上放一块垫子，下降时让头部接触到垫子即可。

a

b

完整的锻炼

在15分钟内尽可能多地完成更多轮下面的循环训练，仅在必要的时候休息。使用与体重等同的杠铃片做常规硬拉。

倒立俯卧撑
- 5次重复 × 尽可能多组

常规硬拉（#5）
- 5次重复 × 尽可能多组

选项

简易选项 将倒立俯卧撑替换为标准的俯卧撑（#12）。

进阶选项 使用相当于体重1.5倍的重量做常规硬拉。

整理运动 腘绳肌拉伸，小腿拉伸，胸部拉伸。

间歇挑战

在锻炼前是否服用补充剂完全取决于你自己。咖啡因、β－丙氨酸、瓜氨酸苹果酸酯、肉碱及许多其他化合物已被证明能够增加运动能力，而且能够让许多训练者缓解肌肉疲劳。有些人对锻炼前补充剂的反应非常良好，而有些人则可能受到过过度刺激或者因此产生不安。如果确实想尝试一下补充剂，可以从最小剂量、最少种类开始。如果你发现它有用，可以选择慢慢增加剂量。

热身运动

相扑蹲举重复6次，四点撑胸椎旋转每侧重复6次，臀桥重复8次，猫驼姿势重复10次。

特色训练

杠铃前蹲过顶推举

1. 双手正握，将杠铃置于颈前肩上。肘部应该在杠铃杆的前方。

2. 屈膝下蹲，保持胸部挺直，而且在整个动作过程中眼睛看前方（a）。

3. 一旦向下移动达到活动范围极限（大腿平行于地面或者更接近地面）（a），就做反向运动，将臀部前移（b）。

4. 在回到站立姿势之后，将杠铃举过头顶，直到肘部完全伸展（c）。

5. 重新将杠铃放在肩膀上，然后重复所需的次数。

a

b

c

完整的锻炼

在5分钟内执行以下4项训练。继续添加轮数，直到在规定的5分钟内不能再完成所有训练。如果在5分钟之内完成，剩余的时间可以用来休息。

杠铃前蹲过顶推举

- 8次重复 × 50%的体重

引体向上（#231）

- 10次重复

俯卧撑（#12）

- 20次重复

冲刺（#41）

- 200米

选项

简易选项　将引体向上减少至8次，将俯卧撑减少至15次。

进阶选项　在4分钟完成整个循环。

整理运动　站立股四头肌拉伸，臀部90度角拉伸，双侧背阔肌拉伸。

277

跑步训练

虽然很多人认为跑步是一种基本的动作模式，而且可能是最常见的运动形式，但是它实际上是极其复杂的力学运动。跑步是一种增强式训练，在踝关节、膝关节和髋关节受到明显冲击下训练全身的协调能力。加之如今许多人在白天花费太多时间坐着，这会让我们的肌肉系统处于不利状态，从而使得跑步的要求变得更高。如果真的想在日常训练计划中加入跑步和冲刺，那么寻找一位优秀的跑步教练，他可以帮助你分析跑步姿势，让你取得进步。

热身运动

最伟大拉伸重复4次，四肢走和燕式平衡重复5次，臀桥重复10次。

特色训练

冲刺

1. 首先在跑步机或者跑道上慢慢开始跑。
2. 通过用前面那只脚重踏地面或跑步机并主动将脚抬向臀部来增加速度（避免将脚跟踏在地面上）。
3. 在冲刺过程中，优先考虑使用更大的步幅和更快的步频来提升速度和改善表现。

完整的锻炼

400米冲刺

- 休息4分钟

300米冲刺

- 休息3分钟

200米冲刺

- 休息2分钟

100米冲刺

选项

简易选项 将所有冲刺距离减半（200米、150米、15米、100米、50米）。

进阶选项 每次冲刺之间的休息时间减少1分钟。

整理运动 双侧背阔肌拉伸，腘绳肌拉伸，小腿拉伸。

杠铃过顶推举

杠铃过顶推举优于卧推有3个表现：（1）过顶推举没有长凳的支撑，要求整个身体提供更大的稳定性；（2）事实证明过顶推举会增加卧推的力量，而反过来则还没有相关的证明；（3）尽管卧推使用通常过度劳累的前三角肌和胸肌作为主要推动肌，但是过顶动作对前三角肌、背阔肌、上背部和核心的锻炼更多。

热身运动

最伟大拉伸每侧重复4次，四肢走重复5次，肩部扫动每侧重复8次。

特色训练

杠铃过顶推举

1. 开始时，正握杠铃，双手握距刚好大于肩宽。杠铃杆应该位于锁骨的前面（a）。

2. 保持身体绷紧，锁定膝关节，将杠铃在头顶正上方举起。

3. 在杠铃刚越过头顶的时候，头部稍微向前靠，让上臂与耳朵对齐。

4. 双肘完全伸展，将杠铃举起在头顶正上方，至此完成一次重复（b）。将杠铃放回起始位置，重复建议的次数。

a

b

完整的锻炼

尽可能完成更多组杠铃过顶推举，每组8次重复，根据需要尽可能少休息。目标是在规定的时间内（25分钟）完成尽可能多组（和总重复次数）。

杠铃过顶推举

- 最多组 ×8次重复 ×25分钟

选项

简易选项 将锻炼的总时间减少至15分钟。

进阶选项 尝试每90秒完成至少1组，一共做25分钟。

整理运动 胸部拉伸，双侧背阔肌拉伸，臀部90度角拉伸。

米罗阶梯训练

这个锻炼以公元前6世纪的奥运会摔跤冠军米罗·克罗的名字命名，据称他是世界上最强壮的人。据说，米罗每天去小镇的中心广场买日用品的时候都会从他的农场扛上一头小牛随同。随着小牛越来越大，米罗必须变得更强壮。最终，米罗变得非常强壮，能够将一头成年公牛扛在肩膀上。米罗的故事反映出举重训练的最基本原则之一，其术语名称是负荷逐步提升，即要想变得更强壮，你需要举起越来越重的物体。

热身运动

最伟大拉伸每侧重复4次，屈髋肌群拉伸和燕式平衡每侧重复6次，肩部扫动每侧重复8次。

特色训练

双臂壶铃甩摆

1. 开始时，每只手抓住一个壶铃放在身体两侧，双脚距离与髋同宽。
2. 以髋关节为轴心将壶铃摆动到身体后方（a）。
3. 向前移动髋关节，用所积累的爆发力向前、向上壶铃甩摆，保持双臂伸直。壶铃应该上升到肚脐和肩膀之间的高度（b）。
4. 一旦壶铃达到最高点，同样以髋关节为轴心，将它们向下放回起始位置。重复所建议的次数。

完整的锻炼

在12分钟内尽可能完成更多轮下面的循环训练。注意，悬垂高翻每组增加1次重复，下巴过杠引体向上每组增加2次重复，双臂壶铃摆动每组增加3次重复。根据需要休息，但是要记住，目标是在12分钟内尽可能完成更多次重复。

悬垂高翻（#93）

- 从1次重复开始，然后每组增加1次重复（1次、2次、3次、4次等）

下巴过杠引体向上（#73）

- 从2次重复开始，然后每组增加2次重复（2次、4次、6次、8次等）

双臂壶铃甩摆

- 从3次重复开始，然后每组增加3次重复（3次、6次、9次、12次等）

a

b

选项

简易选项 在8分钟内尽可能完成更多次重复。

进阶选项 在15分钟内尽可能完成更多次重复。

整理运动 站立股四头肌拉伸，臀部90度角拉伸，双侧背阔肌拉伸。

基础训练

注重基本训练动作和设备永远没有错。深蹲、硬拉、推举、引体向上、哑铃弓箭步、杠铃练习、壶铃练习和瑞士球练习让人们变得更强壮、更有力、更健康。所有这些训练都是经过实践检验的，它们构成人类动作的基础，因此也应该成为你的训练计划的基础。这是否意味着你永远不可以变得有创造性，以及尝试新的东西？当然不是。尝试可能会发现伟大的东西，而且可以减少无聊感。但是不要盲目地追随健身潮流和趋势。懂得回归基础，你通常会取得进步。

热身运动

相扑蹲举重复6次，四点撑胸椎旋转每侧重复6次，臀桥重复8次，猫驼姿势重复10次。

特色训练

杠铃推举

1. 开始时，让杠铃处于支点位置，即让杠铃杆横跨在前三角肌上，双手采用高翻抓握法，上臂与地面平行。
2. 保持背部挺直，屈曲膝关节直到进入四分之一下蹲位置（a）。
3. 在一个爆发性动作中伸直双腿，将杠铃举过头顶（b）。
4. 将杠铃放回到起始位置，重复建议的次数。

完整的锻炼

完成下面的循环训练4轮。在每项训练和每轮之间可以根据需要充分休息。目标是在每项训练都使用尽可能大的重量（同时保持规范的动作）。

杠铃深蹲（#63）
- 6次重复

杠铃推举
- 8次重复

六角杠铃硬拉（#8）
- 10次重复

宽握距引体向上（#117）
- 做尽可能多的重复次数

a

b

选项

简易选项 执行该循环训练3轮。

进阶选项 执行该循环训练5轮。

整理运动 站立股四头肌拉伸，臀部90度角拉伸，双侧背阔肌拉伸。

281

四个一百

如果有一天你走进健身房，发现一项训练充满挑战，于是你鼓起勇气，刻苦训练，然后充满成就感地离开健身房。但是，也有可能在训练完成之后，你不知道自己是怎么熬过来的。这里的训练就属于后面这类。它所包含的几个关键训练不仅考验你的耐力，还考验你的意志力和勇气。现在，该轮到你鼓足劲儿完成这一挑战了。

热身运动

相扑蹲举重复6次，四点撑胸椎旋转每侧重复6次，臀桥重复8次，猫驼姿势重复10次。

特色训练

俯撑登山

1. 以俯卧撑姿势开始，双手距离稍微大于肩宽，从头到脚呈一条直线。
2. 保持左脚在地板上，抬起右脚，将右膝盖向胸部方向移动。不要让右脚碰到地面（因此得名单触点）（b）。
3. 通过伸直右腿将右脚放回起始位置。当右脚接触地面时，抬起左脚，将左膝盖向胸部方向移动（c）。
4. 以这种方式轮流交换左右腿继续进行，直到完成所有重复次数。

a

完整的锻炼

每项训练执行100次重复后再进入下一项训练。每组之间根据需要休息。

囚徒深蹲（#188）

- 100次重复

下巴过杠引体向上（#73）

- 100次重复

俯卧撑（#12）

- 100次重复

俯撑登山

- 100次重复

b

c

选项

简易选项 执行囚徒深蹲、俯卧撑和俯撑登山50次重复，执行下巴过杠引体向上25次重复。

进阶选项 执行俯撑登山200次重复。

整理运动 站立股四头肌拉伸，臀部90度角拉伸，双侧背阔肌拉伸。

5，4，3，2，1

以体重为标准选择负荷是根据身体调节训练的好方法。

如果你和一个搭档或者一群人一起训练，采用体重作为负荷标准可以立即让训练变得可以比较。随着训练水平的提升，体重还为你将要实现的目标提供不同的标准和基准。你能够使用相当于2倍体重的重量做硬拉吗？你能够使用相当于体重的重量做10次杠铃前蹲吗？以体重为参考，慢慢尝试增加至一定的重复次数和组数。这是确保力量水平不断进步的可靠方式，可为你提供强大的动力。

热身运动

相扑蹲举重复6次，四点撑胸椎旋转每侧重复6次，臀桥重复8次，猫驼姿势重复10次。

特色训练

杠铃颈后推举

1. 首先将杠铃放在后肩上，双手距离刚好大于肩宽，采用正握法。
2. 保持背部挺直，屈曲膝关节直到处于四分之一下蹲的位置（a）。
3. 在一个爆发性动作中伸直双腿，将杠铃举过头顶（b）。
4. 将杠铃放回后肩位置，重复建议的次数。

完整的锻炼

执行下面的循环训练5轮，在第1轮从每组5次重复开始，然后接下来的每组依次递减1次重复。使用相当于体重的重量做杠铃前蹲，使用相当于体重50%的重量做杠铃颈后推举，使用相当于体重1.5倍的重量做六角杠铃硬拉。在尽可能少的时间内完成该循环训练，确保每次重复都使用规范的动作。

杠铃前蹲（#44）

- 5组，各组完成的重复次数依次为5次、4次、3次、2次、1次

杠铃颈后推举

- 5组，各组完成的重复次数依次为5次、4次、3次、2次、1次

六角杠铃硬拉（#8）

- 5组，各组完成的重复次数依次为5次、4次、3次、2次、1次

警告：杠铃颈后推举要求肩膀有足够的灵活性。如果你采取该姿势时不能做推举，可以改用标准的推举。

选项

简易选项 使用相当于体重75%的重量（或者更少）做杠铃前蹲，使用相当于体重的重量做六角杠铃硬拉。

进阶选项 使用相当于体重125%的重量做杠铃前蹲，使用相当于体重2倍的重量做六角杠铃硬拉。

整理运动 站立股四头肌拉伸，臀部90度角拉伸，双侧背阔肌拉伸。

283

Tabata训练

"Tabata训练"这个术语目前非常流行。虽然田畑泉给日本高水平运动员使用的训练方案不是一般人能完成的，即便高级训练者也是如此，但是如今大多数人所说的Tabata训练指的是任何高强度、负休息（这意味着休息时间短于训练时间）间歇训练。这个术语并不是百分百准确的，但是我们不可因噎废食。以这种方式做间歇训练是测试负荷能力和减少脂肪的好办法。所以，你可以将这种训练称为Tabata训练、高强度间歇训练或者其他你认为合理的叫法。只要你认真刻苦地做这些间歇训练，就会看到一些实实在在的成果。

热身运动

最伟大拉伸每侧重复4次，屈髋肌群拉伸和燕式平衡每侧重复6次，肩部扫动每侧重复8次。

特色训练

哑铃前蹲过顶推举

1. 抓住一对哑铃，以直握法（手掌彼此相对）将它们握在肩膀前方。
2. 屈髋下蹲，保持胸部挺直，而且在整个动作过程中眼睛看前方（a）。
3. 一旦向下移动达到活动范围极限（大腿应该平行于地面或者更接近地面）（b），就做反向运动，将髋部前移。
4. 在回到站立姿势之后，将杠铃举过头顶，直到肘部完全伸展（c）。
5. 重新将哑铃举到肩膀高度，重复建议的次数。

完整的锻炼

执行下面的每项间歇训练8轮（4分钟）。你应该竭尽全力训练20秒，然后充分休息10秒。在完成所有8轮训练之后，休息5分钟，然后重复其他的训练。

哑铃前蹲过顶推举

- 8轮，每轮完成20秒×尽可能多次重复，然后休息10秒
- 休息5分钟

俯卧撑（#12）

- 8轮，每轮完成20秒×尽可能多次重复，然后休息10秒
- 休息5分钟

立卧撑跳（#7）

- 8轮，每轮完成20秒×尽可能多次重复，然后休息10秒

选项

简易选项 将间歇训练量减半，即每项训练执行4轮。

进阶选项 每项训练之间休息3分钟。

整理运动 腘绳肌拉伸，小腿拉伸，胸部拉伸。

动物

每个人都希望自己看起来健康，自我感觉良好。实现这一目标的关键是注意饮食营养。虽然饮食营养非常复杂而且因人而异，但是对需要改善身体成分的任何人而言，以下这几个原则都是通用的：尽量不要依赖加工食品；确保你使用的食材是最高品质的；多吃蔬菜，同时也要确保摄入足够的蛋白质和健康脂肪；不要吃过多的糖和加工谷类食品。如果能够遵循这些原则而且坚持努力训练，那么一定会拥有健康、好看的身体。

热身运动

相扑蹲举重复6次，四点撑胸椎旋转每侧重复6次，臀桥重复8次，猫驼姿势重复10次。

特色训练

对墙投球

1. 开始时将一个药球抱在胸前，双手放在球的两侧（a）。
2. 下蹲直到腹股沟上部低于膝盖（你可以在身后放一个药球，以臀部接触到球为参考点）（b）。在下蹲过程中，保持胸部挺直和脊椎的自然姿势。
3. 一旦到达最低位置就站起来，将球投向距离地面3 ~ 4米高的墙壁目标点上（c）。应该连贯地执行该动作。
4. 接住回弹的球，马上进入深蹲姿势。重复所建议的次数。

完整的锻炼

在12分钟内尽可能多地完成下面的训练，根据需要休息。

下巴过杠引体向上（#73）
- 15次重复

对墙投球
- 25次重复

立卧撑跳（#7）
- 35次重复

选项

简易选项 在9分钟内尽可能完成更多轮。

进阶选项 将每项训练的重复次数增加5次（即分别为20次、30次、40次）。

整理运动 腘绳肌拉伸，小腿拉伸，胸部拉伸。

285

最佳点

世界上任何最流行的组数和重复次数方案并没有什么特别之处：3组 ×10次重复。虽然3组 ×10次重复的训练是有效的，特别是对于增加肌肉，但是不应该将它作为唯一的、永远不变的方案。改变重复次数和组数有助于训练不同的力量素质，让你可以使用不同的重量，以及迫使身体去适应它们。不要痴迷于固定的重复次数和组数或者特定的训练。这样做会让你遇到训练停滞期。

热身运动

四肢走重复5次，四点撑胸椎旋转每侧重复6次，猫驼姿势重复10次。

特色训练

宽距离俯卧撑

1. 开始时双手放在肩膀外侧，身体处于平板撑姿势，从肩膀到脚跟呈一条直线（a）。

2. 保持双肘向胸腔两肋方向屈曲内收，保持脊椎呈自然姿势，慢慢降低身体，直到胸部几乎接触地面（b）。

3. 双手用力抵住地面，做反向动作，直到肘部完全伸展且身体回到起始位置。重复所建议的次数。

完整的锻炼

在尽可能少的时间内完成下面的循环训练，仅在必要的时候休息。使用相当于体重的重量做杠铃后蹲。

杠铃深蹲（#63）

- 10组，各组完成的重复次数依次为10次、9次、8次、7次、6次、5次、4次、3次、2次、1次

宽距离俯卧撑

- 10组，各组完成的重复次数依次为10次、9次、8次、7次、6次、5次、4次、3次、2次、1次

悬垂举腿（#217）

- 10组，各组完成的重复次数依次为10次、9次、8次、7次、6次、5次、4次、3次、2次、1次

选项

简易选项 使用相当于体重75%的重量做杠铃深蹲。一共执行7组，每组从7次重复开始，然后逐渐递减到每组1次重复。

进阶选项 使用相当于体重1.25倍的重量做杠铃深蹲。

整理运动 双侧背阔肌拉伸，三角肌拉伸，腘绳肌拉伸。

糟糕

当进行某类训练或循环训练是为了节省时间时，就要考虑采用各种策略，例如如何最有效地利用休息时间来获得最佳的表现。你可能要避免的情况是心率超标90%。在心率达到该水平之前采取缓和措施，这样从长期来看，与以最快的速度尽可能完成更多次重复相比，你可能会有更多精力。所以，当你感到心脏快要跳出来时，就要休息几秒，然后再做下一次重复。从长远来看，它反而对你有好处。

热身运动

最伟大拉伸每侧重复4次，屈髋肌群拉伸和燕式平衡每侧重复6次，肩部扫动每侧重复8次。

特色训练

杠铃卧推

1. 仰卧，让头部、上背部和臀部接触长凳，双脚平放在地面上。开始时，眼睛位于杠铃杆的正下方。
2. 双手正握杠铃，双手刚好位于肩部的外侧（a）。
3. 保持双肘向胸腔方向屈曲内收，降低杠铃，直到它接触胸部的中部位置（b）。
4. 将杠铃从胸部举起，直到双臂完全伸展。重复所建议的次数。

完整的锻炼

在5分钟内执行以下4项训练。继续增加轮数，直到在规定的5分钟内不能再完成所有训练。如果在5分钟之内完成，剩余的时间可以用来休息。

常规硬拉（#5）

- 5次重复 × 体重

杠铃卧推

- 8次重复 × 体重

引体向上（#231）

- 10次重复

划船（#212）

- 500米

选项

简易选项 使用相当于体重75%的重量做常规硬拉和杠铃卧推，并将引体向上的重复次数减少至8次。

进阶选项 在4分钟内完成整个循环训练。

整理运动 站立股四头肌拉伸，臀部90度角拉伸，双侧背阔肌拉伸。

次数尽可能多：过顶推举

虽然很容易找到各种用于减肥的营养方案，但是要减肥，一个非常关键但是很少被讨论的因素是改变行为方式。如何安排每顿饭的时间、花多少时间来准备和你吃什么一样重要。所以要抽时间来了解自己已经养成的饮食习惯，然后决定需要改变什么才能确保成功。

热身运动

最伟大拉伸每侧重复4次，四肢走重复5次，肩部扫动每侧重复8次。

特色训练

杠铃过顶推举

1. 双手握距略比肩宽，抓住装有杠铃片的杠铃，放在锁骨高度。杠铃杆应该垫在前三角肌（颈前肩上）上（a）。

2. 深吸一口气，绷紧核心肌群，开始将杠铃举过头顶。

3. 在杠铃杆经过头顶的时候，身体略向前倾，让杠铃杆在脚中间的上方（但不要向前伸下巴或者伸脖子）。

4. 继续将杠铃举过头顶，直到肘关节完全伸展（b）。将杠铃放回起始位置，重复建议的次数。

a

b

完整的锻炼

以你1RM的65%在12分钟内尽可能多次做杠铃过顶推举。确保在每次重复中使用正确的技术。在每次重复中根据需要休息。

杠铃过顶推举

- 12分钟 × 尽可能多次重复

选项

简易选项 使用你1RM的50%在9分钟内尽可能完成更多次重复。

进阶选项 使用你1RM的70%。

整理运动 胸部拉伸，双侧背阔肌拉伸，臀部90度角拉伸。

10-20-30-40

有一些锻炼通过使用高重复次数来测试肌肉耐力和乳酸阈值以挑战你的极限。而另一些训练将具有挑战性的锻炼和最少的休息时间结合起来，让你的新陈代谢水平达到最高。这个锻炼使用这两种方法，是你碰到过的最难的训练之一。完成这个锻炼之后，拍拍自己的肩膀表示庆贺，如果你还能举起手臂的话。

热身运动

相扑蹲举重复6次，四点撑胸椎旋转每侧重复6次，臀桥重复8次，猫驼姿势重复10次。

特色训练

杠铃弓箭步下蹲

1. 让杠铃横跨颈后肩，就像在杠铃深蹲中一样（a）。
2. 右腿向前跨出一大步。
3. 屈曲双膝，向地面降低身体。
4. 一旦后腿膝盖接触地面（b），前脚用力蹬地面，双脚并拢站立。
5. 左腿向前踏步，重复该过程（c）。以这种方式轮流交换左右腿继续进行，直到完成所有重复次数。

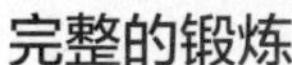

完整的锻炼

完成下面的循环训练3轮，在每项训练和每轮之间尽可能少休息。

杠铃弓箭步下蹲
- 10次重复/侧

下巴过杠引体向上（#73）
- 20次重复

俯卧撑（#12）
- 30次重复

双臂壶铃甩摆（#13）
- 40次重复

选项

简易选项 将所有重复次数减半（杠铃弓箭步下蹲5次/侧，下巴过杠引体向上10次，俯卧撑15次，壶铃甩摆20次）。

进阶选项 执行整个循环训练4轮。

整理运动 站立股四头肌拉伸，臀部90度角拉伸，双侧背阔肌拉伸。

高级硬拉

你每天对自己的身体所做的最糟糕的事情之一就是坐着不动。长时间坐着会减少髋部和臀部的力量，引起上背部和肩膀向前弓，减少核心和其他肌肉之间的协调能力，而且可能导致颈部拉伤。虽然在现代社会要避免坐着是不可能的，但是你可以减少坐的时间，每坐一个小时站起来活动15分钟。

热身运动

最伟大拉伸重复4次，四肢走和燕式平衡重复5次，臀桥重复10次。

特色训练

常规硬拉

1. 走近放在地面上的杠铃，直到杠铃杆距离小腿前方5 ~ 8厘米。双脚距离大约与髋部同宽。
2. 屈髋，抓住杠铃杆，利用正握或正反握。
3. 屈髋下蹲，使小腿接触杠铃杆（a）。保持胸部挺直和脊椎的自然姿势。
4. 站起来的同时抬升臀部和肩膀，向前移动髋部直到完全伸展（b）。重复所建议的次数。

完整的锻炼

在常规硬拉中杠铃片的重量采用你1RM的50%。每分钟执行2次重复（从每分钟的起点开始，当前组完成之后，本分钟所剩的时间用来休息时间）。每分钟给杠铃增加4.5千克的重量。继续增加重量，直到达到无法完成2次重复的重量。

常规硬拉

- 做尽可能多的组数

a

b

选项

简易选项 每组执行1次重复。

进阶选项 每组执行3次重复。

整理运动 双侧背阔肌拉伸，腘绳肌拉伸，小腿拉伸。

全面发展

既要严肃对待训练，也要严肃对待恢复，尤其是在训练结束之后正确对待自己的身体。找一位懂得深层组织按摩、扳机点疗法、肌肉激活技术（MAT）、主动释放技术（ART）和其他理疗方式的软组织理疗师或持证按摩治疗师，这是非常值得的，他可以帮助保持健康，让你的表现处于最佳状态。不要忽视训练的这个方面。

热身运动

最伟大拉伸每侧重复4次，屈髋肌群拉伸和燕式平衡每侧重复4次，肩部扫动每侧重复8次。

特色训练

俯卧撑跳

1. 身体站直（a），然后将双手放在地面上，双腿向后挪动，呈俯卧撑姿势（b）。
2. 做一个俯卧撑（c），保持双手刚好在肩膀外侧，双肘靠近胸腔两肋，从头到脚呈一条直线。
3. 双脚向胸部快速移动，迅速站起身来，身体完全伸展之后稍微向上跳跃（d）。
4. 落地时膝盖稍微弯曲，接着进入下一次重复。重复所建议的次数。

完整的锻炼

在12分钟内尽可能多地完成下面的循环训练。

哑铃推举（#51）

- 12次重复

俯卧撑跳

- 24次重复

对墙推球（#25）

- 36次重复

俯撑登山（#281）

- 48次重复/侧

a

b

c

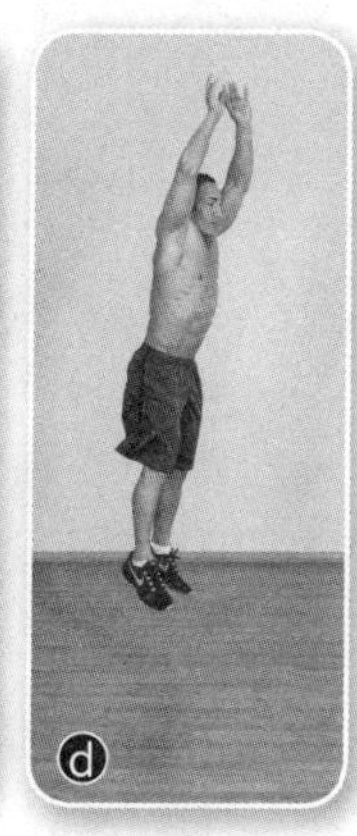
d

选项

简易选项 在9分钟内尽可能完成更多次重复。

进阶选项 在15分钟内尽可能完成更多次重复。

整理运动 站立股四头肌拉伸，臀部90度角拉伸，双侧背阔肌拉伸。

291

臀部下沉

关于下蹲深度和膝盖健康的关系，现在流传着许多有误导性的信息。大部分这些错误信息都是由一项错误的过时研究衍生出来的。该研究认为90度角或者平行的下蹲深度是最安全和最有效的活动范围。这完全不符合事实。你的目标应该是尽可能下蹲，臀部朝着两个脚跟之间下降，试图让腘绳肌接触到小腿肚。这不仅可以让下半身肌肉得到最佳发展，还有助于保持膝盖安全，因为当关节稳定之后可以做反向动作。事实上，这个锻炼的名称就表示你可以看看自己能够下蹲多深（假如你可以全范围活动的话）。

热身运动

相扑蹲举重复5次，屈髋肌群拉伸、四点撑胸椎旋转和跪姿内收肌拉伸每侧重复6次。

特色训练

过顶深蹲

1. 首先将杠铃放在颈后肩上，双手采用抓举抓握法（握距比肩宽）。将杠铃垂直举起，在最高点锁定肘部（a）。
2. 保持胸部挺直，向后屈髋，屈曲膝关节进入深蹲姿势（b）。
3. 在整个过程中，保持杠铃杆在头部上方或者稍微在头部后方。
4. 一旦到达最低位置，就重新回到站立姿势。重复所建议的次数。

完整的锻炼

对于过顶深蹲，首先从你能够舒适地完成3次或4次重复的重量开始。执行1次重复，休息60秒，第2组增加重量。以这种方式继续进行（每组增加重量），直到完成5个单次重复。

使用和刚才做5组过顶深蹲一样的重量做杠铃前蹲，每组完成6次重复。当你完成所有5组动作之后，使用相同的重量完成杠铃深蹲的所有5组动作，每组10次重复。例如，如果你在过顶深蹲的单次重复中分别使用135磅（约61千克）、155磅（约70千克）、165磅（约75千克）、175磅（约79千克）和180磅（约82千克），那么前蹲和深蹲的各组也使用这些重量（但是重复次数增加）。

过顶深蹲

- 5组，各组完均完成1次重复，每次重复在上一次基础上增加一定重量
- 休息60秒

杠铃前蹲（#44）

- 5组，各组均完成6次重复
- 休息60秒

杠铃深蹲（#63）

- 5组，各组均完成10次重复
- 休息60秒

选项

简易选项 每项训练减少至3组。

进阶选项 每项训练增加1组。

整理运动 站立股四头肌拉伸，臀部90度角拉伸，三角肌拉伸。

292

负荷最大化训练

以绝对最大的负荷能力训练时，将产生一些强烈的反应——你的肺部像着了火，汗水滴入眼睛，而且嘴里可能尝到血的味道。你身体的每个细胞似乎都在告诉你要停止训练。而在这一刻，你需要忽视痛苦，努力强迫自己挑战更大难度。这样做不仅可以提升你的负荷能力，还可以锻炼你的性格。你将证明自己是无所不能的。而没有什么比该信念会让你变得更强大。

热身运动

最伟大拉伸重复4次，四肢走和燕式平衡重复5次，臀桥重复10次。

特色训练

农夫走

1. 抓住一对哑铃、壶铃或者农夫走手柄。身体站直，肩膀下垂，向后收。
2. 开始时，以短而快的步子向前走。
3. 达到规定距离之后，将重物放回地面。

完整的锻炼

在尽可能少的时间内完成下面的循环训练，仅在必要的时候休息。硬拉使用相当于体重的重量，农夫走每只手使用相当于体重50%的重量。记住，要交替执行这两个锻炼（硬拉8次重复，然后是农夫走，接着是硬拉7次重复，以此类推）。

常规硬拉（#5）

- 8组，各组完成的重复次数依次为8次、7次、6次、5次、4次、3次、2次、1次

农夫走

- 8组 × 30米

选项

简易选项 常规硬拉使用相当于体重75%的重量，农夫走每只手使用相当于体重25%的重量。

进阶选项 硬拉使用相当于体重1.5倍的重量，农夫走每只手使用相当于体重75%的重量。

整理运动 双侧背阔肌拉伸，腘绳肌拉伸，小腿拉伸。

登高

虽然有一些关于训练的最佳时间理论，但是在现实中没有最佳的时间。然而，如果每天都在相同的时间点训练，那么你的身体会适应这个时间，希望在该时间内训练。据说在训练前吃多顿饭可能有好处，所以在去健身房之前，至少吃一顿饭，最好是两顿，你可能会看到自己的运动表现有所提高。

热身运动

四肢走重复5次，四点撑胸椎旋转每侧重复6次，猫驼姿势重复10次。

特色训练

双臂壶铃甩摆

1. 双手正握壶铃（a）。
2. 通过有力地在双腿之间壶铃甩摆来获得动能，确保壶铃位置较高（刚好在胯下）（b）。
3. 在壶铃穿越双腿的时候执行髋关节转轴动作（参见第1章“基础准备”中的描述），保持双臂垂直、胸部挺直。
4. 让臀部向前移动做反向动作，保持双臂伸直，推动壶铃向前运动。所有力量都应该由臀部产生——不要使用手臂来抬高壶铃。
5. 一旦壶铃达到最高点（c），就做反向动作，让它从双腿之间原路返回。重复进行。

完整的锻炼

按要求交替执行以下两项训练。使用相当于体重的重量做杠铃后蹲，并使用44磅（约20千克）、53磅（约24千克）或70磅（约32千克）的壶铃做壶铃摆动。

a

b

c

杠铃深蹲（#63）

• 10组，各组完成的重复次数依次为10次、9次、8次、7次、6次、5次、4次、3次、2次、1次

双臂壶铃甩摆

• 10组，各组完成的重复次数依次为1次、2次、3次、4次、5次、6次、7次、8次、9次、10次

选项

简易选项 使用相当于体重75%的重量（或者更少）做杠铃深蹲。

进阶选项 使用相当于体重1.25倍的重量做杠铃深蹲。

整理运动 双侧背阔肌拉伸，三角肌拉伸，腘绳肌拉伸。

294 海豹突击队

据称在美国军队的入伍选拔中，没有比海豹突击队更严格的了。海豹突击队的训练残酷是出了名的，让最拔尖的候选者在身体、心理、精神和情感上接受极限考验。虽然不可能依靠一次训练就可以让你成为这个精锐部队的一员，但是这里的这个锻炼将让你的身体和精神经受你无法想象的极限考验。

热身运动

最伟大拉伸重复4次，四肢走和燕式平衡重复5次，臀桥重复10次。

特色训练

俯卧撑跳

1. 身体站直（a），然后将双手放在地面上，双腿向后挪动，呈俯卧撑姿势（b）。
2. 做一个俯卧撑（c），保持双手刚好在肩膀外侧，双肘靠近胸腔两肋，从头到脚呈一条直线。
3. 双脚向胸部方向快速移动，迅速站起身来，身体完全伸展之后稍微向上跳跃（d）。
4. 着地时膝盖稍微弯曲，接着进入下一次重复。重复所建议的次数。

完整的锻炼

完成下面的循环训练1轮。

冲刺（#41）

- 400米

直握引体向上（#237）

- 100次重复

俯卧撑跳

- 100次重复

冲刺（#41）

- 400米

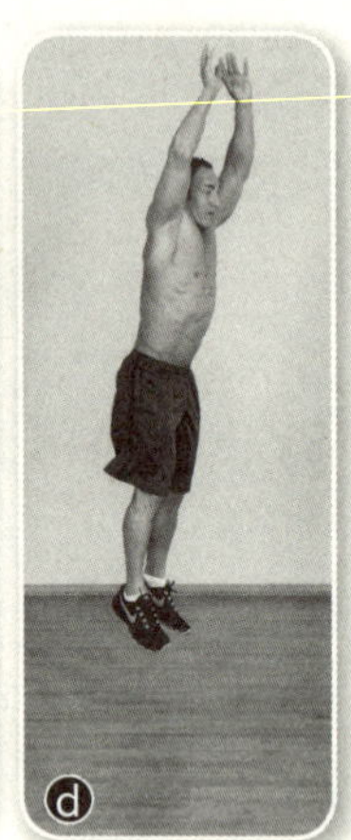

选项

简易选项 做引体向上25次重复，做立卧撑跳50次重复。

进阶选项 在做引体向上和俯卧撑跳时穿加重背心。

整理运动 双侧背阔肌拉伸，腘绳肌拉伸，小腿拉伸。

残酷之战

这个锻炼如此苛刻、如此具有挑战性、如此可怕的，真是名副其实。通过将全身拉、推训练、上半身下半身训练，以及爆发力训练结合起来，这个循环训练将挑战你的力量、握力、负荷能力和你的意志。这个锻炼要留到自己哪天感到浑身是劲、跃跃欲试地走进健身房再做，你需要这种热情来战胜它。

热身运动

相扑蹲举重复6次，四点撑胸椎旋转每侧重复6次，臀桥重复8次，猫驼姿势重复10次。

特色训练

罗马尼亚杠铃硬拉

1. 双手刚好在肩膀外侧，正握抓住杠铃。开始时，将杠铃放在大腿前面，双臂垂直。双膝应该解除锁定，但不屈曲（a）。

2. 通过向后屈髋降低杠铃。保持背部平直，下巴内收。保持杠铃非常贴近腿部，但是不要产生过大的摩擦。

3. 当你无法再继续向后移动髋部时，就达到最大活动范围（b）。到达该位置之后，做反向动作提着杠铃站起来。重复所建议的次数。

a

b

完整的锻炼

以最快的速度完成该循环训练4轮，在每组和每项训练之间尽可能少休息。第1轮做18次重复，第2轮做15次重复，第3轮做10次重复，第4轮做8次重复。

推举杠铃（#6）
罗马尼亚杠铃硬拉
引体向上（#231）
双臂壶铃甩摆（#13）

选项

简易选项 每轮执行12次、9次、6次、4次重复。

进阶选项 每轮增加2次重复。

整理运动 站立股四头肌拉伸，臀部90度角拉伸，双侧背阔肌拉伸。

296

帮助

有些锻炼会让你感到精力充沛，准备好迎接新的一天；有些锻炼可能会让你因过度用功而有点头昏眼花；还有些锻炼可能会让你累得趴在健身房的地面上，眼冒金星。你试图恢复呼吸和体力，但是即使是几个小时之后，你仍然觉得浑身难受，并决定早点下班回家躺下。这个锻炼就是这样的。

热身运动

相扑蹲举重复6次，四点撑胸椎旋转每侧重复6次，臀桥重复8次，猫驼姿势重复10次。

特色训练

哑铃悬垂抓举

1. 用右手抓住哑铃，双脚与肩同宽站立。保持胸部挺直，屈曲膝关节，髋关节向后屈曲，直到哑铃刚好在膝盖上方（a）。

2. 以爆发性的动作向前移动臀部，耸右肩，伸展脚踝，将哑铃举到头顶（b）。在整个动作过程中，保持哑铃靠近身体。

3. 手臂完全伸直，托住哑铃，让哑铃刚好位于肩膀的正上方（c）。将哑铃降低到起始位置。在一侧完成所有建议的重复次数之后再切换到另一侧。

完整的锻炼

完成下面的循环训练4轮。

跳箱（#198）

- 8次重复

哑铃悬垂抓举

- 4次重复/侧

直握引体向上（#237）

- 10次重复

杠铃伸展（#228）

- 12次重复

划船（#212）

- 500米
- 休息2分钟

选项

简易选项 执行整个循环训练2次。

进阶选项 给每项训练增加2次重复。

整理运动 站立股四头肌拉伸，臀部90度角拉伸，双侧背阔肌拉伸。

单项训练挑战：六角杠铃硬拉

这是深蹲吗？这是硬拉吗？六角杠铃硬拉将这两个王牌级下半身动作合并在一个训练中。通过使用更直立的姿势，六角杠铃硬拉比常规硬拉使用大腿前部的肌肉更多。但是，与深蹲相比，六角杠铃的独特放置方式可以实现更类似于以髋关节为轴的动作模式。这项出色的腿部训练让你真正做到一举两得。

热身运动

最伟大拉伸每侧重复4次，四肢走和燕式平衡重复5次，臀桥重复10次。

特色训练

六角杠铃硬拉

1. 开始时，站在六角杠铃中，双脚与肩同宽，抓住中间的提手。
2. 向下屈髋，保持胸部挺直，向下收缩肩胛骨，保持稍微弓起或者脊椎的自然姿势（a）。
3. 双脚用力蹬地，同时伸展膝关节并向前移动髋部。
4. 在最高位置锁定膝关节和髋关节（b）。做反向动作，将杠铃放回地面。重复所建议的次数。

a

b

完整的锻炼

尽可能完成更多组六角杠铃硬拉，每组8次重复，根据需要尽可能少休息。目标是在规定的时间内（25分钟）完成尽可能多组（和总重复次数）训练。

六角杠铃硬拉

- 最多组 ×8次重复 ×25分钟

选项

简易选项 将锻炼的总时间减少至15分钟。

进阶选项 尝试每90秒完成至少1组，一共做25分钟。

整理运动 双侧背阔肌拉伸，腘绳肌拉伸，小腿拉伸。

298

逐步递减

随着你在训练中变得越来越有经验、水平越来越高，按照百分比减少训练负荷可能对确定合适的负荷十分有帮助，而且可以确保你能够在训练中继续增加力量。精确地记录你在重要举重中的1RM（以及在其他重复范围中的最大值），例如深蹲、过顶推举、卧推和硬拉。这样，对于在未来使用什么样的负荷合适，就有了一个参考标准。当然，如果你觉得现在的重量太轻了，随时可以增加重量，但是使用最大值的百分比是找到正确举重重量的最好方式之一。

热身运动

相扑蹲举重复5次，屈髋肌群拉伸、四点撑胸椎旋转和跪姿内收肌拉伸每侧重复6次。

特色训练

壶铃肩上推举

1. 将一对壶铃举起。双手应该放在锁骨位置，壶铃靠在前臂上（a）。
2. 保持躯干绷紧，将哑铃向上举到头顶上方，直到肘部完全伸展（b）。在该最高位置时，手掌应该朝前。
3. 将哑铃放回起始位置，重复建议的次数。

完整的锻炼

a

b

以最快的速度完成下面的循环训练10轮。这个锻炼采用递减阶梯重复次数方案，这意味着每项训练的第1组都做10次重复，第2组做9次重复，以此类推，直到最后一组做1次重复。

相扑硬拉（#82）

- 10组，各组完成的重复次数依次为10次、9次、8次、7次、6次、5次、4次、3次、2次、1次

3比1对墙投球（#38）

- 10组，各组完成的重复次数依次为10次、9次、8次、7次、6次、5次、4次、3次、2次、1次

壶铃肩上推举

- 10组，各组完成的重复次数依次为10次、9次、8次、7次、6次、5次、4次、3次、2次、1次

选项

简易选项 从第1组7次重复开始，执行该循环训练7组。

进阶选项 从第1组12次重复开始，执行该循环训练12组。

整理运动 站立股四头肌拉伸，臀部90度角拉伸，三角肌拉伸。

弥补

这周所有错过的训练课，这周所有不健康的饮食，这周所有通宵玩手机而不是让身体恢复的夜晚，你要通过下面这个锻炼来弥补。与典型的循环训练相比，这个弥补性训练包含更加动态和爆发性的动作，不仅增加了新陈代谢需求，还要求你集中精力来正确执行它们。不管是在生理上还是心理上，这个循环训练都可能成为你见过的最大挑战之一。

热身运动

相扑蹲举重复6次，四点撑胸椎旋转每侧重复6次，臀桥重复8次，猫驼姿势重复10次。

特色训练

单臂哑铃抓举

1. 开始时，将一个壶铃放在双脚之间的地面上。俯身用右手抓住壶铃的手柄，保持臀部靠后，胸部挺直（a）。
2. 通过向前移动臀部，爆发性地将哑铃从地面提起，耸右肩并伸展脚踝（b）。
3. 在将肘部向上抬的过程中，保持哑铃贴近身体。
4. 让哑铃继续向头顶上方移动，达到最高点之后，右臂伸直将它托住，膝盖稍微弯曲（c）。
5. 将杠铃放到肩膀，然后再放到地上。在一侧完成所有重复次数之后再切换到另一侧。

完整的锻炼

完成下面的循环训练4轮，尽可能少休息。

跳箱（#198）
- 8次重复

脚趾触杠铃杆（#28）
- 8次重复

单臂哑铃抓举
- 4次重复/侧

农夫走（#187）
- 20米

a

b

c

选项

简易选项 执行该循环训练3轮。

进阶选项 执行该循环训练5轮。

整理运动 站立股四头肌拉伸，臀部90度角拉伸，双侧背阔肌拉伸。

300

一百次

4个动作，一共重复一百次，这似乎很简单。但是，通过加入健身房里最棘手的一些复合动作，你会发现这个以下半身为主，而且与上半身、背部交替进行的高强度锻炼会挑战你当前的极限。在每组训练期间，你几乎是要停下来休息的。这完全没有问题，但一定要确保在安全的节点休息（例如，在六角杠铃硬拉下降的过程中，或者下巴过杠引体向上下降时，让双脚着地）。

热身运动

最伟大拉伸每侧重复4次，屈髋肌群拉伸和燕式平衡每侧重复6次，肩部扫动每侧重复8次。

特色训练

六角杠铃硬拉

1. 开始时，站在六角杠铃中，双脚与肩同宽，抓住中间的把手。
2. 向下屈髋，保持胸部挺直，向下收肩胛骨，保持稍微弓起或者脊椎的自然姿势（a）。
3. 双脚用力蹬地，同时伸展膝关节并向前移动臀部。
4. 在最高位置锁定膝关节和髋关节（b）。做反向动作，将杠铃放回地面。重复所建议的次数。

a

b

完整的锻炼

执行下面的循环训练，尽可能少休息。

杠铃深蹲（#63）

- 25次重复

杠铃卧推（#54）

- 25次重复

六角杠铃硬拉

- 25次重复

下巴过杠引体向上（#73）

- 25次重复

选项

简易选项 每项训练完成15次重复。

进阶选项 重复该循环训练。

整理运动 站立股四头肌拉伸，臀部90度角拉伸，双侧背阔肌拉伸。

结束语

祝贺你！你已经完成了一整年的艰苦训练，我敢保证，你的刻苦努力一定让你拥有了一个更强壮、更健美、更善于运动的身体，哪怕你坚持的是使用“简易选项”中的训练。我也坚信你的付出让你取得了令人难以置信的进步。但是，你远没有挖掘出自己最大的潜力。所以，请翻到本书的首页，增加一些重量，尝试做“进阶选项”中的训练。记住，健身没有终点。

作者与译者简介

作者简介

丹·特林克是获得认证的体能训练专家（CSCS）。他持有美国国家体能协会（NSCA）授予的最高级证书，而且是美国举重协会（USAW）的运动表现教练。他还获得了波里库恩（Poliquin）国际认证项目的3级认证。这项殊荣只属于那些培养出了国家冠军级运动员且在比赛中排名前10%的教练。

特林克是组约市Peak Performance训练机构的主任，为许多客户和运动员提供训练方案。

特林克是首批获得Precision Nutrition体育运动和训练营养师认证的人，而且是生物特征调节运动专家。生物特征调节是一种营养和生活方式调理方法，其目的是优化客户或运动员体内激素的平衡。

特林克已经发表的文章被主流健康和保健网站及杂志引用，包括*Men's Fitness*、*Greatist*、*T Nation*、*Livestrong*和*Muscle and Fitness*。此外，他的名字也出现在*Huffington Post*和其他大众媒体上。他还是*Men's Fitness*健身杂志的健身顾问委员会的成员，而且是专家小组的成员。

特林克还在Personal Trainer Development Center（PTDC）担任教练。这是一个国际性组织，其宗旨是提高私人健身训练行业的质量。他一直为冠军级职业运动员提供训练，包括为准备参加冠军赛的拳击运动员制定力量和适应性训练计划，而且与NBA全明星运动员、无数国际级柔道运动员和MMA运动员合作。特林克还是企业和国际级别的营养和力量训练专题演讲者，他还拥有其他多项专业认证，如悬吊带（TRX）、功能性动作筛查（FMS）和动态药球等方面的认证。

译者简介

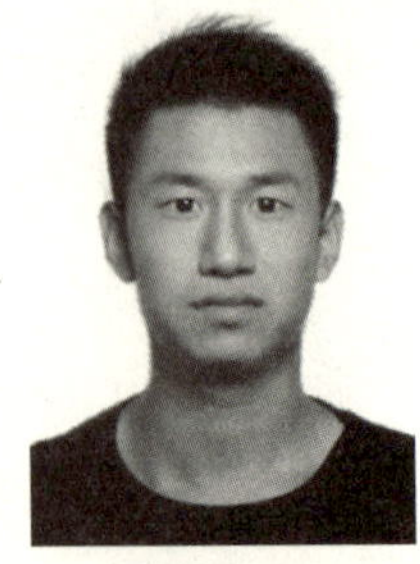

王旭

硕士，毕业于河北师范大学体育学院，2016备战里约奥运会身体功能训练团队成员；曾担任江西省男子赛艇队、国家男子大级别举重队、国家游泳队、国家女子乒乓球队的体能训练指导工作。

张晁赫

硕士，毕业于河北师范大学体育学院，现就职于河北省体育科学研究所；曾支持完成省部级课题一项，参与完成省部级课题三项；2016里约周期中国国家皮划艇队体能教练，2016备战里约奥运会身体功能训练团队成员。